权威·前沿·原创

皮书系列为
"十二五""十三五""十四五"时期国家重点出版物出版专项规划项目

绿色金融蓝皮书
BLUE BOOK OF GREEN FINANCE

中国风电行业绿色金融发展报告
（2022~2023）

ANNUAL REPORT ON THE DEVELOPMENT OF GREEN FINANCE FOR WIND POWER INDUSTRY IN CHINA (2022-2023)

主　编／杨　波　高金山
副主编／米文通　陈晓燕　刘慧岭

社会科学文献出版社
SOCIAL SCIENCES ACADEMIC PRESS (CHINA)

图书在版编目(CIP)数据

中国风电行业绿色金融发展报告.2022~2023/杨波，高金山主编.--北京：社会科学文献出版社，2023.2
（绿色金融蓝皮书）
ISBN 978-7-5228-1493-3

Ⅰ.①中… Ⅱ.①杨… ②高… Ⅲ.①金融业-关系-风力发电-产业发展-研究报告-中国-2022-2023 Ⅳ.①F426.61②F832.41

中国国家版本馆 CIP 数据核字（2023）第 039207 号

绿色金融蓝皮书
中国风电行业绿色金融发展报告（2022~2023）

主　　编／杨　波　高金山
副 主 编／米文通　陈晓燕　刘慧岭

出 版 人／王利民
组稿编辑／陈凤玲
责任编辑／李真巧
责任印制／王京美

出　　版／社会科学文献出版社·经济与管理分社（010）59367226
　　　　　 地址：北京市北三环中路甲 29 号院华龙大厦　邮编：100029
　　　　　 网址：www.ssap.com.cn

发　　行／社会科学文献出版社（010）59367028
印　　装／天津千鹤文化传播有限公司

规　　格／开　本：787mm×1092mm　1/16
　　　　　 印　张：16.25　字　数：241 千字

版　　次／2023 年 2 月第 1 版　2023 年 2 月第 1 次印刷

书　　号／ISBN 978-7-5228-1493-3
定　　价／158.00 元

读者服务电话：4008918866

▲ 版权所有 翻印必究

绿色金融蓝皮书编委会

主　　任　杨　波　高金山

委　　员　王　欣　刘慧岭　米文通　陈晓燕　杨　波
　　　　　杨文涛　顾　磊

主　　编　杨　波　高金山

副 主 编　米文通　陈晓燕　刘慧岭

写作人员　杨　波　高金山　刘慧岭　杨文涛　米文通
　　　　　陈晓燕

主要编撰者简介

杨　波　郑州航空工业管理学院教授、博士生导师，河南省高层次人才，河南省学术技术带头人，主要研究领域为绿色经济、航空经济。主持完成国家社科基金项目2项（重点项目1项）、教育部人文社科项目2项，主持国家教学质量工程项目1项。出版著作4部，在《中国农村观察》、*Urban Water Journal* 等SCI/CSSCI期刊上发表论文20余篇，获省部级科研成果奖5项。

高金山　中国科学院大学经管学院研究生导师、创新创业学院双创导师，新疆大学经济与管理学院校外实践教授，郑州航空工业管理学院兼职教授，正高级经济师，新疆金风科技股份有限公司副总裁，长期致力于风电绿色金融、产融结合相关理论研究与企业实践探索。出版著作《我国大型企业集团产融共生发展策略研究》。

序言一

过去50年来，全球风能产业在德国、丹麦、中国、美国、英国、荷兰、印度等几十个国家的科技投入、政策激励下，已成为支撑全球能源转型和带动经济发展的重要新兴产业，中国作为一颗新星，通过政策、科技、产业驱动，已连续十多年引领着全球风电行业的增长。2021年，中国风电并网装机容量突破3亿千瓦大关，风电装机量占全国电源总装机量的13.9%，占全球风电装机的40%，全球前十大风电整机制造商中中国占据了6个席位，风电人用"中国速度"创造了风电崛起"神话"。中国正积极推动陆上、海上风电装备大型化、规模化发展，风电不仅在电网高比例渗透，而且正悄然与高耗能产业融合，以低碳绿色产业形态破除高能耗高污染给地方经济发展造成的瓶颈。风电以其自身能量密度高、占地面积小、穿透率强、全生命周期碳排放低的优势，席卷全球、蓬勃发展。

在这样一个重要的历史发展阶段，杨波教授、高金山博士和郑州航空工业管理学院课题组对中国风电行业绿色金融的发展情况进行了深度调研，并形成本报告。本报告聚焦风电产业和绿色金融政策、行业投融资动态，描述了风电绿色金融市场运行机制；围绕绿色信贷市场、绿色证券市场、绿色基金市场、绿色融资租赁市场、环境权益市场，分析风电绿色金融工具的特征和应用情况；阐述零部件企业、整机制造企业、风电场运营企业的基本情况及融资实践，进而探索依托于核心企业的产融结合发展新趋势并给出相应的综合绿色金融解决方案。

目前，我国的绿色金融已具有一定的规模，在结构上以间接融资为主，

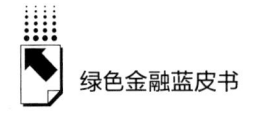

但仍处于发展初期。现有绿色金融模式在助力能源绿色低碳转型的同时仍然存在着企业负债率高、投融资结构和期限不匹配、融资工具单一等亟待解决的问题。未来，风电等能源领域投资需求超过万亿元，风电规模化发展离不开绿色金融体系的大力支持。绿色金融作为现代金融体系的重要组成部分，在服务绿色转型、助力实现"双碳"目标过程中起着核心作用。

本报告不仅对当前绿色金融存在的问题和现象，结合企业发展的实际需求做出了详尽的分析，有案例、有数据、有经验、有教训，而且对于绿色金融与产业的融合提出了建设性的方法、工具，同时分析了多个应用案例，对未来中国风电产业发展具有很好的指导意义，是一本非常实用的工具指导书。

"四个革命、一个合作"能源安全新战略是指导中国能源转型的大政方针。习近平总书记在二十大报告中提出，要加快绿色转型，发展绿色低碳产业，要积极稳妥推进碳达峰碳中和，深入推进能源革命。

作为全球最大的能源消费国，全面提升绿电消费占比成为我国推动能源消费革命、融入全球绿色发展，进而促进经济双循环的核心路径。绿色金融是产业发展的动力源之一，未来绿色金融的辐射面会更广，对产业的支持形式会更加丰富多样，绿色金融将成为构建新型电力系统、加速能源转型、实现"双碳"目标的重要组成部分。

在绿色低碳发展新时代，我国风电产业面临历史性的发展机遇。"十四五"期间，绿色金融将全面支撑国家以沙漠、戈壁、荒漠地区为重点的大型风电光伏基地项目建设；鼓励建设海上风电基地，推进海上风电向深水远岸区域布局；鼓励以分布式风电构建智慧园区和促进乡村振兴。

2060年，非化石能源消费占比将达到80%以上，风电装机预计将达到35亿千瓦，绿色金融的发展空间巨大，风电与产业融合、风电与城市融合的高质量发展前景可观，"风电+"赋能市场大有可为。

实践是理论的基础，理论必须与实践相结合。高金山博士作为金风科技绿色金融板块的开创者，提出"以融促产、以产定融、服务主业"的绿色金融发展定位，通过融资租赁、产业基金等丰富的金融产品，服务金风科技及全产业链，以金融促进企业规模化发展。金风科技已由创业初期的 300 万元创业资本，发展到今日 1200 亿元总资产的规模，营收达 500 亿元，并同时在深圳、香港两地上市。

在高金山博士的带领下，金风科技积极探索以融促产的发展模式，积累了一定的经验，融资租赁聚焦新能源及节能环保等领域；为金风科技民营企业客户解决风电场融资问题，同时引导租赁同业进入风电行业，优化风电产业融资环境；产业基金通过为风电场开发商提供"股权+债权融资"整体金融解决方案，协同金风科技主业发展；供应链金融公司借助互联网、金融科技为产业链上游中小供应商融资助力；财务公司通过资金运作，对资金进行集中管理，为金风科技成员单位提供贷款支持。

千里之行，始于足下。碳达峰碳中和是长达 40 年的宏大战略，做好风电事业也是一场充满挑战的长跑，绿色金融政策体系及评价标准亟待优化完善。在此过程中，希望高金山博士和课题组能够时刻保持坚韧、创新精神，持续跟踪研究风电产业绿色金融的最新动态，将新能源产业链管理模式和绿色金融案例进行总结提炼并上升到理论层次，进而指导后续的企业实践。也希望本报告能够抛砖引玉，带动更多的绿色产业、新能源核心企业、金融机构为我国经济高质量发展建言献策、共绘蓝图。

新疆金风科技股份有限公司董事长　武　钢
2022 年 12 月

序言二

2016年，中国人民银行等七部门出台《关于构建绿色金融体系的指导意见》，我国开始系统化推进绿色金融，通过自上而下的政策引领与自下而上的多点实践，推动形成了我国绿色金融发展的良好态势。"双碳"目标提出后绿色金融高质量发展的行动主线进一步明确，同时经过多年市场培育，当前绿色金融也正在从显著依赖政策引导向市场自主驱动发展的方向迈进。党的二十大报告进一步提出协同推进"减碳、减污、扩绿、增长"的绿色发展模式，绿色金融也将持续发挥其在资源配置、风险管理、市场定价方面的积极作用，为新旧动能转换提供有力的支撑。

服务实体经济是我国绿色金融发展的主线，也是未来持续深化发展的重要方向。而要服务好实体经济，就需要更为深入、全面、客观地了解产业的特性、发展规律、发展阶段，越快速有效地打破金融与产业的壁垒，越能推动要素的合理、高效配置。当下，清洁能源领域是绿色金融支持的重点方向，已经形成了具有借鉴意义的典型做法，亟须凝练总结、复制推广。

本报告从风电行业出发，涵盖政策、市场、产融结合等方面，全面解读了绿色金融的政策与市场，为读者更准确地理解绿色金融在支持绿色经济发展方面的作用提供了更加真实的场景。同时，穿插于其中的对风电产业链的科普，能够使读者更好地了解风电行业绿色金融发展的全貌，并深入了解绿色金融与产业融合的路径，在总结典型做法的基础上形成思考。

显然，本报告的编写团队以其兼具政策研究与市场实践的综合视角，为读者提供了探索绿色金融支持产业发展的新思路。通过阅读本书，本人深刻

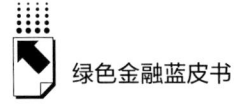

感受到在这个变化的大时代，市场主体在深耕主业、着力创新、拓展业务、奋力前行中的努力与坚持。尽管当下绿色金融已取得较大进展，但金融与绿色产业的融合发展仍处于早期阶段，精确、详尽地获取数据信息、项目信息等仍存在难度，在有限条件下所形成的研究成果，无疑对我国绿色金融发展具有重要的参考价值。因此，本书的出版将为读者了解绿色金融与产业融合提供新窗口。

中央财经大学绿色金融国际研究院院长　王　遥

2022年12月

前 言

风电作为清洁能源的重要组成部分，是"双碳"目标下实现能源结构优化的重要路径，将成为我国未来能源系统中的重要基石，而绿色金融作为风电行业企业提质增效的重要助推剂，在近年来风电行业发展实践中的作用越发突出。因此，考察风电行业绿色金融运行与管理实践是了解中国风电行业发展全貌、助推其高质量发展的重要一环。正是基于此视角，在国家提出实现"双碳"目标的背景下，课题组成员聚焦风电行业绿色金融的发展进程与现状，一年多来围绕行业内风电零部件企业、整机制造企业、风电场投资运营企业展开调研，并多次举办风电企业绿色金融实践专题研讨会，最终完成本书的撰写工作。

作为第一部风电行业绿色金融发展报告，本报告力求全方位、系统地展示中国风电行业绿色金融的政策演进、市场动态、企业实践，既客观揭示风电行业绿色金融所取得的成就，也不回避所存在的问题和薄弱环节，进而提出绿色金融助力风电行业高质量发展的建议。全书包括总报告、市场篇、产融结合篇、国际借鉴篇。其中，总报告系统回顾并简要评价了中国风电行业及绿色金融政策的演进历程，描绘了风电行业绿色金融市场运行状况，并对如何借助绿色金融推动风电行业高质量发展提出系统化建议。市场篇围绕绿色信贷市场、绿色证券市场、绿色基金市场、绿色融资租赁市场、环境权益市场等市场板块，分析各板块中的金融工具应用实践。产融结合篇聚焦风电行业全产业链投融资市场，重点剖析了"互联网+"供应链服务平台和融资租赁供应链金融服务以及风电项目投资的相关典型案例。国际借鉴篇除了梳

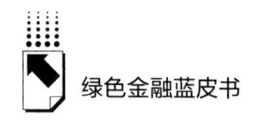

理美国、英国、日本等全球主要国家风电行业绿色金融政策，还重点分析了美国风电项目融资的先行手段与合作模式、欧洲风电投融资政策以及海外风机制造商和风电运营商的政策与实践。

本报告由杨波、高金山提出总体思路和内容框架，各位课题组成员分工完成相关资料的搜集及各篇报告的撰写与修订工作。最后，由杨波、高金山进行统稿与完善。

感谢新疆金风科技股份有限公司对本项目提供资助！感谢新疆金风科技股份有限公司顾磊、王欣及公司其他同仁对本项目提供的资料支撑与理论建议！感谢社会科学文献出版社编审人员为本书出版付出的辛勤劳动！

杨　波

2022年12月1日

摘　要

《中国风电行业绿色金融发展报告（2022~2023）》以中国风电行业绿色金融发展为主题，全面系统地回顾和分析了我国风电行业绿色金融运行状况、政策演进脉络、存在的问题与挑战，并展望了风电行业绿色金融发展趋势与企业投资前景。报告对风电行业绿色金融发展情况进行总体分析与评价，对国外风电行业绿色金融政策进行梳理与借鉴，对风电行业绿色信贷市场、绿色证券市场、绿色基金市场、绿色融资租赁市场、环境权益市场进行分析与评价，对较具代表性的风电行业零部件企业、整机制造企业、风电场投资运营企业的绿色金融实践进行剖析，对美国、欧洲等国家或地区的风电行业绿色金融实践进行梳理与借鉴，对风电供应链金融服务市场、风电项目投资市场等时下热门的产融结合实践进行分析，并展望了未来一段时期风电行业融资政策的变化态势与投资前景。

报告指出，我国风电行业历经萌芽阶段、早期示范阶段、产业化阶段、规模扩张阶段，目前已进入以"双碳"目标为导向的内涵建设阶段。自2010年以来，我国风电新增和累计装机容量连续12年位居世界第一。行业的急速发展，使得风电产业链中设备供应商和中小型风电场等主体对金融支持的需求极为迫切，众多金融机构也积极参与行业发展，开发出众多风电金融产品。至今，我国初步形成绿色信贷、绿色证券、绿色基金、绿色保险、绿色信托与租赁、碳金融产品等多层次的风电绿色金融产品和市场体系，有效缓解了风电行业企业的资金压力，成为风电产业可持续发展的重要支撑。绿色金融政策历经初创阶段、框架构建阶段，目前已经进入多元化和精细化

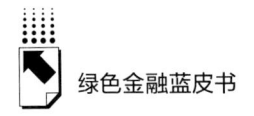

阶段，为风电行业发展提供了有效支撑。然而风电行业绿色金融实践中依然存在诸多问题，这些问题阻碍着风电企业投融资业务的顺利开展与可持续发展进程。一是绿色信息披露机制不完善致使资金供给成本上涨，进一步增加了企业的运营费用。二是绿色金融产品体系不够丰富，包括支持风电行业技术创新的金融产品、支持风电行业中小企业的供应链金融产品、支持风电行业兼并收购的金融产品、基于风电产业的碳金融产品等的研发与推广进展缓慢。三是政策体系不完善。例如，地方风电产业绿色金融政策内容不够精细，缺乏与地方风电企业、金融机构的联动；中小型风电企业绿色金融支持政策缺乏，具有创新性的绿色金融工具供给少，零部件制造类中小企业从金融体系中获得的支持有限；针对企业技术与产品创新的专项绿色金融政策较少，缺乏专项基金、风险投资、绿色信贷等支持风电叶片、漂浮式海上风电、主轴承技术等关键技术研发的金融工具。

报告建议，一要逐步完善风电行业绿色金融政策体系，完善信息披露制度，继续推动地方绿色金融试点，加大财政对风电行业绿色金融的支持力度；二要不断丰富风电行业绿色金融产品体系，为行业各环节、各主体提供产品支持；三是要发展数字绿色金融，运用金融科技手段辅助碳核算工作、对接资金供需方、建立企业可持续量化评价体系，最终为中国风电行业的高质量发展提供持久有力的金融支持。

关键词： 风电行业　绿色金融　金融工具

目 录

Ⅰ 总报告

B.1 中国风电行业绿色金融发展形势分析（2022）
　　………………………………………… 杨　波　高金山 / 001
　　一　中国风电行业及绿色金融政策发展情况 …………… / 003
　　二　2021年风电行业主要绿色金融市场运行状况 ……… / 012
　　三　绿色金融助力风电行业高质量发展的建议 ………… / 017
　　四　投资趋势及展望 ……………………………………… / 020

Ⅱ 市场篇

B.2 中国风电行业绿色信贷市场分析 ………………… 米文通 / 025
B.3 中国风电行业绿色证券市场分析 ………………… 米文通 / 040
B.4 中国风电行业绿色基金市场分析 ………………… 米文通 / 058
B.5 中国风电行业绿色融资租赁市场分析 …………… 陈晓燕 / 075
B.6 中国风电行业环境权益市场分析 ………………… 陈晓燕 / 087

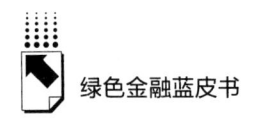

Ⅲ 产融结合篇

B.7 中国主要风电企业绿色金融实践 …………………… 米文通 / 097

B.8 中国风电供应链金融市场分析 ………………… 陈晓燕 高金山 / 141

B.9 中国风电项目投资市场分析 …………………… 陈晓燕 高金山 / 161

Ⅳ 国际借鉴篇

B.10 国外风电绿色金融政策分析 …………………… 刘慧岭 杨文涛 / 193

B.11 国外主要国家或地区风电行业绿色金融发展实践 …… 陈晓燕 / 205

B.12 附 录 ………………………………………………………… / 226

总 报 告
General Report

B.1
中国风电行业绿色金融发展形势分析（2022）

杨波 高金山*

摘 要： 本报告主要从政策实践和市场实践两个方面总结了2021年我国风电行业绿色金融的发展概况。政策实践方面，2021年中央和地方各类与风电行业金融政策工具相关的细化文件不断出台，标志着风电行业绿色金融政策开始进入多元化、精细化阶段。市场实践方面，2021年风电行业各主要绿色金融市场实现了稳定增长，风电行业在绿色信贷、绿色债券、股票市场、绿色基金等市场均有新的突破。因此，应通过完善信息披露制度、继续推动地方绿色金融试点、加大财政对风电行业绿色金融的支持力度等措施完善风电行业绿色金融政策体系；通过提供支持风电行业技术创新的金融产品、支持风电行业中小企业的供应链金融产品、支

---

* 杨波，博士，郑州航空工业管理学院教授、博士生导师，研究领域为绿色经济、航空经济；高金山，中国科学院大学经管学院研究生导师，研究领域为风电绿色金融、产融结合。

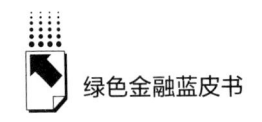

持风电行业兼并收购的金融产品、基于风电产业的碳金融产品等丰富风电行业绿色金融产品体系；通过运用金融科技手段辅助碳核算工作、运用金融科技手段对接资金供需方、运用金融科技手段建立企业可持续量化评价体系等推动数字绿色金融服务风电行业。

关键词： 风电行业　绿色金融　"双碳"目标　金融政策

2021年是我国开启全面建设社会主义现代化国家新征程、向第二个百年奋斗目标进军的开局之年，也是我国加快能源绿色低碳转型、落实应对气候变化国家自主贡献目标的关键之年。风电作为清洁能源的重要组成部分，是"双碳"目标下实现能源结构优化的重要路径，将成为我国未来能源系统中的重要基石。国家能源局统计数据显示，2021年我国风电装机累计规模达到3.28亿千瓦，占可再生能源发电装机容量的30.9%，占总发电装机容量的13.8%；风电发电量则突破6526亿千瓦时，同比增长超过40%，占可再生能源发电量的26.3%，占全社会用电量的7.9%。[①] 我国风电装机容量连续12年位居世界第一，风电已成为国内继火电、水电之后的第三大电力来源。

"双碳"目标既为风电行业带来历史性机遇，又提出了持续提升产业竞争力的高质量发展要求。《"十四五"可再生能源发展规划》提出，"十四五"期间我国可再生能源在一次能源消费增量中占比超过50%，可再生能源发电量增量在全社会用电量增量中的占比超过50%，风电和太阳能发电量实现翻倍，并实现2030年风电、太阳能发电总装机容量达到12亿千瓦以

---

① 《国家能源局2022年一季度网上新闻发布会文字实录》，国家能源局网站，http://www.nea.gov.cn/2022-01/28/c_1310445390.htm，2022年1月28日。

上的装机目标。①对比我国目前的装机量，若实现 2030 年的装机目标，风电总装机容量还有至少 4.72 亿千瓦的目标缺口，这需要广泛的社会资本参与，并且风电产业具有投资规模大、初始成本高、投资回收期长的特性，其发展离不开金融体系的支持。同时，除了同常规能源竞争，风电还面临和其他新能源的竞争，其只有保持更强的竞争力才能具有普惠性和经济性，因此深挖产业链降本增效的潜力仍是行业未来一段时间的重心。随着国家补贴的退出、平价上网的政策导向、上游原材料价格的上涨，资金密集型的风电行业面临的融资需求难以满足、融资成本高企等问题迫切需要得到解决。

绿色金融产品区别于普通金融产品，其最大的特征在于募集到的资金用于支持绿色产业项目，能够有效帮助风电产业链相关企业盘活资产、缓解资金压力，为推动风电行业可持续、高质量发展提供重要助力。2021 年，《关于加快建立健全绿色低碳循环发展经济体系的指导意见》《关于完整准确全面贯彻新发展理念做好碳达峰碳中和工作的意见》《2030 年前碳达峰行动方案》等重磅文件相继出台，绿色金融政策体系得到进一步完善。在各种支持绿色金融创新的政策推动下，风电企业和金融机构也积极开展绿色金融创新实践，在绿色信贷、绿色债券、绿色融资租赁、绿色产业基金、基于应收账款的资产支持证券、基础设施领域不动产投资信托等方面进行业务创新。

本报告作为反映我国风电行业绿色金融发展情况的总报告，旨在对风电行业绿色金融政策的演进过程、风电行业主要绿色金融市场的运行状况进行分析，并就绿色金融如何助力风电行业高质量发展提出相关建议，对投资趋势进行研判。

一 中国风电行业及绿色金融政策发展情况

作为节能环保产业的重要组成部分，我国风电行业起步较早，但经历了

---

① 《关于印发"十四五"可再生能源发展规划的通知》，国家能源局网站，http://zfxxgk.nea.gov.cn/2021-10/21/c_ 1310611148.htm，2021 年 10 月 21 日。

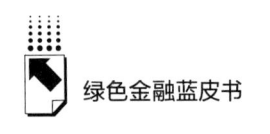

较长时期的探索与产业化过程，直至国家密集出台绿色金融相关政策，我国风电行业开始由规模扩张进入内涵建设阶段。

（一）中国风电行业发展阶段

1. 萌芽阶段（20世纪50年代后期~1985年）

严格意义上讲，我国风电行业从中华人民共和国成立初期开始进入萌芽阶段。早在20世纪50年代后期，为有效解决海岛和偏远农村牧区的居民用电问题，国家就已开始建设离网小型风电机组，此时的风电设备较为简陋，发电量也较小，只能满足小功率的居民生活用电。到70年代末，我国开始进行并网风电的示范研究，并引进国外风机建设示范风电场。

2. 早期示范阶段（1986~1993年）

1986年，我国第一座风电场——马兰风力发电场并网发电，标志着我国风电行业正式起步，这成为我国风电史上的里程碑。此阶段风电行业的发展主要围绕小型示范风电场建设，相关的建设资金主要是丹麦、德国、西班牙等国家的赠款及贷款，政府扶持资金则用于投资风电场项目及支持风电机组研制。在这一时期，国家"七五"发展规划和"八五"发展规划设立的国产风机攻关项目取得了阶段性成果。

3. 产业化阶段（1994~2007年）

产业化阶段经历了较长时间的探索。从1994年开始，国家逐步探索建立了强制性收购、还本付息电价和成本分摊等新型制度，各级政府也相继出台了各种优惠的鼓励政策，使得投资者利益得到较大程度保障，推动了风电场建设。与此同时，科技部通过科技攻关和"863计划"推动风电技术的研究开发及推广，经贸委、计委则通过项目推动风电行业平稳发展，这一时期具有代表性的项目主要有双加工程、国债项目、乘风计划等。

迈进2003年，国家决定通过实行风电特许权招标来认定风电场的投资商、开发商以及上网电价，此方式运行3年后，2006年国家出台了《中华人民共和国可再生能源法》，该法律的实施直接推动形成了相对稳定的风电项目费用分摊制度,进而推动风电场开发规模和本土风电相关设备制造能力的快速攀升。与此同时,国家发展和改革委员会则开始尝试风电特许权经营方式,将5万千瓦以下风电项目的审批权限下放,并要求国内风电项目的国产化比重不得低于70%,以此来大力支持和鼓励国内风电制造业的发展,从而推动国内风电市场进入高速发展阶段。据统计,中国2006年风电新增装机134.7万千瓦,同比增幅达到70%,风电市场发展势头强劲。

4. 规模扩张阶段(2008~2015年)

自2008年始,政府在特许权招标的基础上,又出台了陆地风电上网标杆电价政策,并基于对风能资源的详细调查,提出建设8个千万千瓦级别风电基地,启动建设海上风电示范项目的规划。这一系列举措促使我国2010年风电新增装机1890万千瓦,累计装机4470万千瓦,体量首次超过美国,并跃居世界首位;2015年新增装机3075万千瓦,为历年最高值。这一时期的突出特点是风力发电装机容量波动较大、阶段性弃风率偏高,如2011年的弃风率达到16.23%。

5. 内涵建设阶段(2016年至今)

从2016年开始,关于促进风电行业可持续发展的政策不断颁布,促使相关市场主体开始推动风电行业内涵建设。关于风电行业建设管理、并网消纳、电价及补贴、电力市场、监测预警、财税优惠、产业指导、生态环保等政策法规陆续出台,给予行业内涵建设较为全面系统的指导。如2016年7月,国家能源局发布《关于建立监测预警机制促进风电产业持续健康发展的通知》,风电投资监测预警机制正式启动,5个省份被直接核定为红色预警省;2019年5月出台的《国家能源局关于2019年风电、光伏发电项目建设有关事项的通知》,对风电项目竞争配置、风电消纳、分散式风电、海上风电项目建设提出了具体要求。

另外,2016年8月31日颁布实施的《关于构建绿色金融体系的指导意见》为风电行业发挥行业特色优势、拓宽融资渠道与扩大规模带来重大利好。之后,中国人民银行、中国证券监督管理委员会、国家发展和改革委

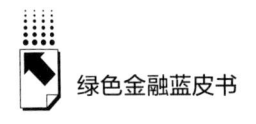

员会等机构又陆续推出更为细化的绿色金融支持政策。如2021年10月出台的《关于严格能效约束推动重点领域节能降碳的若干意见》指出，要积极发展绿色金融，逐步推动设立碳减排支持工具，在风险可控、商业发展可持续的前提下，积极为碳减排效应比较显著的重点项目提供高质量的金融服务。

（二）风电行业绿色金融政策演进

在风电行业发展的萌芽阶段、早期示范阶段、产业化阶段和规模扩张阶段，政府部门颁布的风电行业绿色金融政策相对较少，相关政策主要出现于行业或地区发展规划中，这一时期可称为风电行业绿色金融政策的初创期。进入内涵建设阶段之后，关于风电行业绿色信贷、绿色债券、绿色基金、绿色保险、绿色信托与租赁和碳金融产品等多维度的风电绿色金融产品市场体系逐步形成，相关的绿色金融政策也陆续颁布。

1.风电行业绿色金融政策初创阶段（"十二五"时期）

这一时期的绿色金融政策主要出现于行业发展规划以及消纳政策中。2011年，我国就在未来40年风电的发展目标及规划《中国风电发展路线图2050》文件中，提出研究环境税、碳税和资源税，为风电行业发展提供公平竞争的市场环境，并提出设立可再生能源发展基金等，以完善产业服务体系。在其之后，国家能源局组织制定了《可再生能源发展"十二五"规划》，该文件提出要完善可再生能源补贴和财税金融政策，包括完善可再生能源发展基金管理制度，完善分布式等小型可再生能源项目建设贷款支持机制，实施促进可再生能源发展的绿色信贷政策。在以上两个规划文件中出现的金融相关政策可以说是我国风电行业绿色金融政策的起点。在这一时期的后几年，国家能源局在风电并网和消纳、电力调价、电价定价、风电项目建设管理等方面也出台少许金融支持政策。不难看出，这一时期的风电行业绿色金融政策数量少、涉及面窄、力度小，处于政策初创阶段，代表性政策文件见表1。

表1　风电行业绿色金融政策初创阶段代表性政策文件

时间	发布部门	政策名称
2011/10	国家发展和改革委员会能源研究所	《中国风电发展路线图2050》
2012/04	国家能源局	《关于加强风电并网和消纳工作有关要求的通知》
2012/07	国家能源局	《可再生能源发展"十二五"规划》
2014/07	国家能源局	《关于加强风电项目开发建设管理有关要求的通知》
2014/12	国家能源局	《关于印发全国海上风电开发建设方案（2014—2016）的通知》
2015/03	国家发展和改革委员会、国家能源局	《关于改善电力运行　调节促进清洁能源多发满发的指导意见》

2. 风电行业绿色金融政策框架搭建阶段（"十三五"时期）

步入"十三五"时期后，中国政府首先出台了具有里程碑意义的绿色金融政策——2016年8月中国人民银行、财政部等七部门联合印发的《关于构建绿色金融体系的指导意见》，该政策明确了我国绿色金融的定义、激励机制、发展方向和风险监控措施等，建立了我国绿色金融顶层框架体系。之后，《风电发展"十三五"规划》也于2016年11月出台，该文件指出要积极促进风电产业与金融体系融合，将风电项目纳入国家基础设施建设鼓励目录，鼓励金融机构发行绿色债券，鼓励政策性银行以较低利率等方式加大对风电产业的支持，鼓励商业银行推进项目融资模式，鼓励风电企业利用公开发行上市、绿色债券、资产证券化、融资租赁、供应链金融等金融工具，探索基于互联网和大数据的新兴融资模式。《"十三五"节能减排综合工作方案》于2016年12月出台，该文件提出要健全绿色金融体系，具体举措如下。①在顶层设计方面，提出要加强绿色金融体系的顶层设计，积极推动绿色金融的业务创新。同时鼓励银行业金融机构对节能减排重点工程给予多元化融资支持。②在具体金融工具方面，一是要健全市场化绿色信贷担保机制，对于使用绿色信贷的项目单位，可按规定申请财政贴息支持。对银行机构实施绿色评级，鼓励金融机构进一步完善绿色信贷机制，支持以用能权、碳排放权、排污权和节能项目收益权等为抵（质）押的绿色信贷。二是要推进绿色债券市场发展,积极推动金融机构发行绿色金融债券,鼓励企业发行绿色债券。三是要尽快研究设立绿色发展基金,鼓励社会资本按市场化原则设立节能环保产业投资基金。支持符合条件的节能减排项目通过资本市场融资,鼓励绿色信贷资产、节能减排项目应收账款证券化。四是推动在环境高风险领域建立环境污染强制责任保险制度。

以上三个政策文件从顶层设计层面基本确立了风电行业绿色金融政策框架。后续出台的政策文件则从市场维度对政策框架进行完善。2019年3月国家改革和发展委员会等七部门联合印发《绿色产业指导目录(2019年版)》,明确了绿色产业的定义和分类。中国人民银行先后出台了《绿色债券评估认证行为指引(暂行)》《银行业存款类金融机构绿色信贷业绩评价方案(试行)》,界定了绿色债券、绿色信贷等金融工具的操作流程。中国证券监督管理委员会出台的《关于支持绿色债券发展的指导意见》,明确了发行绿色债券的重点支持对象、基本流程与主体责任等事项。中国证券投资基金业协会出台的《绿色投资指引(试行)》,明确绿色投资的内涵、目标、原则及基本方法,指导绿色投资信息披露制度设计和绿色指标的量化与设计,并指导投资者开展绿色投资。这一阶段的代表性政策文件见表2。

表2 风电行业绿色金融政策框架搭建阶段代表性政策文件

时间	发布部门	政策名称
2016/08	中国人民银行、财政部等七部门	《关于构建绿色金融体系的指导意见》
2016/11	国家能源局	《风电发展"十三五"规划》
2016/12	国务院	《"十三五"节能减排综合工作方案》
2017/03	中国银行间市场交易商协会	《非金融企业绿色债务融资工具业务指引》
2017/10	中国人民银行、中国证券监督管理委员会	《绿色债券评估认证行为指引(暂行)》
2018/07	中国人民银行	《银行业存款类金融机构绿色信贷业绩评价方案(试行)》
2018/07	中国证券监督管理委员会	《关于支持绿色债券发展的指导意见》
2018/11	中国证券投资基金业协会	《绿色投资指引(试行)》
2019/03	国家发展和改革委员会等七部门	《绿色产业指导目录(2019年版)》

3. 风电行业绿色金融政策多元化、精细化阶段（2021年至今）

2020年9月国家主席习近平在联合国大会上明确表示，中国将提高国家自主贡献力度，采取更为有力的政策和措施，力争在2030年之前二氧化碳排放达到峰值，力争在2060年前实现碳中和。自此之后，碳中和视角下的风电行业绿色金融政策密集推出，朝着多元化、精细化方向发展。

一方面，各类有关风电行业金融政策工具的细化文件不断出台。2021年1月财政部印发《商业银行绩效评价办法》，将绿色信贷占比纳入考核。2021年2月国务院发布《关于加快建立健全绿色低碳循环发展经济体系的指导意见》，该指导意见明确提出要着力推动绿色金融和绿色交易市场机制的发展，并逐步完善绿色标准，确保"双碳"目标实现。2021年2月，国家发展和改革委员会等五部门发布《关于引导加大金融支持力度 促进风电和光伏发电等行业健康有序发展的通知》，该通知明确提出金融机构要根据商业化原则与可再生能源企业协商展期或续贷，并进一步指出，对于短期偿付压力较大但未来有一定发展前景的企业如风电企业等可再生能源企业，金融机构可秉承风险可控原则，由银企双方自主协商，并基于项目实际和预期现金流，做出贷款展期、续贷或调整还款进度、期限等安排。2021年4月中国人民银行、国家发展和改革委员会与中国证券监督管理委员会发布《绿色债券支持项目目录（2021年版）》，从4个层次对绿色产业进行明确界定。2021年5月中国人民银行出台《银行业金融机构绿色金融评价方案》，指出要对绿色金融业务进行综合评价并实施激励约束。2021年9月，国家发展和改革委员会、工业和信息化部、生态环境部、市场监管总局、国家能源局联合研制并发布《关于严格能效约束推动重点领域节能减碳的若干意见》，该意见指出要积极设立碳减排支持工具，鼓励支持金融机构向风电等减排效应显著的重点项目提供高质量金融服务。2021年11月央行推出碳减排支持工具和2000亿元煤炭清洁高效利用专项再贷款，旨在给予清洁能源、节能环保和碳减排技术等碳减排领域重点支持。

另一方面，各地区有关风电行业的绿色金融政策相继发布。北京市、重庆市、上海市、河北省、江苏省等十几个省份均出台了较为细化的地区绿色金融政策文件，如广东省发布实施《广东省人民政府关于加快建立健全绿色低碳循环发展经济体系的实施意见》，该意见提出要建立健全绿色低碳投融资体系，不断加强对风电行业等领域的投融资支持力度；要着力推动绿色信贷、绿色债券、绿色基金、绿色保险等金融工具发展，不断拓宽绿色融资的渠道；同时提出支持政府投资基金布局绿色低碳领域，鼓励并支持通过市场化手段设立广东省绿色低碳发展基金。此外，河北省出台《关于银行保险业发展绿色金融　助力碳达峰碳中和目标实现的指导意见》，该意见提出要着力推动银行业保险业绿色金融发展，助力河北省"双碳"目标的实现；江西省抚州市出台《抚州银保监分局关于加快发展绿色保险的指导意见》，提出创新发展一系列功能多样、保障到位、市场接受度高的绿色保险产品体系。该阶段的代表性政策文件见表3。

表3　风电行业绿色金融政策多元化、精细化阶段代表性政策文件

时间	发布部门	政策名称
2021/02	国务院	《关于加快建立健全绿色低碳循环发展经济体系的指导意见》
2021/02	国家发展和改革委员会等五部门	《关于引导加大金融支持力度　促进风电和光伏发电等行业健康有序发展的通知》
2021/04	中国人民银行、国家发展和改革委员会、中国证券监督管理委员会	《绿色债券支持项目目录（2021年版）》
2021/05	中国人民银行	《银行业金融机构绿色金融评价方案》
2021/09	北京市发展和改革委员会、北京市科学技术委员会、中关村科技园区管理委员会	《关于进一步完善市场导向的绿色技术创新体系若干措施》
2021/09	中国人民银行南京分行、江苏省地方金融监管局等部门	《关于大力发展绿色金融指导意见的通知》
2021/10	国家发展和改革委员会、工业和信息化部、生态环境部、市场监管总局、国家能源局	《关于严格能效约束推动重点领域节能减碳的若干意见》
2021/10	中国银行保险监督管理委员会河北监管局	《关于银行业保险业发展绿色金融　助力碳达峰碳中和目标实现的指导意见》
2021/10	中国银行保险监督管理委员会江西监管局抚州分局	《抚州银保监分局关于加快发展绿色保险的指导意见》
2021/10	重庆市人民政府	《关于加快建立健全绿色低碳循环经济体系的实施意见》

续表

时间	发布部门	政策名称
2021/10	上海市生态环境局	《关于持续创新生态环保举措 精准服务经济高质量发展的若干措施》
2021/11	中国人民银行西安分行、陕西银保监局、陕西省发改委等部门	《关于金融支持陕西省绿色发展助推实现碳达峰碳中和目标的指导意见》
2021/12	广东省人民政府	《广东省人民政府关于加快建立健全绿色低碳循环发展经济体系的实施意见》

（三）基本评价

从20世纪50年代后期海岛和偏远农村离网小型风电机组建设以来，我国风电行业先后经历了萌芽阶段、早期示范阶段、产业化阶段、规模扩张阶段和内涵建设阶段五个阶段，前三个阶段以政府直接扶持为主，基本未涉及绿色金融政策支持，直至规模扩张阶段中期才逐渐兴起市场化的绿色金融工具。以"十二五"初期出台的《中国风电发展路线图2050》《可再生能源发展"十二五"规划》为起点，我国风电行业绿色金融政策可分为初创阶段、框架搭建阶段、多元化和精细化阶段三个发展阶段。其中，初创阶段的绿色金融政策主要出现于行业和地区发展规划中，对风电行业发展的支持力度和指导作用有限；进入框架搭建阶段，政府连续出台的《关于构建绿色金融体系的指导意见》《风电发展"十三五"规划》《"十三五"节能减排综合工作方案》从顶层设计层面基本确立了风电行业绿色金融政策框架，后续出台的相关政策则从市场维度对政策框架进行了完善。在国家提出"双碳"目标后，各类有关风电行业金融政策工具的细化文件密集出台，使风电行业绿色金融政策进入多元化、精细化阶段，有关风电行业绿色信贷、绿色债券、绿色基金、绿色保险、绿色信托与租赁和碳金融产品等多维度的风电绿色金融产品市场体系逐步形成，有力地助推了风电行业内涵建设。

但也可以看到，当前政策体系仍存在不少薄弱之处。一是地方风电产业

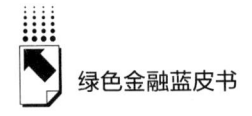

绿色金融政策不完善，虽然不少省份出台了绿色金融支持政策，但政策内容不够精细，缺乏与地方风电企业、金融机构的联动；二是中小型风电企业绿色金融支持政策缺乏，具有创新性的绿色金融工具供给少，零部件制造类中小企业从金融体系中获得的支持有限；三是针对企业技术与产品创新的专项绿色金融政策较少，缺乏专项基金、风险投资、绿色信贷等支持风电叶片、海上风电漂浮式、主轴承技术等关键技术研发的金融工具；四是碳金融产品的开发与运用步伐仍需加快，碳排放权交易、碳债券、碳基金等新型碳金融产品刚进入试点阶段。

二 2021年风电行业主要绿色金融市场运行状况

（一）绿色信贷

1. 市场概况

绿色信贷是我国起步最早、发展最快、政策体系最为成熟的绿色金融子市场，在风电行业内也是企业融资的主要来源。中国人民银行公布的年度金融机构贷款投向统计报告显示，截至2021年底，我国主要金融机构的本外币绿色贷款余额达到15.9万亿元，占各项贷款总规模的比重为8.25%，贷款余额比2020年高3.86万亿元，同比增幅达到32%。进一步分用途来看，绿色贷款投向前三位分别为基础设施绿色升级产业（占比为47%）、清洁能源产业（占比为26%）、节能环保产业（占比为12%）。[①]

2. 2021年新动态

（1）补贴确权贷款产品落地

2021年2月，国家发展和改革委员会等五部门联合出台了《关于引导加大金融支持力度　促进风电和光伏发电等行业健康有序发展的通知》，明

[①]《2021年金融机构贷款投向统计报告》，中国人民银行网站，http://www.gov.cn/xinwen/2022-01/31/content_5671459.htm，2022年1月31日。

确提出已经被列进补贴清单的可再生能源项目所在的企业，对于已经确定权益但应收未收的财政补贴资金，可以申请补贴确权贷款。金融机构则要将审核公布的补贴清单和企业应收未收补贴证明材料等作为增信的手段，遵循市场化、法治化原则自主确定贷款金额，贷款额度以企业已确权应收未收的财政补贴资金作为上限。同年6月，中国农业银行开创性地向中广核湖北大悟风力发电有限公司授信"可再生能源补贴确权贷"，贷款额度高达6300万元，并开创性地发放全国第一笔"可再生能源补贴确权贷"，贷款额度为950万元。该信贷产品能够满足风电企业因财政补贴不到位而产生的资金周转需求，探索出绿色信贷支持风电行业的新路径。

（2）央行推出碳减排支持工具

2021年11月，中国人民银行推出碳减排支持工具，并明确指出将此工具用于重点支持清洁能源、节能环保和碳减排技术等领域，特别是处于发展起步阶段但可以带来显著碳减排效应的行业。碳减排支持工具主要用增量资金支持清洁能源等重点领域的投资与建设，具体采用"先贷后借"的直达机制，具体程序是：金融机构在自主决策、自担风险的基本前提下，先向清洁能源、节能环保等重点领域发放碳减排贷款，然后再在向中国人民银行提供合格质押品的条件下，向中国人民银行申请资金的后续支持（按贷款本金的60%提供资金，利率为1.75%）。碳减排支持工具强调提高金融机构对企业碳减排相关信息的掌握程度，这需要在企业碳核算、披露、核查等方面开展深入、精细的工作，从资金源头进行监督管理。该项政策工具能够增加金融机构向重点支持的领域发放绿色信贷的积极性，并有助于提高资金支持的精准性和资金利用效率。

（3）可持续发展关联贷款创新

可持续发展关联贷款是指任何能激励借款人实现预先设定与可持续发展相关目标的贷款工具或备用融资方式。2021年7月，浦发银行实现全国首笔碳中和挂钩贷款，借款人为上海东海风力发电有限公司，贷款利率与公司的可持续发展绩效目标（SPT）相挂钩，具体做法是将该公司的风电场上网电量、对员工在风电场的安全技术培训时数这两项指标设置为"观察指

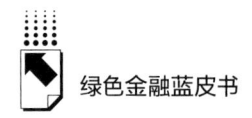

标",贷款存续期间根据每个"观察日"的"观察指标"达标情况对贷款利率进行调整。可持续发展关联贷款作为一种新的融资工具,可以帮助风电企业拓展融资渠道,同时也可帮助其在资本市场和业界树立负责任借款人的形象。

(二)绿色债券

1. 市场概况

绿色债券相比一般债券的特殊之处在于,前者要求发行机构所筹集的资金必须用于合乎规定的绿色项目之中,资金使用的灵活性相对较低,但在政府相关政策的支持下具有较高的信用评级和更快的审批速度。自2015年我国发行第一只绿色债券,绿色债券的发行数量和发行主体逐年增加,种类亦日趋丰富,常见种类包括公司债、金融债、中期票据、企业债、资产支持证券、短期融资券、定向工具、项目收益票据等。由于2020年疫情的影响,2021年绿色债券市场实现了大幅增长,共计发行754只(比2020年增长了59.07%),发行总额为8014亿元(比2020年增长了45.50%)。2021年,募集资金投向风电领域的绿色债券发行数量为116只,发行规模为1226.58亿元,其中投向风能发电设施建设和运营的募集资金规模为1194.58亿元,占风电领域总发行规模的97.40%;投向风能发电装备制造项目的募集资金规模为32亿元,占风电领域总发行规模的2.60%。

2. 2021年新动态

(1)新版绿色债券支持项目目录出台

随着绿色债券应用日趋广泛,2021年4月,中国人民银行、国家发展和改革委员会、中国证券监督管理委员会联合发布了《绿色债券支持项目目录(2021年版)》(见表4),对绿色债券支持领域和范围进行统一界定,在分类逻辑上实现二级、三级目录同国际主流绿色资产分类标准基本一致。同时一级分类名称与《绿色产业指导目录(2019年版)》保持一致,以体现部门间政策的协同。新版目录有利于降低绿色债券发行、交易和管理成本,进一步优化风电行业等支持领域企业的融资环境。

表4 《绿色债券支持项目目录（2021年版）》一级、二级分类

一级分类	二级分类	一级分类	二级分类
Ⅰ 节能环保产业	能效提升	Ⅴ 基础设施绿色升级	能效提升
	可持续建筑		可持续建筑
	污染防治		污染防治
	水资源节约和非常规水资源利用		水资源节约和非常规水资源利用
	资源综合利用		
Ⅱ 清洁生产产业	绿色交通		绿色交通
	污染防治		生态保护与建设
	绿色农业	Ⅵ 绿色服务	咨询服务
	资源综合利用		运营管理服务
	水资源节约和非常规水资源利用		项目评估审计核查服务
Ⅲ 清洁能源产业	能效提升		监测检测服务
	清洁能源		技术产品认证和推广
Ⅳ 生态环境产业	绿色农业		
	生态保护与建设		

（2）绿色债券发行进一步规范

2021年7月，上海证券交易所发布了《上海证券交易所公司债券发行上市审核规则适用指引第2号——特定品种公司债券（2021年修订）》，深圳证券交易所发布了《深圳证券交易所公司债券创新品种业务指引第1号——绿色公司债券（2021年修订）》，进一步规范绿色债券募集资金使用和信息披露要求，确定用于绿色项目建设、运营、收购或偿还绿色项目贷款等的募集资金金额应不低于募集资金总额的70%等要求；新增"碳中和绿色公司债券"等内容，明确碳中和债券募集资金主要用于具有碳减排效益的碳中和相关项目，如清洁交通类项目、清洁能源类项目、工业低碳改造类项目、可持续建筑类项目等，债券全称可使用"碳中和绿色公司债券"标识。

（3）碳中和债券创新

兴起较晚的碳中和债券，本质上是绿色债券的一个子品种。碳中和债券

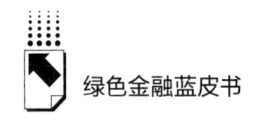

不仅要求募集资金必须专项用于具有明显碳减排效益的绿色项目，而且还要求使用者必须明确披露碳减排等环境效益信息，确保碳减排效益"可计算、可检验"。此外，碳中和债券的准入目录相较一般绿色债券也更为聚焦，能够引用的项目仅限于清洁交通、清洁能源、碳汇林业、绿色建筑等类型，同时还要求必须由第三方机构量化评估碳减排的环境效益，并在发行后的存续期，不间断披露项目的运行状况和碳减排效益的具体实现情况等。

2021年2月，我国成功发行第一批碳中和债券。第一批发行的碳中和债共有6只，均在银行间债券市场发行，发行规模合计人民币64亿元，发行人包括华能国际、国家电投、南方电网、三峡集团、雅砻江水电和四川机场集团，募集而得的资金全部用于具有碳减排效益的绿色项目，这也是全球范围内首次以"碳中和"命名的贴标绿色债券产品。截至2021年12月，境内碳中和债共计发行202只，发行规模为2586.35亿元，其中公募发行149只，发行规模为1700.8亿元，募集资金主要投向清洁能源类和清洁交通类项目。《中国碳中和债发展报告2021》显示，碳中和债券的票面利率基本处于3%至4%之间，整体的发行成本较低，发行主体主要是电力行业中的相关企业，资金主要投向以风力发电为代表的清洁能源类项目。

（三）股票市场

1. 市场概况

东方财富网数据显示，2021年风电行业新上市企业11家，其中有5家在沪深主板上市，2家在上海证券交易所科创板上市，3家在深圳证券交易所创业板上市，1家在北京证券交易所上市。募集资金净额合计为330.57亿元，平均每家企业融资净额为30.05亿元，融资额最大的企业是中国三峡新能源（集团）股份有限公司，募集资金净额为225亿元。Wind数据显示，2021年全年风力发电板块有10家公司增发股票，实际募集资金总额为161.5亿元，其中6家为国有企业，实际募集资金总额为101亿元（占比为62.54%）。

2. 2021年新动态

2021年，首家风电行业企业登陆北京证券交易所。桂林星辰科技股份有限公司从事风电变桨伺服系统研发、制造和销售，被国家工业和信息化部认定为专精特新"小巨人"企业，于 2021 年 6 月在北京证券交易所挂牌上市，首次公开发行募集资金净额为 1.295 亿元。北京证券交易所为处于创新层的风电企业提供了直接融资的渠道。

（四）绿色基金

1. 市场概况

绿色基金在融资条件、资金来源、投资期限等方面具有一定的独特优势，在我国政策支持下得到快速发展，国家绿色发展基金、地方绿色发展基金、PPP 绿色项目基金、产业集团绿色投资基金等多种类型的绿色基金不断推出。国家企业信用信息公示系统显示，截至 2021 年底，以风电为明确投资对象的在营基金有 4 只，分别为阳江恒财海上风电产业投资基金管理有限公司、阳江海上风电产业发展基金合伙企业（有限合伙）、汕尾市振新风电产业发展基金（有限合伙）和风能开发产业基金（宁夏）合伙企业（有限合伙）。

2. 2021 年新动态

2021 年，国家级投资基金首只基金产品备案。国家绿色发展基金是秉承市场化原则运作的国家级投资基金，该基金由生态环境部、财政部和上海市人民政府三方共同发起，于 2020 年 7 月在上海市挂牌成立，主要服务于长三角地区发展，首期募集资金总规模 885 亿元。2021 年 10 月，国家绿色发展基金获得基金管理人资格，并完成首只基金产品备案，这标志着基金正式进入实质性投资运作的新阶段。

三 绿色金融助力风电行业高质量发展的建议

（一）完善风电行业绿色金融政策体系

1. 完善信息披露制度

当前部分企业缺乏信息披露的责任意识，且抱有应付信息披露监管

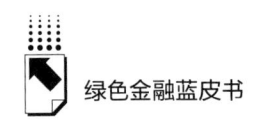

机构的敷衍心理，这就在一定程度上构成企业信息壁垒，致使难以及时而高效地获取企业碳足迹信息。这类问题的存在，既增加了金融机构开展风电金融等绿色金融业务的风险，也造成我国绿色投资信息不完善。此外，绿色信息披露机制的不完善还会引致资金供求成本的上涨，进一步增加企业的运营费用。建议以中国人民银行发布的《金融机构环境信息披露指南》为指引，增加对各金融机构环境信息披露的强制性要求，逐步提升对客户环境信息的管理能力和披露要求。

2. 继续推动地方绿色金融试点

自2017年开始，我国政府就明确表示鼓励有条件的城市开展绿色金融试点。在政府号召与鼓励下，首批五省八市陆续开展绿色金融试点，经过几年的有效运行，我国已经在绿色金融改革创新方面积累了许多可推广、可复制的经验。建议在我国风电资源区深入开展绿色金融改革创新实践，将具有较好条件的地区选为风电绿色金融创新试点，从政策和资金多方面予以支持，探索多层次的风电绿色金融应用场景，并作为示范区向全国推广风电绿色金融改革的相关经验。

3. 加大财政对风电行业绿色金融的支持力度

进一步完善财政支持风电行业绿色金融发展的政策体系，综合运用财政奖励、贴息、风险补偿等手段，撬动社会资本支持风电行业绿色金融发展。地方政府可与商业银行合作，通过建立风险补偿资金池为风电项目融资提供担保，对为风电行业中小企业绿色信贷提供担保的第三方担保机构进行风险补偿，对为绿色债券发行提供担保的第三方担保机构给予奖励，同时激励机制设计时应以资产的碳足迹作为评价依据。

（二）丰富风电行业绿色金融产品体系

1. 提供支持风电行业技术创新的金融产品

在风电行业全面实现平价的时期，技术创新仍是风电行业实现规模提升与提质增效的主要动力源，同时也是风电行业增强产业竞争能力和创新融合能力的关键因素。随着风电行业降低成本的压力增加和风电机组的大型化发展，风电叶片长度增加带来的技术问题、海上风电漂浮式基础等技术问题、主轴承技术等"卡脖子"问题都需要解决，风电行业需要相应的金融手段来支持各种研发和技术创新活动。商业银行可通过投贷联动的模式加大对风电企业关键核心技术研发活动的支持。对那些已经掌握核心技术的风电零部件企业，可以和其他投资机构进行合作，采用"股权+债权"投资的方式，以达到控制风险、共享收益之目的。为适应技术研发的高风险和高回报特征，积极引入专项基金、产业投资基金、风险投资、私募股权投资等金融工具。

2. 提供支持风电行业中小企业的供应链金融产品

风机零部件制造业务主要由中小民营企业承接。该业务市场具有完全竞争市场特征，市场内竞争较为充分，产品对企业技术要求不高，但该类企业也存在抗风险能力弱、获取信贷融资的难度相比风电整机制造企业更大等问题。部分风机零部件制造企业近几年由于扩张过快，出现产能利用率不足、生产经营收益下降等问题，企业经营面临较为严重的融资困境。建议优化和创新风电行业供应链融资产品的类型，积极推广诸如订单融资、应收账款质押融资、控货融资等融资模式，并注重增强对那些掌握风电零部件制造关键生产技术的优质企业的信用支持力度。

3. 提供支持风电行业兼并收购的金融产品

收购是发电企业迅速扩展企业版图以及扩大项目持有规模的重要方式。建议允许具备相关条件的风电企业采取发行优先股、可转换债券等方法来筹措用于兼并重组的资金，并鼓励投资者可采用股权投资基金、产业投资基金、创业投资基金等方式积极参与企业兼并重组。

4. 提供基于风电产业的碳金融产品

碳金融是绿色金融较为重要的组成部分，能够为风电等行业提供一个把环境价值较好变现的渠道，从而助力行业资源的优化配置。发展碳排放权交易市场能够通过市场化途径实现风电产业的环境价值变现，例如核证自愿减排量（CCER）市场促使风电类项目的减排工作进入碳市场的抵消机制，不仅催生风电行业中的质押、场外期权、回购等交易方式，同时还形成了碳债券、碳基金。

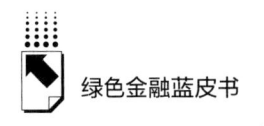

（三）发展数字绿色金融

1. 运用金融科技手段辅助碳核算工作

金融机构可自主研发或外购绿色金融在线管理系统，为追踪与评估企业碳足迹、统计企业与行业环境效益数据、构建行业绿色信用认证平台等提供广泛技术支持，实现快速高效识别绿色项目、自动核算环境效益、自动生成定期报告，以提升金融机构对绿色项目的风险管理能力。在金融机构端，金融科技能够提供企业画像、碳信用、碳积分等金融数据产品，并将产品的额度利率与企业碳账户挂钩。

2. 运用金融科技手段对接资金供需方

以互联网、大数据等技术为抓手，研究构建能够涵盖企业信用、绿色项目、投融资等多元信息的数字化平台，帮助风电项目和风电相关企业获得更多的资本对接机会，并降低资金供需双方之间的信息不对称。可借鉴湖州市搭建绿色金融综合服务平台的做法，增强环境信息披露，实现风电企业、风电项目与资本的快速对接和信息共享。

3. 运用金融科技手段建立企业可持续量化评价体系

地方政府可充分应用大数据、区块链、人工智能、物联网等技术，依托企业环境和社会责任等非财务数据，建立企业可持续发展能力量化评价体系，提升企业环境风险和效益的量化评价水平，进而将评价结果用于辅助财税、贴息、土地、用能指标等激励机制的分配决策，引导企业高质量发展。

四 投资趋势及展望

（一）2021年风电行业发展趋势

1. 整体状况

整体来看，风电行业在2021年继续保持了2020年的强劲增长态势。根据 GWEC 数据，2021 年全球风电累计装机量达到 837 吉瓦，较 2020 年增长 12.8%；根据中国国家能源局数据，2021 年中国风电累计装机容量达到 328.5 吉瓦，同比增长 16.7%。从新增装机容量来看，尽管受疫情影响，2021 年全球风电行业仍实现新增装机容量 93.6 吉瓦，为历史第二高年份，其中中国新增装机容量 47.6 吉瓦。

2. 分地区状况

根据《2022 年全球风能报告》，2021 年全球风电装机总量方面，中国占全球总装机容量的 40.40%，位居第一；美国风电装机总量占比为 16.05%，仅次于中国；德国占比为 7.71%，位居第三。印度和英国的装机总量占比分别为 4.79%和 3.17%，排第四、第五名。

在陆上风电方面，相较于 2020 年的高速增长，亚太和北美地区 2021 年的陆上风电新增装机量分别下降了 31%和 21%，但这两个地区加起来仍占全球陆上风电装机容量的三分之二以上。在中国，上网电价机制改革的终止导致新陆上安装设施安装量下降了 39%，降至 30.7 吉瓦。在美国，新陆上安装设施安装量降至 12.7 吉瓦，这主要是由与 COVID-19 相关的供应链问题导致的。

在海上风电方面，2021 年，海上风电市场处于历史上最好的一年，委托发电量为 21.1 亿千瓦，是 2020 年的三倍多。2021 年，全球海上风电新增装机容量占所有新增装机容量的 22.5%，全球海上风电总装机容量达到 5700 万千瓦，占全球装机容量的 7%。而中国贡献了海上经济增长的 80%，这是中国在新设施方面领先的第四年。2022 年初越南补贴账册取消再次推动了中国海上经济的增长——越南 779 兆瓦的潮间带（近岸）项目被委托，中国成为 2021 年第三大海上安装市场。欧洲是 2021 年唯一一个报告新增海上风力发电设施的地区，这主要得益于英国海上风电的稳定增长。2021 年，英国有超过 2.3 万千瓦接入电网，创历史新高。此外，尽管英国放弃了世界上最大海上市场的头衔，但它在浮式海上风电方面领先，2020 年新增装机容量 57 兆瓦，总容量达到 139 兆瓦。

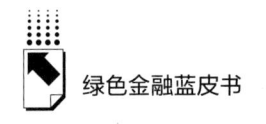

（二）风电行业前景与展望

1. 海上风力发电市场份额逐步增长

自 2016 年《巴黎协定》提出到 2050 年实现净零碳排放目标以来，各国都在紧锣密鼓地布局能源转型战略，而风力发电将在加速全球能源转型方面发挥重要作用，全球风电市场的中期前景是乐观的。根据当前政策，全球风能委员会市场情报公司预计，风电行业产能未来五年的复合年均增长率预计为 6.6%，风电行业未来五年内将新增 557 千兆瓦的产能，相当于到 2026 年每年新增超过 110 亿千瓦的产能。

2022~2026 年，全球风电新增装机规模预计达到 466 万千瓦。分类型来看，未来五年陆上风电的复合年均增长率预计为 6.1%，平均年装机容量为 93.3 吉瓦；海上风力发电的复合年均增长率预计为 8.3%，全球海风电上市场预计将从 2021 年的 211 万千瓦增长到 2026 年的 314 万千瓦。

需要强调的是，能源政策环境正在变化，全球风能理事会预计未来将有更多国家和地区出台新的政策举措，以解决当前安装率与实现碳净零目标和能源安全所需比率之间的差距。综合考虑欧洲和其他地区正在进行的能源系统改革和全球局势，全球风能理事会市场情报公司指出，风电行业产能在未来五年将实现比预期更大幅度的增长。这一局势要求政策制定者必须加快短期内对风电项目的审批，并在中期启动结构性市场改革，以加速部署可再生能源。

2. 风电拍卖市场前景乐观

风电行业正在继续应对 COVID-19 造成的干扰。受 COVID-19 影响，2020 年货运成本大宗商品价格连续上涨，风电行业涡轮机和零部件供应商和开发商的利润不断受到挤压，风电行业原有产业链面临断链风险，但这一局势为风电拍卖市场赢得发展契机。COVID-19 的不确定性可能减缓了美国、印度和中国台湾等市场的项目进度，但 2021 年的拍卖活动表明，风电行业体量仍在增加。截至 2020 年，全球风电拍卖容量同比增长了 153%，全球风电交易量达到 8800 万千瓦，其中陆上风电交易量为 6900 万千瓦

（78%），海上风电交易量为 1900 万千瓦（22%）。

在欧洲，风电拍卖中暴露出的许可和监管方面的挑战较为复杂，德国、意大利和波兰等关键市场的风电采购认购不足，拍卖的陆上新增产能只有 1000 万千瓦，拍卖市场空间巨大。在拉丁美洲，由于主要市场的政策障碍和 COVID-19 的影响，2020 年通过公开拍卖获得的风力发电量不到 100 万千瓦。然而，风电的成本竞争力使私人拍卖和双边风电在该地区大受欢迎，并帮助巴西在 2021 年实现了近 400 万千瓦的新安装，创新纪录。

3. 浮式海上风电逐步走向商业化

全球近海风力资源有限，大约 80% 的可开发风力资源集中在深海区域。这意味着，浮式海上风电有巨大的发展潜力，同时凭借着在环保、开发范围等方面的多重优势，浮式海上风电开发蓝海已然显现。近几年来，英国、美国、日本、挪威、中国等国相继开始尝试开发浮式海上风电。

英国作为最早开发海上风电的国家之一，曾公布了到 2030 年建设 100 万千瓦浮式海上风电的装机目标。2021 年，该国浮式海上风电新增装机量接近 5 万千瓦，是浮式海上风电装机增速最快的国家。2021 年 9 月，美国也宣布将大规模建设浮式海上风电，并立下了"到 2035 年建成 1500 万千瓦浮式海上风电"的发展目标。美国政府发布声明称，到 2035 年，浮式海上风电的成本预计将在 2021 年基础上下降 70% 以上，达到 45 美元/兆瓦时。在日本，受制于近海复杂的海床条件，日本固定式海上风电发展进展缓慢，但随着浮式海上风电技术的兴起，2020 年以来，日本多家企业都宣布将在日本远海区域建设浮式海上风电场。挪威国家能源公司提出浮式海上风电场的开发是其实现油气生产板块降碳的重要一步。Hywind Tampen 风电场作为挪威首个浮式海上风电场，其所发电力将主要供位于欧洲北海地区的两个油气生产平台使用。一旦建成，该风电场预计将满足区域内油气生产所需的 35% 的电力，该浮式海上风电场计划安装 11 座浮式海上风机，2021 年内将至少新建 7 座浮式海上风机。在中国，2021 年，广东、福建、海南等沿海省份均已开启浮式海上风电项目的建设。

此外，2021 年石油和天然气巨头在该领域实现进一步突破。欧洲大型

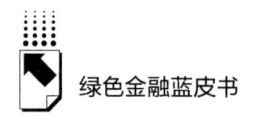

石油和天然气公司赢得了欧洲和北美的海上风电项目拍卖，并赢得了大西洋两岸的海底租赁投标项目。这些公司拥有较强的海上工程技术和财务实力，这将使浮式海上风电在未来十年内从目前的示范阶段发展到全面商业化阶段。

市 场 篇
Market Reports

B.2 中国风电行业绿色信贷市场分析

米文通*

摘　要： 绿色信贷是我国起步最早、发展最快和政策体系最为成熟的绿色金融子市场，在风电行业内绿色信贷也是企业融资的主要来源。鉴于风电行业精准的信贷数据难以获得，本报告利用中国人民银行年度金融机构贷款投向统计报告中的相关数据分析风电行业大致贷款情况，发现与风电有关的绿色信贷虽然总量在增加，但与其他贷款对象相比，增长优势并不明显。在根据贷款主体对我国风电行业绿色信贷类型进行了分析后，为促进风电行业绿色信贷更加健康快速发展，提出如下建议：由中国可再生能源学会风能专业委员会等机构建立统一的风电行业企业征信体系，构建相关信息共享交流平台，建立企业和银行之间畅通有效的信息共享机制；加强国际合作，提升金融机构为风电行业进行信贷服务的能力等。

---

* 米文通，硕士，郑州航空工业管理学院副教授，研究领域为绿色金融。

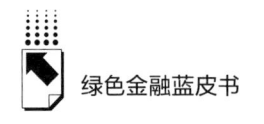

关键词： 绿色信贷　商业性银行贷款　政策性银行贷款

2007年7月，中国人民银行、国家环境保护总局和银监会联合发布《关于落实环保政策法规防范信贷风险的意见》，对金融机构发展绿色信贷进行规范和引导，随后《绿色信贷指引》《绿色信贷实施情况关键评价指标》《中国银行业绿色银行评价实施方案（试行）》《关于开展银行业存款类金融机构绿色信贷业绩评价的通知》《银行业金融机构绿色金融评价方案》等相继发布。截至2021年末，我国本外币绿色贷款余额15.9万亿元，规模世界第一，其中清洁能源产业贷款余额4.21万亿元，占比26.48%。[1]

一　我国风电行业绿色信贷市场现状

风电属于清洁能源中的可再生能源，现实中关于此行业精准的信贷数据难以得到，但可以通过与其相关的其他数据大致了解风电行业信贷现状。

根据中国人民银行年度金融机构贷款投向统计报告，2019年末，本外币绿色贷款余额10.22万亿元，同比增加1.99万亿元，比年初增长15.4%；分用途看，可再生能源及清洁能源项目贷款余额[2] 2.49万亿元，同比增加0.42万亿元，比年初增长11.0%；分行业看，电力、热力、燃气及水生产和供应业绿色贷款余额3.05万亿元，同比增加0.44万亿元，比年初增长9.3%。[3]

---

[1] 《2021年金融机构贷款投向统计报告》，中华人民共和国中央人民政府官网，http://www.gov.cn/xinwen/2022-01/31/5671459/files/1c1fddd768634d98935e97f2549fefe6.pdf，2022年1月31日。

[2] 由于不同年份的统计口径略有差异，此处可再生能源及清洁能源项目贷款余额与2020~2021年统计的清洁能源产业贷款余额应为同一项目。

[3] 《央行2019年金融机构贷款投向统计报告》，广东金融网，http://gdjr.gd.gov.cn/gdjr/jrzx/jryw/content/post_2883025.html，2020年1月24日；《2018年金融机构贷款投向统计报告》，中华人民共和国中央人民政府官网，http://www.gov.cn/xinwen/2019-01/26/content_5361364.htm，2019年1月26日。

2020年末，本外币绿色贷款余额11.95万亿元，同比增加1.73万亿元，比年初增长20.3%；分用途看，清洁能源产业贷款余额3.20万亿元，同比增加0.71万亿元，比年初增长13.4%；分行业看，电力、热力、燃气及水生产和供应业绿色贷款余额3.51万亿元，同比增加0.46万亿元，比年初增长16.3%。①

2021年末，本外币绿色贷款余额15.90万亿元，同比增加3.95万亿元，同比增长33.1%，比上年末高12.8个百分点；分用途看，清洁能源产业贷款余额4.21万亿元，同比增加1.01万亿元，同比增长31.6%；分行业看，电力、热力、燃气及水生产和供应业绿色贷款余额4.41万亿元，同比增加0.9万亿元，同比增长25.6%。② 2019~2021年部分与风电行业有关的贷款余额情况如图1所示。

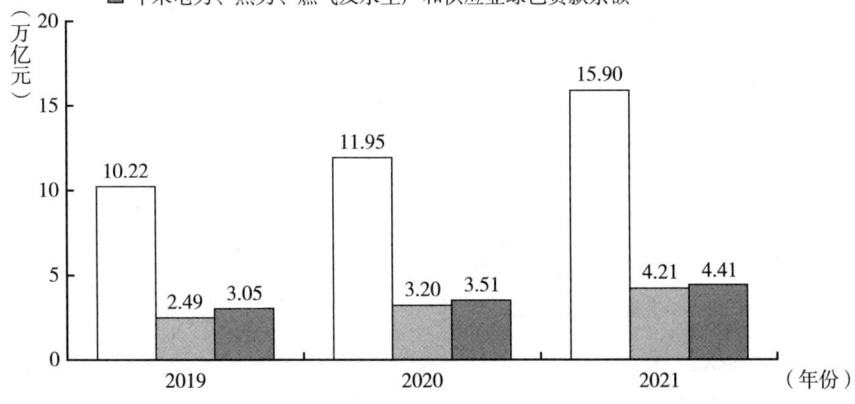

图1 2019~2021年部分与风电行业有关的贷款余额情况

虽然从用途和行业角度看，与风电有关的绿色信贷在增加，但与其他贷款对象相比，优势并不明显。从用途看，2021年基础设施绿色升级产业贷

---

① 《2020年金融机构贷款投向统计报告》，中华人民共和国中央人民政府官网，http://www.gov.cn/xinwen/2021-01/29/content_5583670.htm，2021年1月29日。
② 《2021年金融机构贷款投向统计报告》，中华人民共和国中央人民政府官网，http://www.gov.cn/xinwen/2022-01/31/content_5671459.htm，2022年1月31日。

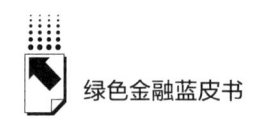

款余额为7.40万亿元，比清洁能源产业贷款余额4.21万亿元多3.19万亿元；而2020年两者分别为5.76万亿元和3.20万亿元，差额是2.56万亿元，与2020年相比，2021年两者差额增加了0.63万亿元。可见，与风电有关的清洁能源产业绿色贷款增长量没有基础设施绿色升级产业绿色贷款多。

从行业看，2021年电力、热力、燃气及水生产和供应业贷款余额4.41万亿元，交通运输、仓储和邮政业绿色贷款余额4.13万亿元，两者相差0.28万亿元，而在2020年两者分别为3.51万亿元和3.62万亿元，两者之差为-0.11万亿元，所以，2020~2021年，与风电有关的电力、热力、燃气及水生产和供应业绿色贷款增长较快，增长量超过了交通运输、仓储和邮政业绿色贷款余额，但两者绝对值方面相差并不大。

二 我国风电行业绿色信贷种类

（一）商业性银行贷款

从信贷投放主体看，商业银行是绿色信贷主体，截至2021年末，国内21家主要商业银行绿色信贷余额达15.1万亿元[①]，占我国本外币绿色贷款余额的94.97%。从贷款类别来看，除了传统抵押贷款、质押贷款、信用贷款和保证贷款外，商业银行积极进行贷款模式创新。

1. 补贴确权贷款

补贴确权贷款是针对可再生能源发电项目补贴缺口大、拖欠时间长的问题，为了让符合条件的可再生能源发电企业盘活应收账款流动性而推出的一种贷款模式，贷款条件是可再生能源发电项目要纳入国家财政及相关部门审核公布的电价补贴清单，贷款额度由已确权应收未收的财政补贴资金额度确定。

---

① 《银保监会：2021年末国内21家主要银行绿色信贷余额达15.1万亿元》，中证网，https://www1.cs.com.cn/xwzx/hg/202203/t20220323_6253011.html，2022年3月23日。

2021年2月24日，国家发改委发布《关于引导加大金融支持力度 促进风电和光伏发电等行业健康有序发展的通知》，鼓励金融机构创新补贴确权贷款模式，缓解企业资金困难，加大对可再生能源企业的金融支持力度。

2021年7月全国首笔补贴确权贷在湖北省孝感市发放，中国农业银行湖北孝感分行向中广核湖北大悟风力发电有限公司授信6300万元，并发放全国首笔可再生能源补贴确权贷950万元。[①] 随后，各地此类贷款逐渐落地。2021年8月，中国银行广东分行向广东华电前山风力发电有限公司发放759万元补贴确权贷款，这是广东省内首笔、中国银行系统内首笔风电行业补贴确权贷款。[②] 补贴确权贷款大致流程如下。

一是以国家财政及相关部门审核公布的电价补贴清单、风电企业与电网公司签订的购售电合同、经电网公司确认的电量补贴统计表为依据，计算并核实企业应收未收的财政补贴资金；

二是以已确权应收未收的财政补贴资金作为质押，按照质押率不超过80%的比例确定贷款额度；

三是与风电企业签订承诺函，锁定补贴款的回款路径，对补贴收款账户进行资金监管，企业在贷款期限内如收到补贴款要及时归还贷款，如在贷款期限内未收到补贴款须以综合收入作为还款来源；

四是将出质人信息（即借款人信息）和质权人信息（即银行信息）、已确权应收未收的财政补贴资金额度等具体信息通过中国人民银行的"动产融资统一登记公示系统"进行信息登记、公示。

2. CCER质押贷款

根据《碳排放权交易管理办法（试行）》的规定，CCER（国家核证自愿减排量）是指对我国境内可再生能源、林业碳汇、甲烷利用等项目的温室气体减排效果进行量化核证，并在国家温室气体自愿减排交易注册登记系

[①] 《助力绿色高质量发展 全国首笔"可再生能源补贴确权贷"在孝感发放》，中国网·中国湖北，http://hb.china.com.cn/2021-07/07/content_41609604.htm，2021年7月7日。

[②] 《广东首笔风电行业补贴确权贷款落地中行》，中国证券网，https://news.cnstock.com/news,bwkx-202108-4742760.htm，2021年8月18日。

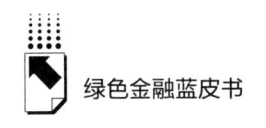

统中登记的温室气体减排量。2011年，北京等七省市开始了碳排放权交易试点工作；2021年7月16日，全国碳排放权交易市场启动，依托全国市场，碳减排的价格将更加合理。对持有有效碳排放配额CCER的碳排放单位和金融机构来讲，CCER具有明确的市场价值，可作为质押物发挥其融资担保功能，为双方提供投融资渠道，引导资金流动。

CCER质押贷款就是企业以其持有的CCER为质押物，获得金融机构融资的业务模式。企业进行碳质押贷款时，应先向碳排放权交易所提交碳质押业务申请，碳排放权交易所为企业出具配额所有权证明，企业持相关材料向银行申请贷款，签订借款合同和质押合同，并向国家发改委申请办理质押登记，最后银行完成放款流程。

各家商业银行的风控标准及风险偏好存在差异，因此它们的碳质押贷款审批流程也存在一些差异。以中国建设银行为例，整个流程分为六步。

一是申请。企业可以向中国建设银行各级对公营业机构提出碳金融业务申请。

二是申报审批。中国建设银行审查通过后，将与企业协商一致的融资方案申报审批。

三是签订合同。经审批同意后，中国建设银行与客户签订借款合同和担保合同等法律性文件。

四是质押登记。在政府有关部门指定的碳排放交易登记机构办理碳质押登记手续。

五是贷款发放。落实贷款条件并发放贷款。

六是还款。按合同约定的方式偿还贷款。

国内首单CCER质押贷款由上海银行推出。2014年12月11日，上海银行与上海宝碳新能源环保科技有限公司（以下简称上海宝碳）在上海环境能源交易所签署《中国核证减排量CCER质押贷款协议》，额度为500万元，仅以CCER作为质押担保，无其他抵押担保条件。此次质押贷款的CCER来源项目类型为风电及水电，上海银行以当时七个碳交易市场碳配额价格的加权平均价为CCER质押定价参考基准，再按照一定质押率折算质押价，为从事碳资产开发的轻资产企业上海宝碳解决了按常规贷款操作无法获得银行融资的难题，解决了签发后CCER的质押问题，盘活了企业所持有的碳资产。[1]

根据国信证券预测，全国碳交易市场交易规模初期年成交额可达约100亿元，2030年或将达到1000亿元以上[2]，其中蕴含的巨大交易机会使得多家商业银行纷纷进行战略布局，迅速上线相关抵押信贷产品，全国碳排放权抵押贷款呈现明显增长趋势。中国建设银行针对持有有效碳排放配额CCER的碳排放单位，或者代持管理碳排放权的碳资产管理类公司，推出"碳排放权质押融资"产品，额度为1000万元，用于企业减排项目的建设、技术改造升级，根据用途不同贷款期限分为3年期和5年期。2021年7月21日，山东省首批两单碳排放权抵押贷款业务同时落地——日照银行向山东熙国能源有限公司发放1年期碳排放配额抵押贷款3000万元；兖州农商银行向兖州银河电力有限公司发放3年期碳排放权抵押贷款1000万元。江苏银行计划在"十四五"期间对清洁能源产业的支持额度不低于500亿元，主要用于清洁能源等领域重点项目。[3]

（二）政策性银行贷款

"碳达峰、碳中和"是党中央统筹国内国际两个大局做出的重大战略决策，2021年9月22日，中共中央、国务院印发《关于完整准确全面贯彻新发展理念做好碳达峰碳中和工作的意见》，鼓励开发性政策性金融机构按照市场化、法治化原则，为实现碳达峰、碳中和提供长期稳定融资支持。作为政策性金融机构的国家开发银行[4]、中国进出口银行和中国农业发展银行，

---

[1] 《上海银行推出国内首单CCER质押贷款》，中国证券网，https：//www.cnstock.com/v_news/sns_bwkx/201412/3275288.htm，2014年12月11日。
[2] 《全国碳市场上线交易正式启动》，搜狐网，https：//www.sohu.com/a/477929350_120988533，2021年7月17日。
[3] 《争夺碳金融千亿市场　多家银行抵押信贷上线》，中国经营网，http：//www.cb.com.cn/index/show/bzyc/cv/cv135115391649，2021年7月24日。
[4] 2015年3月，国务院明确国家开发银行的定位为开发性金融机构，将其从政策银行序列中剥离。为了分析方便，本报告仍将国家开发银行与中国进出口银行、中国农业发展银行一起作为政策性银行。

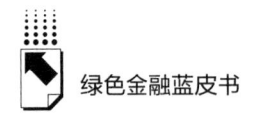

推动实施了一大批风电等清洁能源和生态保护项目，为推动国内新能源产业发展提供了强有力的金融支撑。

1. 国家开发银行

2021年国家开发银行制定《支持能源领域实现"碳达峰、碳中和"战略目标工作方案》，计划在"十四五"期间设立5000亿元的能源领域"碳达峰、碳中和"专项贷款，主要用于支持海上风电、"风光水火储一体化"综合能源基地等，通过绿色通道为相关项目给予差异化信贷政策支持，助力清洁低碳安全高效能源体系的构建，其中2021年安排发放1000亿元。[①] 截至2021年11月末，国家开发银行绿色贷款余额为2.4万亿元，居国内银行业首位。[②]

众多风电公司和项目得到国家开发银行的资金支持。比如，2021年中闽能源股份有限公司的二级子公司中闽（哈密）能源有限公司以中闽十三师红星二场一期20兆瓦光伏发电项目电费收费权及其项下全部权益和收益的应收账款质押，向国家开发银行福建省分行申请借款，截至2021年末，借款余额8300万元（其中长期借款7300万元、一年内到期长期借款1000万元）；其三级子公司中闽（平潭）新能源有限公司以青峰二期风电场的电费收费权益质押，向国家开发银行福建省分行申请借款，截至2021年末，借款余额3.65亿元（其中长期借款3.35亿元、一年内到期长期借款3000万元）；二级子公司中闽（平潭）风电有限公司由福建省投资开发集团有限责任公司提供担保，向国家开发银行福建省分行申请借款，截至2021年末，借款余额4550万元，均为长期借款；一级子公司福建中闽海上风电有限公司以莆田平海湾海上风电场二期项目电费收费权及其项下全部权益和收益的应收账款按贷款比例质押，向国家开发银行福建省分行申请借款，截至2021年末，借款余额1.5亿元，均为长期借款。

[①]《国开行设立5000亿元专项贷款用于风电、光伏等清洁能源》，国际风力发电网，https://wind.in-en.com/html/wind-2403159.shtml，2021年6月10日。

[②]《中国国开行计划2030年绿色贷款占信贷资产比重达30%左右》，中国新闻网，https://www.chinanews.com.cn/cj/2021/12-14/9629294.shtml，2021年12月14日。

2. 中国进出口银行

中国进出口银行积极践行绿色金融理念，将信贷资源向风力发电等清洁能源领域倾斜。

比如，中国进出口银行江苏省分行积极支持远景能源等风力发电设备龙头制造企业和一大批风力发电项目，助力江苏绿色金融发展。2021年1月至10月末，累计投放清洁能源贷款20余亿元，清洁能源发电贷款余额占全部电力贷款余额的比重达75%[1]；辽宁省分行牢固树立和践行绿色信贷理念，截至2021年6月末，绿色贷款余额超过30亿元，同比增加约4亿元，支持了铁岭市昌图县风电场等项目[2]；云南省分行紧盯云南省"8+3"新能源项目清单，于2021年12月24日完成曲靖市通泉风电场项目首笔碳减排项目贷款发放及碳减排支持工具申报工作[3]。

截至2021年末，中国进出口银行绿色信贷业务余额3481.68亿元，比2020年末增加532.28亿元。2021年11月，中国人民银行设立碳减排支持工具，中国进出口银行积极向符合条件的碳减排项目发放碳减排贷款。2021年7月1日至2022年1月10日，中国进出口银行合计向34个项目发放碳减排贷款51.995285亿元，贷款加权平均利率4.03%，带动的年度碳减排量为919304.53吨二氧化碳当量，其中碳减排效应最为显著的项目包括盾安新能源山西隰县98兆瓦风电场项目、龙源江苏大丰H6#300兆瓦海上风电项目和甘肃瓜州北大桥第八风电场C区北100兆瓦项目[4]。

3. 中国农业发展银行

截至2021年末，中国农业发展银行绿色信贷业务余额1.98万亿元，较

---

[1] 《中国进出口银行江苏省分行：助力碳达峰碳中和 做风电企业成长路上的好伙伴》，国际风力发电网，https://wind.in-en.com/html/wind-2410608.shtml，2021年11月11日。
[2] 《中国进出口银行辽宁省分行推进绿色信贷支持风电项目建设》，国际风力发电网，https://wind.in-en.com/html/wind-2404410.shtml，2021年7月13日。
[3] 《进出口银行云南省分行首笔碳减排风电项目贷款落地》，云南网，https://finance.yunnan.cn/system/2021/12/28/031842992.shtml，2021年12月28日。
[4] 《中国进出口银行碳减排贷款信息披露报告（2021年7月1日至2022年1月10日）》，中国进出口银行官网，http://www.eximbank.gov.cn/info/notice/notice/2022 02/t20220215_37661.html，2022年2月15日。

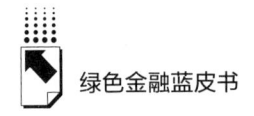

上年末增长30.6%，其中清洁能源产业贷款余额超5000亿元。①

2021年，中国农业发展银行充分发挥信贷资金的撬动作用，向多个风电项目发放贷款资金。湖北省应城市有名店风电场项目总投资6.5亿元，其中中国农业发展银行应城市支行提供4.5亿元资金支持，该项目是湖北省农业发展银行支持的第一个风电项目，2021年3月18日，有名店风电场项目最后一笔0.6亿元贷款资金到账②；平凉市分行着力把信贷资金向绿色能源等重点领域倾斜，支持崆峒区分散式风电项目建设，向其提供6.28亿元风电项目贷款③；甘肃省分行景泰县支行采用信用贷款方式，利用央行碳减排支持工具资金，向大唐景泰风电场项目提供5亿元贷款，支持景泰县喜集水、前台子风电场工程项目建设④。

（三）企业集团财务公司贷款

根据《企业集团财务公司管理办法》规定，企业集团财务公司是指以加强企业集团资金集中管理和提高企业集团资金使用效率为目的，为企业集团成员单位提供财务管理服务的非银行金融机构，经营范围包括：为成员单位办理贷款及融资租赁；从事同业拆借；为成员单位提供债券承销和融资顾问、信用鉴证及相关的咨询、代理业务；为成员单位提供担保等业务。2021年财务公司全行业实现利润总额714.16亿元，行业信贷规模3.97万亿元，同比增长46.26%。⑤

---

① 《中国农业发展银行首次发布绿色金融报告》，中国农业发展银行官网，http：//www.adbc.com.cn/n5/n15/c45147/content.html，2022年6月28日。
② 《应城：总投资6.5亿元"华中第一塔"项目即将建成》，荆楚网，http：//m.cnhubei.com/content/2021-03/22/content_13690585.html，2021年3月22日。
③ 《农发行平凉市分行6.28亿元贷款助力风电项目建设》，中国新闻网，https：//www.gs.chinanews.com.cn/news/2021/11-22/345548.shtml，2021年11月22日。
④ 《农发行景泰县支行5亿元贷款助力风电项目建设》，中国新闻网，https：//www.gs.chinanews.com.cn/news/2021/12-09/346098.shtml，2021年12月9日。
⑤ 《财务公司行业基本经营数据（2021年第四季度）》，中国财务公司协会官网，https：//www.cnafc.org/cnafc/front/detail.action?id=8FBBB4A4DE284877829F130B75911E14，2022年3月14日。

根据中国银保监会数据，截至 2021 年 6 月 30 日，全国共有企业集团财务公司 257 家，包括国家能源集团财务有限公司、国电财务有限公司、中国华能财务有限责任公司、中国华电集团财务有限公司、中国大唐集团财务有限公司、中国电力财务有限公司、三峡财务有限责任公司、中节能财务有限公司、上海电气集团财务有限责任公司等众多涉电的企业集团财务公司。

因此，对于部分风电行业的公司而言，企业集团财务公司贷款也是其信贷的一个重要部分。比如，大唐国际发电股份有限公司和中国大唐集团财务有限公司同由中国大唐集团有限公司控股，根据大唐国际发电股份有限公司 2021 年半年度报告，中国大唐集团财务有限公司向大唐国际发电股份有限公司提供期限从 2020 年 1 月 1 日至 2022 年 12 月 31 日人民币 2700 亿元的综合授信额度；中节能风力发电股份有限公司和中节能财务有限公司同由中国节能环保集团有限公司控股，根据中节能风力发电股份有限公司 2021 年度报告，截至 2021 年 12 月 31 日，中节能财务有限公司向中节能风力发电股份有限公司提供贷款的余额为 21.3683 亿元（固定资产贷款 16.219 亿元、流动资产贷款 5.1493 亿元），占公司总资产的比重为 5.42%。

（四）国际金融机构贷款

由多国共同或联合建立的国际金融机构，可通过提供长期或短期资金，为成员国提供金融信贷技术援助、人员培训、信息咨询等服务，协助成员国经济发展。近年来，国际金融机构多次对风电行业提供贷款支持。

2020 年 10 月 26 日，亚洲基础设施投资银行、欧洲复兴开发银行、中国工商银行（阿拉木图）股份公司和全球绿色基金四家机构共同为中亚最大在建风电项目——哈萨克斯坦扎纳塔斯风电项目提供 9530 万美元贷款支持。[1]

---

[1] 《中亚最大风电项目正式获亚投行等机构贷款支持》，中华人民共和国商务部官网，http://www.mofcom.gov.cn/article/i/jyjl/e/202010/20201003011665.shtml，2020 年 10 月 30 日。

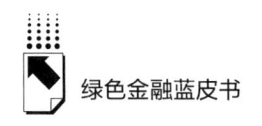

于2015年7月21日开业的金砖国家新开发银行（New Development Bank）近年来对我国风电项目投资不断。2016年11月22日，新开发银行宣布，为福建省内首个海上风电场项目——中闽福建莆田平海湾海上风电场项目提供20亿元人民币的主权贷款①；2020年阳江海上风电公司获得新开发银行20亿元人民币贷款额度，期限22年，贷款资金专项用于阳江沙扒海上风电项目海缆采购及风机基础施工等，首笔贷款资金3.17亿元于2020年12月23日发放。② 2021年5月28日，中国进出口银行与新开发银行签署合作谅解备忘录，双方将围绕节能和可再生能源等重点领域开展合作，采用转贷款方式发放49亿元主权贷款，9月10日，中国进出口银行北京分行利用新开发银行专项贷款的首笔资金支持京能康保风电项目建设。③

（五）中国人民银行碳减排支持工具

2021年11月，中国人民银行推出碳减排支持工具和煤炭清洁高效利用专项再贷款两个新的结构性货币政策工具，向金融机构提供低成本资金，以精准直达的方式支持清洁能源等重点领域的发展，引导、撬动更多社会资金投向绿色低碳领域。

其中，碳减排支持工具重点支持清洁能源、节能环保和碳减排技术三个领域（见表1），支持领域会根据行业发展或政策需要进行调整。④

---

① 《福建：借力"金砖" 发展海上风电》，中华人民共和国中央人民政府官网，http://www.gov.cn/xinwen/2017-08/15/content_5217889.htm#1，2017年8月15日。
② 《广东省首笔新开发银行项目贷款顺利落地》，《能源》杂志官网，http://www.inengyuan.com/kuaixun/5092.html，2020年12月28日。
③ 《进出口银行转贷款支持北京"低碳奥运专区"建设》，中国进出口银行官网，http://eximbank.gov.cn/info/jgdt/202112/t20211207_36144.html，2021年9月10日。
④ 《人民银行推出碳减排支持工具 资金采取"先贷后借"直达机制》，北京市地方金融监督管理局官网，http://jrj.beijing.gov.cn/jrgzdt/202111/t20211109_2533008.html，2021年11月9日。

表1 碳减排支持工具重点支持领域

领域	具体内容
清洁能源	主要包括风力发电、太阳能利用、生物质能源利用、抽水蓄能、氢能利用、地热能利用、海洋能利用、热泵、高效储能（包括电化学储能）、智能电网、大型风电光伏源网荷储一体化项目、用户分布式光伏整县推进、跨地区清洁电力输送系统、应急备用和调峰电源等
节能环保	主要包括工业领域能效提升、新型电力系统改造等
碳减排技术	主要包括碳捕集、封存与利用等

风力发电属于资本密集型行业，财务杠杆率比较高，所以利息变动可对单个项目的利润产生较大影响。以一个10万千瓦的风电场为例，假定总投资8亿元，银行贷款占总投资额的80%，则贷款利率每降低1个百分点，财务费用每年可减少640万元。所以，碳减排支持工具的推出将有效降低部分风电项目的资金压力，带动更多社会资金进入风电行业。

截至2021年底，两个新的结构性货币政策工具已经顺利落地，中国人民银行通过"先贷后借"直达机制，对全国性金融机构向碳减排重点领域内相关企业发放的、符合条件的碳减排贷款，按贷款本金的60%提供资金支持，利率为1.75%，期限1年，可展期2次。第一批碳减排支持工具资金855亿元，支持金融机构已发放符合要求的碳减排贷款1425亿元，共支持2817家企业，带动减少碳排放约2876万吨。①

此外，国家开发银行2021年7月至11月对湛江徐闻海上风电场等一批以清洁能源为主的项目提供了总金额171.11亿元的中长期贷款，由第三方专业机构对这些信息进行核实验证后，最终发放碳减排支持工具资金102.67亿元。②

---

① 《央行两个结构性货币政策工具已落地》，新浪财经，https：//finance.sina.com.cn/jjxw/2022-01-10/doc-ikyamrmz4158427.shtml，2022年1月10日。
② 《国家开发银行获首批103亿元央行碳减排支持工具资金》，国家开发银行官网，http：//www.cdb.com.cn/xwzx/khdt/202201/t20220113_9530.html，2022年1月13日。

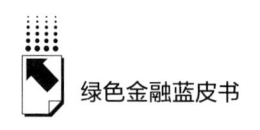

三 我国风电行业绿色信贷发展建议

国家对于绿色信贷业务给予了充分的制度支持与保障，使得当前我国绿色信贷业务稳步增长，且信贷资产质量良好，近5年绿色信贷不良贷款率均保持在0.7%以下（绿色信贷不良率最低不到0.4%，最高仅为0.7%），而我国整体信贷不良率在2%上下浮动。[①]

从用途和行业角度看，与风电有关的绿色信贷相比其他贷款对象的发展优势并不明显，为使风电行业绿色信贷更加健康发展，提出以下建议。

一是尽快建立统一的风电行业企业征信体系，构建相关信息共享交流平台，实现企业信息的全面披露与动态的及时更新，建立和银行畅通有效的信息共享机制。通过这样一个完善的信息披露机制，降低商业银行对贷款企业评估与调查的难度，降低银行开展绿色信贷业务的运营成本，缓解商业银行的"信息孤岛"状况，同时也为后续失信企业惩罚制度，如负面清单制度的实施提供条件。这个平台可由中国可再生能源学会风能专业委员会等类似的拥有行业核心技术与专家资源的机构主导成立，为整个行业提供沟通协调、技术核准、信息甄别等服务。

二是建立自上而下的统一绿色信贷标准。2012年以来，国家发改委、中国人民银行、银保监会、生态环境部、银行业协会等部门制定了一系列绿色信贷政策，如《绿色信贷指引》《绿色信贷统计制度》《绿色信贷实施情况关键评价指标》《能效信贷指引》《关于构建绿色金融体系的指导意见》《关于促进应对气候变化投融资的指导意见》《绿色贷款专项统计制度》《绿色产业指导目录》《绿色贷款专项统计制度修订内容》《银行业金融机构绿色金融评价方案》等。这些政策使得我国绿色项目的划分标准存在多个版本，且不同版本的口径存在差异。因此，应建立自上而下的统一绿色信贷标

---

① 《绿色信贷不良率最高0.7%！银保监会解读银行利润暂时性波动原因 鼓励手段加大不良处置》，网易网站，https://www.163.com/dy/article/GET4137N05198CJN.html，2021年7月14日。

准，在贷款总量、信贷准入等方面做出明确规定，将严格审查理念渗透于各个信贷环节，确保绿色信贷后续业务的有效管理。①

三是加强风电行业信贷专业人才队伍建设，加大金融产品创新。发展绿色信贷，转变经济发展方式，实现"双碳"目标，是今后一段时间内金融工作的重中之重，我国绿色信贷业务和信贷人才的开展和培育工作也必须发生转变。银行等机构要通过多种形式的宣传与培训，加大对风电行业绿色信贷专业人才的培养和队伍建设，提高他们对风电行业发展趋势的认识和行业知识的储备。在产品开发方面，纳入碳排放权等因素，推出差异化、多元化的绿色金融产品，积极开展碳转型专项贷款、碳融资、绿色租赁、绿色支票、绿色信贷资产证券化等业务。

四是加强国际合作，提升银行等金融机构为风电行业提供信贷服务的能力。截至 2021 年 12 月 23 日，国内共有 9 家银行采纳了赤道原则，包括 1 家股份制银行（兴业银行）、7 家城商行和 1 家农商行；除赤道原则外，2019 年以来，由联合国环境规划署金融倡议（UNEPFI）牵头，中国工商银行、花旗银行、巴克莱银行、法国巴黎银行等 30 家银行组成核心工作小组共同制定的"负责任银行原则"，也吸引了国内多家银行参与，目前，中国工商银行、中国银行、中国邮政储蓄银行、中国农业银行、兴业银行和华夏银行等已积极加入。② 鼓励更多商业银行等金融机构主动采纳赤道原则和负责任银行原则，并在环境保护及经济社会可持续发展方面发挥资金引导的重要作用，有利于提高我国银行业在国际项目融资中的竞争力，也有利于提高国内金融机构绿色信贷的国际化水平，进而提升其信贷创新能力。

---

① 唐红娟、吕志虎：《国际银行绿色信贷的发展及其对我国的启示》，《特区经济》2022 年第 5 期。
② 《银行业如何"点绿成金"》，城市金融报网站，http：//epaper.csjrw.cn/tbarticle.do? AutoID=144010&epaper=viewarticle，2021 年 12 月 23 日。

B.3
中国风电行业绿色证券市场分析

米文通[*]

摘　要： 证券市场对风电行业而言是一个极其重要的投融资市场。本报告以2021年风电行业企业融资情况为分析对象，从股市融资、上市企业风电投资项目和发行债券融资等角度进行评价。2021年风电行业企业上市数量、IPO募集资金净额均处于上升趋势，更多处于快速发展的公司在科创板、创业板和北京交易所上市，直接募集资金投向风力发电项目的数量和额度也增长迅速，但存在两个比较明显的问题。一是缺乏一个公开、透明的信息披露平台，对此，应该充分发挥中国可再生能源学会风能专业委员会、中国证券登记结算有限责任公司和银行间市场清算所股份有限公司等机构的功能，由其中一家统一汇总并及时发布信息，方便信息使用和后续监督；二是尚未培育出一批独立、专业、有市场声誉的绿色债券评估认证机构，故应该加强和国际成熟绿色债券评估认证机构在技术、人才和业务等方面的交流与合作，尽快提升国内机构自身执业能力。

关键词： 证券市场　绿色债券　债务融资工具　绿色债券评估认证机构

证券市场是市场经济发展到一定阶段的产物，并通过证券发行、交易来实现筹资与投资的对接。对于风电行业而言，证券市场是一个极其重要

---

[*] 米文通，硕士，郑州航空工业管理学院副教授，研究领域为绿色金融。

的投融资市场。本报告仅分析风电行业绿色证券市场的融资市场，市场主体主要通过沪深京三个证券交易所发行新股、增发股票和发行债券等方式进行融资，以及通过银行间债券市场发行非金融企业债务融资工具等进行融资。

一　我国股票市场风电行业融资情况分析

（一）2021年风电行业企业IPO情况

2021年9月22日，国务院发布《关于完整准确全面贯彻新发展理念做好碳达峰碳中和工作的意见》，支持符合条件的企业通过上市融资和再融资建设运营绿色低碳项目。

根据东方财富网数据，2020年风电行业上市企业有10家（详细情况见表1），募集资金净额总额为41.710亿元，平均每家融资净额为4.171亿元，融资额最高的企业是固德威技术股份有限公司，募集资金净额为7.715亿元；2021年风电行业上市企业有11家（详细情况见表2），募集资金净额总额为330.565亿元，平均每家融资净额为30.051亿元，融资额最高的企业是中国三峡新能源（集团）股份有限公司，募集资金净额为225.000亿元，另外还有三家企业募集资金净额超过10亿元——南方电网综合能源股份有限公司募集净额为10.440亿元、上海电气风电集团股份有限公司募集净额为27.990亿元、江苏海力风电设备科技股份有限公司募集净额为31.050亿元。从新发行股票企业数量看，2021年比2020年增加1家，从募集资金净额总额看增长了近七倍，平均每家融资净额增长了六倍多。

从板块来看，2020年有3家企业在科创板上市，有2家企业在创业板上市；2021年有2家在科创板上市，有3家在创业板上市，有1家企业在北京交易所上市挂牌。这表明风电行业企业上市途径越来越多元，而且上市企业的创新、高成长性能也越来越明显。

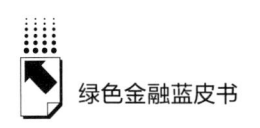

表 1　2020 年风电行业上市企业情况

企业名称	企业简称	上市板块	上市时间	涉及风电业务情况	IPO募集资金净额（亿元）
嘉兴斯达半导体股份有限公司	斯达半导 603290	上交所主板A股	2020-02-04	产品可用于风力发电	4.595
张家港广大特材股份有限公司	广大特材 688186	上交所科创板A股	2020-02-11	产品可用于风电设备的核心部件制造	6.395
天津锐新昌科技股份有限公司	锐新科技 300828	深交所创业板A股	2020-04-21	部分产品是风力发电设备中的重要电子元器件和结构件	3.060
国机重型装备集团股份有限公司	国机重装 601399	上交所主板A股	2020-06-08	产品包括风电增速机	重新上市
新天绿色能源股份有限公司	新天绿能 600956	上交所主板A股	2020-06-29	主营业务包括风力发电业务	3.898
洛阳新强联回转支承股份有限公司	新强联 300850	深交所创业板A股	2020-07-13	拥有先进的风电主轴轴承、偏航变桨轴承设计与生产能力	4.424
无锡派克新材料科技股份有限公司	派克新材 605123	上交所主板A股	2020-08-25	产品可用于风电机组中的轴承、齿轮等	7.578
山东玻纤集团股份有限公司	山东玻纤 605006	上交所主板A股	2020-09-03	产品可用于风电领域	3.345
固德威技术股份有限公司	固德威 688390	上交所科创板A股	2020-09-04	研发、生产、销售风能逆变器系统等	7.715
上纬新材料科技股份有限公司	上纬新材 688585	上交所科创板A股	2020-09-28	产品可用于制作风电叶片部件	0.700

表 2　2021 年风电行业上市企业情况

企业名称	企业简称	上市板块	上市时间	涉及风电业务情况	IPO募集资金净额（亿元）
南方电网综合能源股份有限公司	南网能源 003035	深交所主板A股	2021-01-19	经营范围包括风力发电等新能源利用	10.440
杭州联德精密机械股份有限公司	联德股份 605060	上交所主板A股	2021-03-01	产品涉及风电装备	8.612

续表

企业名称	企业简称	上市板块	上市时间	涉及风电业务情况	IPO募集资金净额（亿元）
海南金盘智能科技股份有限公司	金盘科技 688676	上交所科创板A股	2021-03-09	生产风力发电专用干式变压器，全球五大风机制造商的主要供应商	3.504
中际联合（北京）科技股份有限公司	中际联合 605305	上交所主板A股	2021-05-06	风力发电设备及零部件的研发、制造、销售及维修等	9.693
上海电气风电集团股份有限公司	电气风电 688660	上交所科创板A股	2021-05-19	风力发电设备及零部件的设计、开发、制造和销售，风力发电设备安装、调试、维护、修理，风力发电技术领域内的技术开发、技术转让、技术咨询、技术服务等	27.990
浙江省新能源投资集团股份有限公司	浙江新能 600032	上交所主板A股	2021-05-25	风力发电开发和运营	6.909
中国三峡新能源（集团）股份有限公司	三峡能源 600905	上交所主板A股	2021-06-10	风能开发和投资	225.000
桂林星辰科技股份有限公司	星辰科技 832885	北京证券交易所A股	2021-07-08	从事风电变桨伺服系统研发、制造和销售	1.295
张家港中环海陆高端装备股份有限公司	中环海陆 301040	深交所创业板A股	2021-08-03	风力发电高端装备零部件研发、生产、加工、销售及售后服务等	2.804
张家港海锅新能源装备股份有限公司	海锅股份 301063	深交所创业板A股	2021-09-24	生产风电装备锻件	3.268
江苏海力风电设备科技股份有限公司	海力风电 301155	深交所创业板A股	2021-11-24	国家产业政策允许的风力发电设备的零部件研发、生产、销售	31.050

数据来源：东方财富网，https://emweb.securities.eastmoney.com/PC_HSF10/CompanySurvey/Index?type=web&code=sh688660。

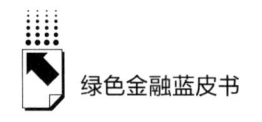

（二）2021年风电行业增发股票融资情况

根据Wind数据，2021年全年风力发电板块有10家企业增发股票（详细情况见表3），实际募集资金总额161.51亿元；2020年全年风力发电板块共有8家企业增发股票（详细情况见表4），实际募集资金总额为179.61亿元。从实际募集资金总额看，2021年同比减少了18.10亿元，但增发股票企业数量增加了2家。

表3 2021年风电行业上市企业增发股票融资情况

代码	名称	发行资料					
		发行日期	发行方式	实际募资总额（亿元）	认购方式	增发目的	企业类型
600956.SH	新天绿能	2021-12-13	定向	45.96	现金	项目融资	地方国有企业
603693.SH	江苏新能	2021-11-15	定向	7.50	资产	融资收购其他资产	地方国有企业
603985.SH	恒润股份	2021-09-29	定向	14.74	现金	项目融资	地方国有企业
300274.SZ	阳光电源	2021-09-15	定向	36.38	现金	项目融资	民营企业
300850.SZ	新强联	2021-07-28	定向	14.60	现金	项目融资	民营企业
300569.SZ	天能重工	2021-07-12	定向	10.01	现金	项目融资	地方国有企业
600821.SH	金开新能	2021-05-28	定向	13.35	现金	项目融资	地方国有企业
300481.SZ	濮阳惠成	2021-05-20	定向	8.00	现金	项目融资	民营企业
002531.SZ	天顺风能	2021-03-26	定向	1.53	资产	融资收购其他资产	民营企业
300185.SZ	通裕重工	2021-02-03	定向	9.44	现金	补充流动资金	地方国有企业

表4 2020年风电行业上市公司增发股票融资情况

代码	名称	发行资料					
		发行日期	发行方式	实际募资总额（亿元）	认购方式	增发目的	企业类型
603218.SH	日月股份	2020-11-09	定向	28.00	现金	项目融资	民营企业
601615.SH	明阳智能	2020-10-20	定向	58.03	现金	项目融资	民营企业
300443.SZ	金雷股份	2020-09-25	定向	5.00	现金	项目融资	民营企业
600821.SH	金开新能	2020-09-10	定向	4.90	现金	配套融资	地方国有企业
601016.SH	节能风电	2020-08-19	定向	20.69	现金	项目融资	中央国有企业
600821.SH	金开新能	2020-08-11	定向	24.29	资产	公司间资产置换重组	地方国有企业
600483.SH	福能股份	2020-05-26	定向	15.31	资产	融资收购其他资产	地方国有企业
600163.SH	中闽能源	2020-02-26	定向	23.39	资产	融资收购其他资产	地方国有企业

从公司类型看，2020年8家企业中有5家为国有企业，国有企业增发股票融资总额为88.58亿元，占比为49.32%；2021年10家企业中有6家为国有企业，融资总额为101.00亿元，占比为62.54%。不考虑其他因素，根据这一数据，可以看出国有企业在增发股票融资方面不仅总额越来越大，所占比重也越来越高。

（三）2021年风电行业上市企业部分直接募集资金投向风电项目情况

根据Wind数据，2021年全年直接募集资金投向风力发电概念板块的企业有13家，共49个项目，以发行可转债方式募集资金的项目有3个，计划投入募集资金总额为30.00亿元；通过IPO募集资金的项目有24个，计划投入募集资金总额为380.11亿元；通过增发股票募集资金的项目有22个，计划投入募集资金总额为154.47亿元；全年计划投入募集资金为564.58亿元，详细情况见表5。

2020年全年直接募集资金投向风力发电概念板块的公司有13家，共36个项目，以发行可转债方式募集资金的项目有11个，计划投入募集资金总额为33.77亿元；通过IPO募集资金项目有4个，计划投入募集资金总额为8.32亿元；通过增发股票募集资金项目有21个，计划投入募集资金总额为188.98亿元；全年计划投入募集资金为231.07亿元，详细情况见表6。

与2020年相比，2021年计划投入募集资金总额增加了333.51亿元，增长了144.34%，增长幅度巨大，也充分反映了近几年风电行业发展速度迅猛；通过IPO募集资金的项目增加了20个，相应的计划投入募集资金增加了371.79亿元，这个增加总额超过了年度增加额，说明2021年直接投向风电项目的资金增量主要由当年IPO项目贡献，也说明股票市场为风电项目和风电行业的发展提供大量资金支持。

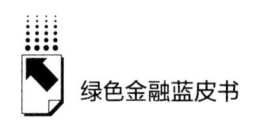

表5　2021年风电行业上市企业部分直接募集资金投向风电项目情况

代码	名称	募资日期	募资方式	项目名称	计划投入募集资金（亿元）
601016.SH	节能风电	2021-06-21	发行可转债	阳江南鹏岛海上风电项目（300MW）	15.00
601016.SH	节能风电	2021-06-21	发行可转债	马鬃山第二风电场B区200MW风电项目	6.00
601016.SH	节能风电	2021-06-21	发行可转债	补充流动资金	9.00
301155.SZ	海力风电	2021-11-15	首发	海上风电场大兆瓦配套设备制造基地项目	6.30
301155.SZ	海力风电	2021-11-15	首发	偿还银行贷款	3.20
301155.SZ	海力风电	2021-11-15	首发	补充流动资金	4.00
600905.SH	三峡能源	2021-05-31	首发	三峡新能源阳西沙扒300MW海上风电场项目	33.25
600905.SH	三峡能源	2021-05-31	首发	昌邑市海洋牧场与三峡300MW海上风电融合试验示范项目	42.44
600905.SH	三峡能源	2021-05-31	首发	三峡新能源阳西沙扒二期400MW海上风电场项目	59.94
600905.SH	三峡能源	2021-05-31	首发	漳浦六鳌海上风电场D区项目	13.12
600905.SH	三峡能源	2021-05-31	首发	长乐外海海上风电场A区项目	9.62
600905.SH	三峡能源	2021-05-31	首发	三峡新能源江苏如东H6（400MW）海上风电场项目	7.87
600905.SH	三峡能源	2021-05-31	首发	三峡新能源江苏如东H10（400MW）海上风电场项目	8.75
600905.SH	三峡能源	2021-05-31	首发	补充流动资金	50.00
600905.SH	三峡能源	2021-05-31	首发	三峡广东阳江阳西沙扒三期400MW海上风电场项目	25.56
600905.SH	三峡能源	2021-05-31	首发	三峡广东阳江阳西沙扒四期300MW海上风电场项目	13.50

续表

代码	名称	募资日期	募资方式	项目名称	计划投入募集资金（亿元）
600905.SH	三峡能源	2021-05-31	首发	三峡广东阳江阳西沙扒五期300MW海上风电场项目	16.50
600905.SH	三峡能源	2021-05-31	首发	永久补充流动资金	14.00
600905.SH	三峡能源	2021-05-31	首发	海西基地项目格尔木110万千瓦光伏光热项目	35.80
688660.SH	电气风电	2021-05-07	首发	新产品和技术开发项目	10.11
688660.SH	电气风电	2021-05-07	首发	上海电气风电集团山东海阳测试基地项目	5.38
688660.SH	电气风电	2021-05-07	首发	后市场能力提升项目	2.92
688660.SH	电气风电	2021-05-07	首发	海上风电机组柔性化生产技改项目	0.46
688660.SH	电气风电	2021-05-07	首发	陆上风电机组柔性化生产技改项目	0.27
688660.SH	电气风电	2021-05-07	首发	补充流动资金	8.85
688660.SH	电气风电	2021-05-07	首发	投资定制深远海运维母船项目	2.88
688660.SH	电气风电	2021-05-07	首发	上海电气风电集团江苏滨海测试基地项目	5.38
600956.SH	新天绿能	2021-12-13	增发	唐山LNG项目（第一阶段，第二阶段）	23.98
600956.SH	新天绿能	2021-12-13	增发	唐山LNG接收站外输管线项目（曹妃甸—宝坻段）	6.99
600956.SH	新天绿能	2021-12-13	增发	唐山LNG接收站外输管线项目（宝坻—永清段）	2.37
600956.SH	新天绿能	2021-12-13	增发	补充流动资金及偿还银行贷款	12.11
603985.SH	恒润股份	2021-09-29	增发	年产5万吨12MW海上风电机组用大型精加工锻件扩能项目	4.00

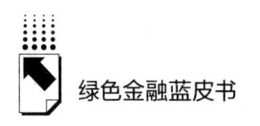

续表

代码	名称	募资日期	募资方式	项目名称	计划投入募集资金（亿元）
603985.SH	恒润股份	2021-09-29	增发	年产4000套大型风电轴承生产线项目	8.05
603985.SH	恒润股份	2021-09-29	增发	年产10万吨齿轮深加工项目	4.00
300274.SZ	阳光电源	2021-09-15	增发	年产100GW新能源发电装备制造基地项目	24.03
300274.SZ	阳光电源	2021-09-15	增发	研发创新中心扩建项目	6.40
300274.SZ	阳光电源	2021-09-15	增发	全球营销服务体系建设项目	4.98
300274.SZ	阳光电源	2021-09-15	增发	补充流动资金项目	0.82
300850.SZ	新强联	2021-07-28	增发	3.0MW及以上大功率风力发电主机配套轴承生产线建设项目	9.35
300850.SZ	新强联	2021-07-28	增发	研发中心建设项目	1.97
300850.SZ	新强联	2021-07-28	增发	补充流动资金	3.28
300569.SZ	天能重工	2021-07-12	增发	偿还债务	9.94
600821.SH	金开新能	2021-05-28	增发	宁夏卫钢新能源有限公司沙坡头区200MW光伏复合项目	7.39
600821.SH	金开新能	2021-05-28	增发	东乡区詹圩镇50MWp渔光互补光伏电站项目	1.96
600821.SH	金开新能	2021-05-28	增发	补充流动资金	4.00
300481.SZ	濮阳惠成	2021-05-20	增发	顺酐酸酐衍生物，功能材料中间体及研发中心项目	5.69
300481.SZ	濮阳惠成	2021-05-20	增发	补充流动资金	2.20
002531.SZ	天顺风能	2021-03-26	增发	苏州天顺风电叶片技术有限公司20%的股权	1.53
300185.SZ	通裕重工	2021-02-03	增发	补充流动资金	9.44

表6 2020年风电行业上市企业部分直接募集资金投向风电项目情况

代码	名称	募资日期	募资方式	项目名称	计划投入募集资金(亿元)
300772.SZ	运达股份	2020-12-01	发行可转债	昔阳县皋落风电场二期50MW工程项目	3.24
300772.SZ	运达股份	2020-12-01	发行可转债	智能型风电机组产品系列化开发项目	0.80
300772.SZ	运达股份	2020-12-01	发行可转债	补充流动资金	1.73
300569.SZ	天能重工	2020-10-21	发行可转债	德州新天能赵虎镇风电场项目	3.00
300569.SZ	天能重工	2020-10-21	发行可转债	德州新天能赵虎镇二期50MW风电场项目	3.00
300569.SZ	天能重工	2020-10-21	发行可转债	偿还银行贷款	1.00
603606.SH	东方电缆	2020-09-24	发行可转债	高端海洋能源装备系统应用示范项目	5.60
603606.SH	东方电缆	2020-09-24	发行可转债	补充流动资金	2.40
601619.SH	嘉泽新能	2020-08-24	发行可转债	三道山150MW风电项目	5.60
601619.SH	嘉泽新能	2020-08-24	发行可转债	苏家梁100MW风电项目	3.70
601619.SH	嘉泽新能	2020-08-24	发行可转债	补充流动资金	3.70
300850.SZ	新强联	2020-07-02	首发	2.0MW及以上大功率风力发电主机配套轴承建设项目	3.22
300850.SZ	新强联	2020-07-02	首发	补充流动资金	1.20
600956.SH	新天绿能	2020-06-12	首发	河北建投丰宁森吉图风电场(三期)150MW工程项目	3.90
600956.SH	新天绿能	2020-06-12	首发	永久补充公司流动资金	20.16
603218.SH	日月股份	2020-11-09	增发	年产22万吨大型铸件精加工生产线建设项目	21.60
603218.SH	日月股份	2020-11-09	增发	补充流动资金	6.40
601615.SH	明阳智能	2020-10-20	增发	10MW级海上漂浮式风机设计研发项目	6.16
601615.SH	明阳智能	2020-10-20	增发	汕尾海洋工程基地(陆丰)项目明阳智能海上风电产业园工程	16.26

续表

代码	名称	募资日期	募资方式	项目名称	计划投入募集资金（亿元）
601615.SH	明阳智能	2020-10-20	增发	山东菏泽市单县东沟河一期（50MW）风电项目	0.71
601615.SH	明阳智能	2020-10-20	增发	平乐白蒇风电场工程项目	3.90
601615.SH	明阳智能	2020-10-20	增发	明阳新县七龙山风电项目	3.29
601615.SH	明阳智能	2020-10-20	增发	新县红柳100MW风电项目	5.81
601615.SH	明阳智能	2020-10-20	增发	北京洁源青铜峡市峡口风电项目	5.83
601615.SH	明阳智能	2020-10-20	增发	混合塔架生产基地建设项目	3.99
601615.SH	明阳智能	2020-10-20	增发	偿还银行贷款	13.06
300443.SZ	金雷股份	2020-09-25	增发	海上风电主轴与其他精密传动轴建设项目	5.00
600821.SH	金开新能	2020-09-10	增发	支付本次交易的交易税费，中介机构费用及补充标的公司流动资金	6.00
601016.SH	节能风电	2020-08-19	增发	阳江南鹏岛海上风电项目（300MW）	17.25
601016.SH	节能风电	2020-08-19	增发	德令哈风电项目（50MW）	1.20
601016.SH	节能风电	2020-08-19	增发	达茂旗百灵庙风电供热项目（50MW）	1.17
601016.SH	节能风电	2020-08-19	增发	定边胶泥崾先风电场项目（50MW）	1.32
601016.SH	节能风电	2020-08-19	增发	补充流动资金	7.06
600821.SH	金开新能	2020-08-11	增发	发行股份购买资产	24.29
600483.SH	福能股份	2020-05-26	增发	购买福建宁德核电有限公司10%股权	15.31
600163.SH	中闽能源	2020-02-26	增发	发行股份购买资产	23.39

二 我国风电行业绿色债券市场分析

（一）我国绿色债券市场发展现状

2021年3月18日，中国银行间市场交易商协会发布《关于明确碳中和债相关机制的通知》，明确"碳中和债，是指募集资金专项用于具有碳减排效益的绿色项目的债务融资工具，需满足绿色债券募集资金用途、项目评估与遴选、募集资金管理和存续期信息披露等四大核心要素，属于绿色债务融资工具的子品种"，同时指出将为碳中和债开辟绿色通道。

2021年7月1日，中国人民银行、国家发改委和证监会联合发布的《绿色债券支持项目目录（2021年版）》正式实施，该目录对绿色债券中的绿色项目界定标准首次进行统一，降低了债券发行、交易和管理成本。

2021年7月13日，《上海证券交易所公司债券发行上市审核规则适用指引第2号——特定品种公司债券（2021年修订）》和《深圳证券交易所公司债券创新品种业务指引第1号——绿色公司债券（2021年修订）》发布，进一步规范绿色债券募集资金使用和信息披露要求，确定用于绿色项目建设、运营、收购或偿还绿色项目贷款等的募集资金金额应不低于募集资金总额的70%等要求；新增"碳中和绿色公司债券"等内容，明确碳中和债券募集资金主要用于清洁能源类、清洁交通类、可持续建筑类、工业低碳改造类及其他具有碳减排效益的碳中和相关项目，债券全称可使用"碳中和绿色公司债券"标识。

2021年10月24日，国务院印发《2030年前碳达峰行动方案》，指出大力发展绿色债券等金融工具，拓展绿色债券市场的深度和广度。

在众多政策指引下，我国绿色债券市场发展迅速。根据气候债券倡议组织（CBI）与中央国债登记结算有限责任公司中债研发中心联合编制的中国绿色债券市场年度报告——《中国绿色债券市场年度报告2021》，截至2021年底，中国在境内外市场累计发行贴标绿色债券3270亿美元（约

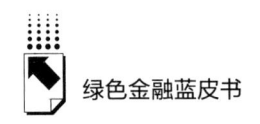

2.1万亿元人民币），其中近 2000 亿美元（约 1.3 万亿元人民币）符合 CBI 绿色定义；2021 年，中国在境内外市场发行贴标绿色债券 1095 亿美元（约 7063 亿元人民币），其中符合 CBI 绿色定义的债券发行量为 682 亿美元（约 4401 亿元人民币），同比增长 186%；2021 年，按符合 CBI 定义的绿色债券累计发行量及年度发行量计，中国均是全球第二大绿色债券市场，全年的发行量增幅位居全球第一。2021 年境内市场增长强劲，境内市场的发行量占中国整体绿债年度发行量的 81%，发行增量占中国整体绿债市场年度总增量的 87%；从资金投向看，2021 年 88.3% 的中国绿色债券市场募集资金投向可再生能源、低碳交通和低碳建筑领域，其中，用于可再生能源领域的募集资金增长 3.6 倍，金额为 413 亿美元（约 2664 亿元人民币），占中国年度绿色债券市场整体募集资金的 60.6%[1]；特别是电力行业绿色债券发行量从 2016 年的 193 亿元迅猛增加到 2021 年的 1878 亿元，有力支持了清洁发电。

从一级市场发行利率看，绿色债券利率优势明显，发行成本优势进一步凸显（见表 7）。2019 年和 2020 年，与可比普通债券（同一发行人当季发行的非绿色债券并剔除期限溢价因素）相比，分别有 45% 和 40% 的绿色债券票面利率更低。在相关利好政策刺激下，2021 年具有发行成本优势的绿色债券占比提升至 77%，发行价差由 2020 年的 0.8BP 扩大到 6.4BP。按平均每个发行人绿色债券余额 45 亿元估算，每年可为单个发行人节省财务成本近 300 万元。比如，中国长江三峡集团有限公司 2020 年 3 月发行"20 三峡 GN001"时，尚未获得价格优势，2021 年 11 月"21 三峡 GN015"发行时，价格比当日中债中短期票据收益率曲线上的价格点低 26BP。[2]

---

[1] 《中国绿债市场空间巨大　持续完善金融政策架构　推动绿债市场有序发展》，同花顺财经，http://bond.10jqka.com.cn/20220707/c640296385.shtml，2022 年 7 月 7 日。
[2] 《2021 年我国绿色债券市场发展回顾与展望》，新浪财经，https://finance.sina.com.cn/money/bond/market/2022-05-09/doc-imcwiwst6452047.shtml?finpagefr=p_115，2022 年 5 月 9 日。

表7　我国绿色债券发行利率与可比普通债券发行利率对比

年份	样本数	绿色债券占比（%）	绿色债券与可比普通债券发行利率之差的绝对值（BP）
2019	29	45	1.1
2020	20	40	0.8
2021	118	77	6.4

从绿色债券发行场所看，发行场所以境内银行间债券市场、上海证券交易所和深圳证券交易所为主。2021年，绿色债券的主要发行场所仍是银行间债券市场，其发行期数占绿色债券发行总期数的68.45%，发行规模占绿色债券发行总规模的76.37%，同比均有所上升。交易所发行绿色债券期数和发行规模在绿色债券发行总期数和发行总规模中的占比分别为30.31%和22.84%，同比均有所下降。跨市场绿色债券发行期数和发行规模在绿色债券发行总期数和发行总规模中占比较小。

从绿色债券发行品种看，2021年，我国新发绿色债券包括金融债、企业债、公司债、碳中和债、中期票据、资产支持证券、超短期融资券、短期融资券和国际机构债等品种。具体来看，2021年绿色中期票据发行期数和发行规模分别上升423.33%和395.03%，均位居首位；绿色资产支持证券发行期数和发行规模分别上升196.30%和288.77%，均位居第二；绿色超短期融资券发行期数和发行规模分别上升850.00%和1819.73%，同比增幅最大，均位居第三；绿色私募债和绿色企业债的发行期数和发行规模较去年均有所下降。[①]

（二）我国风电行业绿色债券市场发展现状

2015年7月，风电行业头部企业新疆金风科技股份有限公司携手中国银行、德意志银行和法国兴业银行在海外完成3亿美元绿色债券的发行，这

---

① 《【债市研究】2021年度绿色债券运行报告——我国绿色债券标准迎来统一，绿色债券市场蓬勃发展》，搜狐网，https://www.sohu.com/a/529733729_121123798，2022年3月14日。

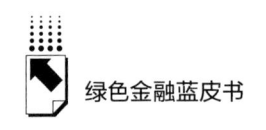

是全球首单中资企业绿色债券。①

2016年4月6日，协合新能源集团子公司协合风电投资有限公司成功在中国银行间市场交易商协会注册国内首单绿色债务融资工具，成为银行间债券市场和国内市场首单非金融企业绿色债券，其注册金额5亿元，首期发行金额2亿元，期限为3年，募集资金全部用于绿色项目，包括3个光伏项目和2个风电项目。②

2016年5月，新疆金风科技股份有限公司在银行间债券市场发行2016年度第一期中期票据，是全国首单绿色永续债券，也是继协合风电绿色中期票据之后银行间债券市场第二只绿色债务融资工具，注册金额为30亿元，注册额度2年内有效，第一期发行10亿元，募集资金将全部用于风力发电系统的原材料及零部件采购。

经过几年发展，国内风电行业企业通过发行绿色债券进行融资越来越普遍。2021年3月18日，国家开发银行在北京成功面向全球投资人发行首单3年期200亿元"碳中和"专题"债券通"绿色金融债券，其中通过银行间市场清算所股份有限公司（即上海清算所）在银行间债券市场发行192亿元；通过中央结算公司向工商银行、农业银行、中国银行、建设银行、民生银行和浦发银行等14家柜台债券承办机构发行，并由上述商业银行在柜面及电子渠道面向公众零售8亿元，发行利率3.07%，募集资金将用于风电、光伏等碳减排项目。③

2021年6月25日，华电福新能源有限公司2021年度第三期绿色中期票据（蓝色债券）成功落地，发行金额10亿元，期限2年，利率为3.05%，成为首单全部用于海上风电项目建设的蓝色债券。

2021年9月2日，华电福新能源发展有限公司经证监会核准，获准在中

---

① 《风电融资期待金融创新》，北极星风力发电网，https://news.bjx.com.cn/html/20160413/724493.shtml，2016年4月13日。
② 《协合新能源2016年实现收入17.86亿元同比降低48.68%》，北极星风力发电网，https://news.bjx.com.cn/html/20170309/813041.shtml，2017年3月9日。
③ 《国开行成功发行首单"碳中和"专题绿色金融债券》，人民网，http://finance.people.com.cn/n1/2021/0319/c1004-32055656.html，2021年3月19日。

国境内面向专业投资者公开发行面值总额不超过人民币50亿元的绿色公司债券。得益于绿色债券审核程序更为精简、快速，2个月时间华电福新能源发展有限公司就完成了10亿元绿色公司债的发行工作。据募集说明书披露，此次募集资金偿付的有息债务主要为华电福新能源发展有限公司旗下主要业务为风力、太阳能等新能源电能开发运营、设备生产等新疆地区子公司的债务。

绿色债券作为重要融资工具，有效支持了国内"双碳"战略下的风电产业发展。2021年全年，募集资金投向风能领域的绿色债券发行数量为116只，发行规模为1226.58亿元，其中募集资金投向风能发电设施建设和运营的募集资金规模为1194.58亿元，占投向风能领域发行规模的97.39%，募集资金投向风能发电装备制造项目的募集资金规模为32亿元，占投向风能领域发行规模的2.61%。

就发行期限而言，2021年风能领域绿色债券发行期限以3年期为主，3年期债券发行数量67只，发行规模1089.29亿元，3年期债券在发行数量和规模上均排第一名；其次为5年期债券，发行数量21只，发行规模177.7亿元。[①]

（三）我国风电行业绿色债券市场存在的问题

1. 缺乏一个公开、透明的信息披露平台

当前，国内风电行业缺乏一个权威平台定期统一发布我国风电行业绿色债券市场运行情况，包括单只债券的发行资料、项目评级、募资用途、环境效益等具体信息。虽然市场上绿色债券报告很多，但是相关披露信息有所出入，公众难以获得权威且统一的风电行业绿债资料。

比如，2021年国内发行绿色债券的数量和金额各个统计部门的统计数据就不一致：中国人民银行研究局统计数据显示，2021年我国境内主体共发行绿色债券628只，合计6040.91亿元[②]；中央财经大学绿色金融国际研

---

① 《IIGF观点 | 绿色债券支持风电产业发展现状及展望》，中央财经大学绿色金融国际研究院官网，https://iigf.cufe.edu.cn/info/1012/5363.htm，2022年6月10日。
② 《2021年我国绿色债券市场发展回顾与展望》，新浪财经，https://finance.sina.com.cn/jjxw/2022-05-10/doc-imcwipii9012455.shtml，2022年5月10日。

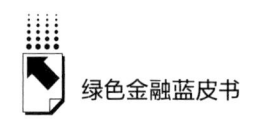

究院发布的《2021年中国绿色债券年报》显示，2021年我国境内新增绿色债券发行规模（不含绿色地方政府债券）约6072.42亿元，发行数量为484只，另外非贴标绿色债券发行规模为18605.76亿元，发行数量为561只[①]；东方金诚研究发展部发文称，2021年我国境内贴标绿债发行数量484只，发行规模6030.97亿元[②]。可见，各方对于绿色债券的统计口径、标准并不一致，这导致在使用相关数据时出现混乱。

2021年风电领域通过发行债券募集资金1226.58亿元，尽管统计口径不一致，但绿色债券的融资规模占比都在20%以上。为使得行业信息一致，应该充分发挥中国可再生能源学会风能专业委员会、中国证券登记结算有限责任公司和银行间市场清算所股份有限公司等机构的功能，由其中一家统一汇总并及时发布信息，方便信息使用和后续监督。

2.尚未培育出一批独立、专业、有市场声誉的绿色债券评估认证机构

相比普通债券，绿色债券鼓励第三方专业评估认证机构对发债企业募集资金的用途进行评估认证，并通过测算和公开所投项目的预期和实际环境效益，向市场展示所投项目是否为绿色属性，从而约束其"洗绿""漂绿"等行为。因此，这些评估认证机构在保证债券绿色属性方面极其重要，可称其为绿色债券市场"看门人"。国际上一些专业评估认证机构，经过多年发展已相对成熟，它们对绿色债券的背书和认证结果获得行业内投资者高度认可。目前国内大约有20家机构开展绿色债券评估认证业务，但它们的业务类型多样、认证水平参差不齐，尚未形成规模效应。[③] 2022年11月2日，中国银行间市场交易商协会发布《关于评估认证机构开展绿色债务融资工具业务有关事项的通知》，公示了绿色债务融资工具评估认证机构名单，包

[①]《IIGF专刊 | 2021年中国绿色债券年报》，中央财经大学绿色金融国际研究院官网，https://iigf.cufe.edu.cn/info/1012/4673.htm，2022年1月18日。

[②]《碳中和政策暖风频吹，绿色债券乘风起势——2021年我国绿色债券市场发展回顾与展望》，21经济网，http://www.21jingji.com/article/20220211/herald/0fc599b3d3b17fe449a4220375163966.html，2022年2月11日。

[③]《绿色债券市场自律规范迈出关键一步》，中国日报网，https://finance.chinadaily.com.cn/a/202110/11/WS61638e3ea3107be4979f1a80.html，2021年10月11日。

括 18 家机构，其中联合赤道环境评价有限公司等 11 家机构可独立执业，另外 7 家机构执业时需征询专家意见。

2021 年 9 月 24 日，绿色债券标准委员会发布《绿色债券评估认证机构市场化评议操作细则（试行）》及配套文件，标志着国内绿色债券评估认证机构市场化评议开始起步，进入"自律管理"新阶段，对于规范国内绿色债券评估认证行业具有重要意义。但面对国内快速发展的市场，应该通过加强和国际成熟绿色债券评估认证机构在技术、人才和业务等方面的交流与合作，尽快提升自身执业能力，适应国际发展趋势，发出中国声音。

B.4
中国风电行业绿色基金市场分析

米文通[*]

摘　要： 近几年大量风电相关的产业基金纷纷成立，且数量越来越多，这有助于更多金融资源进入风电产业，但是直接以风电为投资对象的基金较少。从基金类别上看，国有资本发起设立的基金依然占主导，但越来越多的行业公司参与设立产业基金，而且出现了基金权利相制衡的双执行事务合伙人基金，这将极大提升资金使用效率和行业发展质量。为吸引更多社会资金进入风电行业，促进风电行业产业基金快速发展，应该重视以风电为主题的产业基金的设立与发展，提高产业基金信息强制披露程度，进一步加大财税扶持力度。

关键词： 产业基金　绿色基金　双执行事务合伙人基金　信息披露

一　引言

产业基金通过对具备高增长潜力的未上市企业进行股权或准股权等投资，并在被投资企业发育成熟后通过股权转让等实现资本增值。针对某个行业设立大量产业基金，可使其获得大量金融资源，助力行业发展，所以设立与风电行业有关的基金对于解决风电企业遇到的资金获取困难具有重要作用，我国在此方面也出台许多文件鼓励、引导其发展。

---

[*] 米文通，硕士，郑州航空工业管理学院副教授，研究领域为绿色金融。

2016年8月31日，中国人民银行、财政部、国家发展和改革委员会等七部门联合印发《关于构建绿色金融体系的指导意见》，第十九条提出："支持设立各类绿色发展基金，实行市场化运作。中央财政整合现有节能环保等专项资金设立国家绿色发展基金，投资绿色产业，体现国家对绿色投资的引导和政策信号作用。鼓励有条件的地方政府和社会资本共同发起区域性绿色发展基金，支持地方绿色产业发展。支持社会资本和国际资本设立各类民间绿色投资基金。政府出资的绿色发展基金要在确保执行国家绿色发展战略及政策的前提下，按照市场化方式进行投资管理。"①

2021年9月22日，中共中央、国务院印发《关于完整准确全面贯彻新发展理念做好碳达峰碳中和工作的意见》，指出要积极发展绿色金融，研究设立国家低碳转型基金，鼓励社会资本设立绿色低碳产业投资基金。在各种政策的引领下，我国与风电行业相关的产业基金发展迅速，引导大量政府资源和社会资本流入风电行业，推动能源结构向绿色低碳转型，助力"碳达峰、碳中和"目标实现。

二 我国风电行业绿色基金市场现状

进入21世纪，我国越来越重视经济和社会的可持续发展。"十二五"规划专门论述"绿色发展"，提出若干推动绿色经济成为国家和地方重要发展战略的具体措施；2020年我国首次提出"将提高国家自主贡献力度，采取更加有力的政策和措施，二氧化碳排放力争2030年前达到峰值，努力争取2060年前实现碳中和"；2021年两会上，"碳达峰""碳中和"首次被写入政府工作报告。风能作为一种清洁无公害的可再生能源，与绿色经济发展方向非常符合，所以与风电有关的能源基金、碳中和基金、绿色基金等基金纷纷成立。

---

① 《关于构建绿色金融体系的指导意见》，武汉市节能协会官网，http://wuhaneca.org/article.asp?id=683，2016年9月6日。

根据国家市场监督管理总局国家企业信用信息公示系统，截至 2022 年 8 月 5 日，以能源基金为主题、一年内成立且正常营业的基金数量是 9 只；成立时间在 1~5 年内且存续的该类基金数量共计 65 只；按年份算，2022 年至今成立 4 只，2021 年成立 9 只，2020 年成立 11 只（2020 年至今成立的能源基金见附录 1）。以碳中和基金为主题、1 年内成立且存续的基金数量是 5 只；成立时间超过 1 年且存续至今的该类基金数量为 0；按年份算，2022 年以来成立 4 只，2021 年成立 1 只（2020 年至今成立的碳中和基金见附录 2）。以低碳基金为主题、1 年内成立且存续的基金数量是 6 只；成立时间在 1~5 年内且存续的该类基金数量为 6 只；超过 5 年且存续的有 15 只；按年份算，自 2020 年以来成立且存续的共计 8 只，2022 年以来成立的有 3 只，2021 年成立的有 4 只，2020 年成立的有 1 只（2020 年至今成立的低碳基金见附录 3）。以绿色基金为主题、1 年内成立且存续的基金数量为 34 只；成立时间在 1~5 年内且存续的该类基金数量有 123 只；超过 5 年的有 86 只；按年份算，2022 年以来成立 19 只，2021 年成立 39 只，2020 年成立 27 只（2020 年至今成立的绿色基金见附录 4）。

根据以上数据，尤其是绿色基金、低碳基金和碳中和基金近几年成立数据的变化趋势（见图 1）可以看出，我国对风电等符合经济发展方向行业的资金投入和引导力度越来越大。

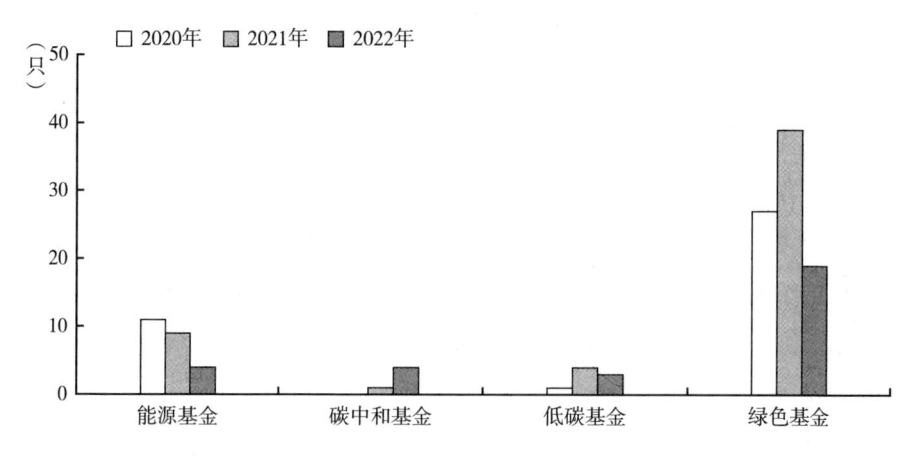

图 1 2020~2022 年与风电有关的部分基金成立情况

注：2022 年数据截至 8 月 5 日。

当然，有些基金虽然主题不在上述范围内，但投资方向依然包含风电行业。例如，2020年9月30日成立、由汕尾市金融控股有限公司控股99.0099%的汕尾市产业发展投资基金管理有限公司，在2021年3月进行首次投资，其联合中集海洋工程有限公司、中国广核新能源海上风电（汕尾）有限公司共同签订汕尾市海上风电运维项目战略合作框架协议，联合投资打造汕尾海上运维基地，预计总投资20亿元。[①]

除了以上这些涉及风电行业的基金，还有大量的政府产业引导基金也涉及风电行业。政府产业引导基金是国家和地方为了引导新兴行业发展而设立的投资基金，是由政府出资，吸引有关金融、投资机构和社会资本联合出资设立，带有扶持特定行业性质的引导性投资基金。

以2002年中关村创业投资引导资金的成立为开端，政府产业引导基金在各个城市陆续设立，这类基金通过参股子基金、直投等方式，成为传导和落实政府引导政策、实现产业转型升级的重要金融工具。比如总规模100亿元的盐城市产业投资母基金，通过设立黄海新区产业投资母基金、长三角一体化产业发展基地投资母基金、盐城高新技术产业投资母基金三只区域母基金，按照"政府引导、专业管理"等原则，对本地风电装备、晶硅光伏等五条地标性产业链进行培育，充分发挥政府资金作用，服务盐城市主导产业发展[②]；总规模120亿元的阳江海上风电产业发展基金，作为阳江市地方产业引导基金，由阳江市恒财城市投资控股有限公司、中信建投资本管理有限公司、中国三峡新能源（集团）股份有限公司、广东华电福新阳江海上风电有限公司等出资设立，以股权投资方式为广东（阳江）风电产业基地风电等项目提供资金支持，助推阳江风电产业集群规模化集聚发展。[③]

根据清科创业旗下研究中心统计，截至2021年末，我国累计设立1988只

[①] 《向海而兴！汕尾这个千亿级产业集群正加速崛起》，光明经济网，https://economy.gmw.cn/2021-05/19/content_34858603.htm，2021年5月19日。
[②] 《江苏盐城：百亿规模母基金赋能产业发展》，中国发展网，http://www.chinadevelopment.com.cn/news/cj/2022/06/1781532.shtml，2022年6月9日。
[③] 《喜讯！阳江海上风电产业发展基金成功设立》，澎湃新闻，https://www.thepaper.cn/newsDetail_forward_8988484，2020年8月31日。

政府产业引导基金,目标规模约 12.45 万亿元人民币,认缴规模(或首期规模)约 6.16 万亿元人民币。对于这些基金的放大倍数,根据投中信息的监管数据,80%的政府产业引导基金目前实际放大倍数大于 4 倍①,有的更高。例如,2021 年,合肥市设立总规模 200 亿元的政府引导母基金,通过参股方式引导社会资本合作设立各类子基金,截至 2022 年 4 月,母基金出资 30.5 亿元,首批设立总规模 218 亿元的 7 只子基金,资金放大近 7 倍②。可见政府产业引导基金一定程度上发挥了财政资金杠杆作用,促进了社会资本流动。

但目前,直接以风电为投资对象的基金较少。根据国家市场监督管理总局国家企业信用信息公示系统数据,截至 2021 年底,以风电为明确投资对象、在营的基金有 4 只,分别是阳江恒财海上风电产业投资基金管理有限公司、阳江海上风电产业发展基金合伙企业(有限合伙)、风能开发产业基金(宁夏)合伙企业(有限合伙)和汕尾市振新风电产业发展基金(有限合伙),如表 1 所示。

表 1 截至 2021 年底成立的风电主题基金

公司名称	成立时间	经营范围	注册资本(万元)	执行事务合伙人或第一股东(持股比例)	注册地
汕尾市振新风电产业发展基金(有限合伙)	2021 年 10 月 9 日	以私募基金从事股权投资、投资管理、资产管理等活动(须在中国证券投资基金业协会完成登记备案后方可从事经营活动);以自有资金从事投资活动(依法须经批准的项目,经相关部门批准后方可开展经营活动)	15220	广州汇垠天粤股权投资基金管理有限公司	广东省汕尾市市场监督管理局

---

① 《绿色金融 | 绿色产业引导基金能撬动几倍社会资本?》,腾讯网,https://new.qq.com/rain/a/20210908A07PJU00,2021 年 9 月 8 日。
② 《今年,安徽母基金大爆发》,网易网站,https://www.163.com/dy/article/HAIGKHJ305198R3E.html2022 年 6 月 23 日。

续表

公司名称	成立时间	经营范围	注册资本（万元）	执行事务合伙人或第一股东（持股比例）	注册地
风能开发产业基金（宁夏）合伙企业（有限合伙）	2021年7月26日	资本投资服务；创业投资（限投资未上市企业，依法须经批准的项目，经相关部门批准后方可开展经营活动）	160000	中车资本控股有限公司(49.875%)	宁夏吴忠市市场监督管理局红寺堡分局
阳江海上风电产业发展基金合伙企业（有限合伙）	2018年2月23日	基金投资及管理；股权投资及管理；受托资产管理；资产管理；投资管理；企业管理（依法须经批准的项目，经相关部门批准后方可开展经营活动）	198700	中信建投资本管理有限公司	广东省阳江市市场监督管理局
阳江恒财海上风电产业投资基金管理有限公司	2018年2月1日	海上风电产业基金管理；股权投资及管理；受托资产管理、资产管理、投资管理（依法须经批准的项目，经相关部门批准后方可开展经营活动）	1100	阳江市恒财城市投资控股有限公司(100%)	广东省阳江市市场监督管理局

三 我国风电行业绿色基金类型

目前，产业基金并不是一个严格意义上的法律概念，2006年，国家发展和改革委员会制定《产业投资基金管理暂行办法》，对产业基金进行了明确的定义，但没有正式下发，所以可以说产业基金只是一个习惯上的称呼，本质上是私募股权基金的一种，与其有关的法律文件主要有2014年中国证监会发布的《私募投资基金监督管理暂行办法》、2015年财政部发布的《政府投资基金暂行管理办法》和2016年国家发展和改

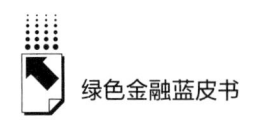

革委员会发布的《政府出资产业投资基金管理暂行办法》等文件,此外一些地方也出台了相关规定,如深圳市2022年3月颁布的《深圳市龙华区政府投资引导基金管理办法》。

依照我国法律,产业基金目前可行的组织形式包括公司制(主要为有限责任公司)、信托制和有限合伙制,从实践上看,涉及风电行业的产业基金的组织形式以有限合伙制和公司制最为普遍。比如2020年7月15日在上海揭牌运营的国家绿色发展基金股份有限公司,采取公司制形式,注册资本885亿元,股东共26位,财政部为其第一大股东,持股比例为11.30%;国家开发银行、中国银行、建设银行、工商银行、农业银行各持股9.04%,交通银行持股比例为8.47%。此外,在运作结构方面,风电行业基金多为"母基金+子基金"的结构,比如2021年6月29日在上海市浦东新区登记设立的国网新兴产业母基金——国网新兴(上海)私募基金合伙企业(有限合伙),认缴资金规模10亿元,围绕海上风电并网装备等新兴产业形成若干子基金,预计"十四五"期间母子基金总规模将达到150亿元。

本报告主要按照基金发起设立机构和基金执行事务合伙人数量的不同对风电行业基金进行分类分析。

(一)政府发起设立产业基金、金融机构发起设立基金、行业公司发起设立基金、跨国联合设立基金

产业基金的发起机构一般包括政府、金融机构、行业公司等,根据发起机构的不同,国内风电行业基金也可以分为4种。

1. 政府发起设立产业基金

根据私募通的数据,截至2021年7月末,我国私募股权投资基金规模接近10.5万亿元,政府产业引导基金的资金到位规模是4.12万亿元,占全部私募股权投资基金的比重为39.24%。在政府产业引导基金中,截至2021年7月,国资背景机构参与出资的政府产业引导基金有765只,总目标规模6.06万亿元,非国资背景机构参与出资的政府产业引导基金有631只,总

目标规模4.58万亿元，从数据来看，国有资本在政府产业引导基金母基金层面上仍是出资主力。①

与市场化基金相比，政府产业引导基金是政府职能的延伸，以实现各种既定的政策目标如创业扶持、经济振兴或产业战略转型，这方面的典型代表是中国清洁发展机制基金。

中国清洁发展机制基金在2006年8月经国务院批准建立，是我国也是发展中国家首次建立的国家层面专门应对气候变化的基金。2010年9月14日财政部等7部门联合颁布《中国清洁发展机制基金管理办法》，随后基金业务全面展开，通过债权投资、股权投资和融资性担保等有偿使用方式支持国家开展碳达峰碳中和、污染防治和生态保护等绿色低碳领域活动。在风电领域，2020年4月10日，中国清洁发展机制基金管理中心批准向特变电工新疆新能源股份有限公司的特变电工崇仁县相山镇一期50MW风力发电项目、包头市光羿太阳能发电有限责任公司包头市领跑者1号100MWp光伏项目、贵州盘州市晟佑晟新能源有限公司鹅毛寨第三期120MW农光互补光伏项目3个项目提供优惠的清洁发展委托贷款，3个项目共获批复金额2.07亿元，利率为合同签订当日贷款市场报价利率（LPR）-58.75基点，贷款期限均为5年，可撬动社会资金15.18亿元。

另外，根据中闽能源股份有限公司2021年年度报告数据，2016年5月，中国清洁发展机制基金管理中心、中信银行股份有限公司总行营业部和福建省财政厅签署《福建省投资开发集团有限责任公司福建莆田平海湾50MW海上风电项目清洁发展委托贷款合同》，中国清洁发展机制基金管理中心通过委托贷款方式向福建省财政厅提供了一笔贷款（"清洁发展基金贷款"），贷款金额为人民币3亿元，贷款专用于福建莆田平海湾50MW海上风电项目，贷款期限为60个月。2016年4月21日，福建省投资开发集团与福建省财政厅签署《福建省财政厅与福建省投资开发集团有

---

① 《绿色金融丨绿色产业引导基金能撬动几倍社会资本？》，腾讯网，https://new.qq.com/rain/a/20210908A07PJU00，2021年9月8日。

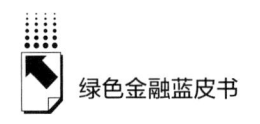

限责任公司关于清洁发展委托贷款"福建莆田平海湾50MW海上风电项目"的转贷协议》,福建省财政厅将上述3亿元清洁发展基金贷款转贷给福建省投资开发集团。中闽海电作为福建莆田平海湾50MW海上风电项目的建设、运营和管理主体,按照项目进展情况实际使用清洁发展基金贷款,福建省投资开发集团按中闽海电实际资金占用金额计息,利率和《福建省投资开发集团有限责任公司福建莆田平海湾50MW海上风电项目清洁发展委托贷款合同》一致。

2. 金融机构发起设立基金

比较有代表性的是光大"一带一路"绿色股权投资基金。光大"一带一路"绿色股权投资基金是2019年4月第二届"一带一路"国际合作高峰论坛官方成果,也是283项成果中唯一由商业性金融机构主导的投资类务实成果。基金由光大集团牵头、光大控股发起并管理,于2020年4月正式成立,由光大集团、光大控股和光大环境作为基石LP共计认缴出资15亿元,并于2020年12月7日成功实现首轮30亿元资金募集。

为贯彻落实党中央、国务院关于碳达峰、碳中和战略决策部署,光大"一带一路"绿色股权投资基金在"双碳"相关领域选定能源生产端、能源利用端和减碳支持端三条投资主线开展投资。2022年5月,光大"一带一路"绿色股权投资基金联合中核新兴产业基金等完成中核汇能有限公司投资签约,融资额超过70亿元人民币。中核汇能成立于2011年,主营业务包括风电等新能源项目的开发、建设、运营及维护,是中核集团的非核新能源产业开发建设与运营平台。

3. 行业公司发起设立基金

比较有代表性的是北京国能新能源产业投资基金。北京国能新能源产业投资基金是国家能源集团设立的首只基金,由国家能源集团旗下的中国神华能源股份有限公司、国华能源投资有限公司等作为合伙人,基金管理人是国华能源投资有限公司的全资子公司——国华投资开发资产管理有限公司。2021年1月22日,基金合伙协议在北京签署,整体规模为100.2亿元,主要投资方向为风电、光伏等产业,基金投资运作后,预计将撬动约500亿元的资金流向新能源产业，可促使超过600万千瓦的风电、光伏项目落地。①

此外，2021年9月国家能源集团资本控股有限公司还联合国家能源集团三家核心上市公司中国神华、国电电力和龙源电力共同发起设立北京国能绿色低碳发展投资基金，基金投资范围包括绿色低碳项目的股权投资及并购等，基金采用"母子基金"架构运营，规模达150亿元。

当前，具有产业背景的企业风险投资基金（Corporate Venture Capital，CVC）已经成为国内创投行业的一股新力量。与传统VC相比，CVC在构成主体特征方面存在极大不同。传统VC由LP和GP构成，作为出资人的LP通常由养老基金、上市公司和高净值个人等主体组成，GP作为执行事务合伙人进行管理。而CVC主要由行业内的企业发起，资金主要来自企业自有资金，即CVC的LP就是企业本身。所以，CVC模式下的投资目标更关注对主导企业原有产业生态的协同和补充，只要其产业链上下游的中小企业发展得不错，就会被纳入他们的投资范围。

在风电行业，CVC模式也越来越被广泛采用。2021年10月27日，龙源电力集团股份有限公司董事会批准该公司与国寿投资、国能低碳基金、广州金宏及国能基金管理公司签订合伙协议，其作为有限合伙人出资人民币5亿元参与设立新源壹号基金，基金投资方向为对清洁能源项目进行股权投资及并购。

2021年7月26日，宁夏嘉泽新能源股份有限公司与中车基金管理（北京）有限公司等共同设立风能开发产业基金（宁夏）合伙企业（有限合伙），该基金总规模16亿元，宁夏嘉泽新能源股份有限公司出资4.84亿元，占比30.25%，该基金的主要投资领域原则上为风力发电项目。

2021年4月24日，为加快培育发展以清洁新能源、智慧能源为代表的战略性新兴产业，巩固公司主营业务，江苏吉鑫风能科技股份有限公司董事会同意使用自有资金2亿元，向上海强麟企业管理中心、上海珺沁商务咨询

---

① 《加速履行"碳"责任，国家能源集团联合发起百亿元新能源产业基金》，新华网，http://www.xinhuanet.com/power/2021-01/22/c_1210990629.htm，2021年1月22日。

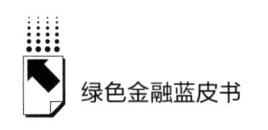

事务所、上海懿添新能源投资管理有限公司设立的合伙企业上海歆稜企业管理中心（有限合伙）进行增资，增资后该基金总投资 4.01 亿元，公司所占基金份额为 49.88%。该基金重点针对新能源产业，包括但不限于新能源、清洁能源、智慧能源、节能与环保等领域，可充分发挥基金各股东在电力行业的资源优势。

2021 年 6 月 21 日，风电行业整机头部企业新疆金风科技股份有限公司公告，其全资子公司北京天润新能投资有限公司的全资子公司天润启航投资管理有限公司（以下简称天润启航）出资 400 万元收购深圳市柏纳股权投资基金管理有限公司（以下简称深圳柏纳）40% 的股权。同时，天润启航作为有限合伙人与普通合伙人深圳柏纳、有限合伙人深圳市福田引导基金投资有限公司、深圳市柏纳创业投资合伙企业（有限合伙）以及其他有限合伙人共同出资设立深圳柏纳启航新能源产业基金（有限合伙），基金总规模 10 亿元人民币，其中天润启航以自有资金拟认缴出资 4 亿元人民币，基金投资范围包括但不限于绿电能源企业、风电电站等。

4. 跨国联合设立基金

这方面比较有代表性的基金是中美绿色基金。中美绿色基金是在 2015 年 9 月中国领导人访美时，由中美政界和商界领袖共同提议发起设立的、市场化运营的、营利性的私募股权投资基金，该基金与中美两国多家龙头企业建立战略合作关系，与中美两地的众多投资机构、世界 500 强企业共同打造中美绿色投资联盟。中美绿色基金二期基金的投资方向主要包括低碳能源替代等 5 个方面。2022 年 6 月，中美绿色基金与金开新能源股份有限公司全资子公司金开新能科技有限公司及其他自然人联合设立苏州龙鹰捌号绿色创业投资合伙企业，投资上海拜安传感器技术有限公司，投资总规模 1066 万元，资金主要用于与风电产业配套的核心装备环节。

（二）单执行事务合伙人基金和双执行事务合伙人基金

目前，国内涉及风电行业的产业基金的组织形式以有限合伙制和公司制为主，而有限合伙制基金的执行事务合伙人数量根据《中华人民共和国合伙企业法》第二十六条第二款规定①可以超过一个，所以，按照执行合伙人数量的不同，涉及风电行业的产业基金可分为单执行事务合伙人基金和双执行事务合伙人基金。

单执行事务合伙人基金比较常见。就国内而言，目前通常是合伙型基金中的某个普通合伙人作为这个基金的执行事务合伙人，代表基金对外行使民事权利，并对基金债务承担无限连带责任，该执行合伙人同时一般也是这个基金的管理人。比如，2020年9月24日成立的中俄能源合作股权投资基金（青岛）合伙企业（有限合伙），其合伙人包括国家电力投资集团有限公司、山东省新动能基金管理有限公司、青岛市创新投资有限公司、青岛金胶州新旧动能转换基金（有限合伙）、青岛胶州市圣瑞股权投资基金合伙企业（有限合伙）、青岛昌阳投资开发有限公司、中俄能源投资私募基金管理（青岛）有限公司、青岛国际投资有限公司，其执行事务合伙人只有一个，是中俄能源投资私募基金管理（青岛）有限公司。

但现实中，合伙型基金的普通合伙人（GP）不会只有一个，这对于不担任执行事务合伙人的GP而言，是非常不利的，所以双执行事务合伙人基金开始出现。

对于双GP基金，双执行事务合伙人模式相比单执行事务合伙人模式优势更为明显。双执行事务合伙人的双GP基金中的任一GP，可通过担任执行事务合伙人，保障其直接参与合伙企业事务的权利；同时，GP同时被赋予执行事务合伙人的身份，可以形成更好的制衡；两个GP具备直接参与合伙事务的合法身份，这为他们中的任何一方向基金收取执行事务报酬提供了较好的依据；此外，双执行事务合伙人模式更利于维持基金的"运作机制"。根据中基协《私募投资基金备案须知》的要求，基金合同及风险揭示书应当明确约定在管理人客观上丧失继续管理私募基金的能力时，基金财产安全保障、维持基金运营或清算的应急处置预案和纠纷解决机制。所以，在

---

① 按照合伙协议的约定或者经全体合伙人决定，可以委托一个或者数个合伙人对外代表合伙企业，执行合伙事务。

双执行事务合伙人的基金模式之下，一旦出现某个担任管理人的执行事务合伙人丧失管理能力的情形，另一执行事务合伙人即可顶替其维持基金的运作。

但这种双执行事务合伙人基金也存在一些问题。由于两个 GP 均可以对外代表合伙企业执行合伙事务，在一些涉及利益或权利的重要事项上，如银行账户的授权权限、投资决策委员会的席位、基金投资后管理权限等问题上，两名执行事务合伙人可能会进行博弈，可能降低基金的决策和管理效率，产生责任推诿等问题。所以两个执行事务合伙人之间要有具体、明确的职责和权限分工，并有相应的纠纷解决机制。

国内风电行业的产业基金中，成立于 2021 年 7 月 26 日的风能开发产业基金（宁夏）合伙企业（有限合伙）就是双执行事务合伙人的基金。

风能开发产业基金（宁夏）合伙企业（有限合伙）的合伙人包括中车资本控股有限公司、宁夏嘉泽新能源股份有限公司、中国电建集团山东电力建设有限公司、开弦资本管理有限公司、中车基金管理（北京）有限公司，其中，普通合伙人有两家——开弦资本管理有限公司和中车基金管理（北京）有限公司，同时两者又是执行事务合伙人，管理人是中车基金管理（北京）有限公司。中车基金管理（北京）有限公司的最终实际控制人为国务院国有资产监督管理委员会，开弦资本管理有限公司系自然人控股的民营私募机构。

根据该基金 LP 之一的宁夏嘉泽新能源股份有限公司的公告——《宁夏嘉泽新能源股份有限公司关于与中车基金管理（北京）有限公司等共同设立风能开发产业基金的公告》，在该基金的管理费费率方面，投资期内为 1%/年，退出期内为 1%/年，延长期管理费的收取安排由合伙人另行商议。对于未担任该基金管理人的另一执行事务合伙人开弦资本管理有限公司，其是否向该基金收取任何费用或报酬以及以何种方式收取，相关公告中暂未予进一步披露。关于风能开发产业基金的超额收益方面，20%分配给普通合伙人（在双 GP 之间的分成比例为 50%：50%，即平均分配），80%分配给有限合伙人。关于风能开发产业基金两名 GP 之间的权责和分工安排，担任管理人的执行事务合伙人中车基金管理（北京）有限公司，向基金提供募集、投资管理、财务管理方面的服务。另一执行事务合伙人开弦资本管理有限公司，与管理人共同参与风能开发产业基金的部分合伙事务并行使相关职权，具体如下：第一，就适用法律和合伙协议约定的所有需要/授权执行事务合伙人做出的同意、确认、许可、决策、权力行使或类似决定，以及合伙协议约定的合伙事务，除合伙协议另有约定外，应当由两名执行事务合伙人共同协商一致后执行，并接受其他合伙人的监督；第二，基金投资决策委员会的5名委员中，管理人享有2个席位，开弦资本管理有限公司享有1个席位，且两名执行事务合伙人均享有一票否决权。

四 我国风电行业绿色产业基金发展建议

（一）当前我国风电行业绿色产业基金特征

相比市场主导、从下到上的绿色产业基金发展模式，我国风电行业绿色产业基金明显表现出了政府大力主导、从上到下的特征。在政策设计方面，中央层面出台多项文件和指导意见来明确其战略定位、发展路径等内容，同时地方层面推进制度框架细化，最终形成我国风电行业基金由国有资本主导的局面。

截至2021年底，以风电为明确投资对象且在营的基金有4只，分别是：阳江恒财海上风电产业投资基金管理有限公司、阳江海上风电产业发展基金合伙企业（有限合伙）、汕尾市振新风电产业发展基金（有限合伙）和风能开发产业基金（宁夏）合伙企业（有限合伙）。以这四只基金为例，根据天眼查数据，风能开发产业基金（宁夏）合伙企业（有限合伙）第一股东是中车资本控股有限公司，持股49.875%，中车资本控股有限公司又是中国中车集团有限公司的全资子公司，中国中车集团有限公司又由国务院国有资产监督管理委员会100%控股；汕尾市振新风电产业发展基金（有限合伙）的第一股东是汕尾市产业发展投资基金（有限合伙），持股65.703%，汕尾

市产业发展投资基金（有限合伙）的第一股东是汕尾市金融控股有限公司，持股比例为99.01%，而汕尾市金融控股有限公司又是汕尾市人民政府国有资产监督管理委员会100%控股的孙公司；阳江海上风电产业发展基金合伙企业（有限合伙）的第一股东是中国三峡新能源（集团）股份有限公司，第二股东是中广核风电有限公司，两者占比超过74.73%，两者又都是国有资本控股；阳江恒财海上风电产业投资基金管理有限公司是阳江市城市投资集团有限公司的全资子公司，是100%国有资本控股。

（二）我国风电行业绿色产业基金发展面临的问题及发展建议

我国直接以风电为主题的产业基金数量偏少，表明风电行业的受重视程度不是很高；此外，产业基金一个很重要的功能就是引导社会资本跟进投资，发挥政策资金的引领撬动作用，但根据对4只以风电为主题的产业基金的分析，发现其对社会资金的引领撬动作用并不明显，社会资金进入风电行业的情况不够理想。究其原因，一是目前产业基金的信息披露程度不足，社会资本对基金的真实运作目的和过程难以了解，降低了基金对这些具有绿色发展理念的出资人的吸引力，影响了出资的积极性；二是财税政策引导、扶持力度不足，国外绿色产业基金发行主体是企业和投资机构，但是国外政府不是放任不管，而是通过政策引导、监管和担保等方式支持绿色项目，降低投资者成本和风险，促进绿色基金高效运行，吸引社会资金参与。所以，为加快发展我国风电行业绿色产业基金发展，提出如下建议。

1. 重视、加快以风电为主题的产业基金的设立与发展

我国明确提出，2030年单位国内生产总值二氧化碳排放比2005年下降65%以上，非化石能源占一次能源消费比重达到25%左右，风电、太阳能发电总装机容量达到12亿千瓦以上。相关机构参考能源消费结构和电力结构现状后预测，2030年全国电力需求约为10.1万亿千瓦时，根据2021年风电光伏的平均利用小时数，这意味着2030年风电、光伏发电量合计应达到1.8万亿千瓦时，目前电量缺口一半，如果这些缺口由风光来提供，相应风光总规模必须达到18亿千瓦以上。根据国网能源研究院发布的《中国能源电力发展展望2021》，风能和太阳能在2030年以后将成为主要的非化石能源品种，风能在2050年占一次能源需求总量的比重为26%，2060年进一步提升至31%。[①] 可以说风电发展前景良好，应该重视、加快风电产业基金发展，充分发挥其引领作用，引导社会资金进入风电行业。

2. 提高产业基金信息强制披露程度

构建涉及风电行业产业基金的数据库，建立产业基金信息披露标准，实现"不披露就解释"制度，适时推出"强制披露"制度，通过建立健全基金"环境信息披露"和经营信息披露制度等，确保产业基金信息披露的质量和时效，为绿色投资提供制度性保障，降低信息不对称对绿色投资决策的影响，提高社会资本参与的积极性。[②]

3. 进一步加大财税扶持力度

绿色投资具有一定的公益性与外部性，社会资本的逐利特性与绿色项目在投资周期、投资回报、投资风险方面不完全匹配，因此，需要在人才、税收等方面给予绿色产业基金一定的支持与鼓励，吸引社会资本积极参与。比如，为提升社会资本参与度，荷兰政府推行"绿色基金计划"，对绿色基金投资者仅征收1.2%的资本收益税和1.3%的所得税；韩国政府对投资绿色产业比例超过60%的产业基金给予分红收入免税等优惠政策。[③]

2019年1月，财政部、国家税务总局、国家发展和改革委员会与中国证监会联合印发《关于创业投资企业个人合伙人所得税政策问题的通知》，提出要进一步支持创业投资企业（含创投基金）发展，提出"创投企业选择按单一投资基金核算的，其个人合伙人从该基金应分得的股权转让所得和股息红利所得，按照20%税率计算缴纳个人所得税；创投企业选择按年度所得整体核算的，其个人合伙人应从创投企业取得的所得，按照'经营所

---

① 《实现碳中和，风电大有可为！》，搜狐网，https://www.sohu.com/a/449621396_813209，2021年2月9日。
② 赵淑霞、肖成志：《国内外绿色基金宏观层面比较研究》，《西南金融》2021年第4期。
③ 《中国绿色产业基金发展现状分析》，澎湃新闻网，https://www.thepaper.cn/newsDetail_forward_13263114，2021年6月22日。

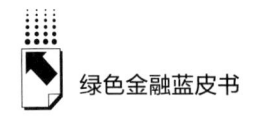

得'项目、5%~35%的超额累进税率计算缴纳个人所得税；单个投资项目的股权转让所得，按年度股权转让收入扣除对应股权原值和转让环节合理费用后的余额计算，股权原值和转让环节合理费用的确定方法，参照股权转让所得个人所得税有关政策规定执行；单一投资基金的股权转让所得，按一个纳税年度内不同投资项目的所得和损失相互抵减后的余额计算，余额大于或等于零的，即确认为该基金的年度股权转让所得，余额小于零的，该基金年度股权转让所得按零计算且不能跨年结转"。[1]

相较国外一些国家的扶持优惠力度，国内在绿色产业基金优惠政策方面还有较大提升空间，应进一步降低所得税，降低风电产业基金涉及的投资者收益税费等，同时对风电产业基金投资的项目在市场准入、审批流程、财税减免、土地使用、奖励返还等方面给予更多的政策扶持。

---

[1]《关于创业投资企业个人合伙人所得税政策问题的通知》，国家税务总局官网，http://www.chinatax.gov.cn/n810341/n810755/c4033860/content.html，2019年1月10日。

B.5
中国风电行业绿色融资租赁市场分析

陈晓燕[*]

摘　要：	融资租赁在本质上是一种"有条件的销售"，出租人实际上履行了银行贷款人的角色，所以融资租赁具备独特的金融功能，是一种金融工具。融资租赁产品具备长周期特性，与资金投入大、建设运营周期长的风电等绿色项目具有很好的匹配性；绿色融资租赁与银行信贷、股权投资等金融工具联动合作，为绿色产业提供集设备、融资、服务于一体的综合化金融服务，近年来在支持风电产业发展方面发挥重要作用。
关键词：	绿色融资租赁　厂商租赁　直接租赁

飞驰在高速公路或高铁上，人们经常会看到窗外山坡上白色风力发电机的大叶片迎风旋转，它们正在将大自然的馈赠——风能转化为电力，以供人们使用。风电属于清洁能源，风电行业是一个"零碳""绿色""环保"的行业，是我国为实现"碳达峰、碳中和"战略目标而重点发展的产业。融资租赁是风电场开发商为购买风力发电机而采用的主要融资方式之一。我国融资租赁行业经过40多年发展，目前境内融资租赁行业资产规模已超过6万亿元。融资租赁依托"融物+融资"优势，可以为绿色产业提供集设备、融资、服务于一体的综合金融方案，同时融资租赁产品具备长周期特性，与资金投入大、建设期短、运营期长的绿色项

---

[*] 陈晓燕，博士，郑州航空工业管理学院硕士研究生导师，研究领域为跨国公司和国际投资、绿色金融。

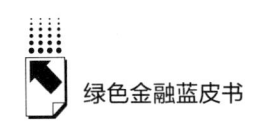

目具有很好的匹配性，近年来在支持绿色产业发展方面发挥着日益重要的作用。

一 绿色融资租赁

（一）融资租赁及其对"双碳"产业发展的助力

1. 现代租赁源于现代社会经济法律制度的确立

传统租赁的主要模式是出租人向承租人提供租赁标的物（包括生产资料、产成品等各种用途的物品），承租人使用后向出租人支付租金（包括劳务、货币等多种形式的租金），租赁标的物的所有权归出租人，租赁标的物的（部分）使用权归承租人。传统意义上的租赁贯穿了人类文明的整个发展历史，并延续至今。

现代租赁的发展始于二战以后。随着第三次科技革命的发展，传统工业部门更新生产设备的速度加快，但是传统商业银行无法完全满足如此大量的资金需求，市场急需银行体系以外的新融资渠道。1952年5月，世界上第一家专业租赁公司——美国租赁公司成立，代表（金融）租赁公司成为除银行以外的一个新的资金来源。

与传统租赁不同，现代租赁的兴起源于现代社会经济法律制度的确立，其中最核心的是在会计制度中明确了"有条件销售"（融资租赁）和"真实租赁"（经营租赁）的区别；同时，在税法中允许出租人对租赁资产进行"加速折旧"并获得"税收抵扣"。基于以上法律制度，现代租赁成了一种合法的融资手段，并且综合融资成本比传统银行提供的融资成本显著下降。

现代租赁与传统银行融资相比，除了融资成本低之外，现代租赁的资金提供方也更加多元。因为融资租赁在本质上是一种"有条件的销售"，出租人实际上履行了银行贷款人的角色，所以现代租赁具备独特的金融功能；但与银行业的强监管相比，融资租赁的出租人身份几乎没有任何限制，这也是现代租赁业之所以能够快速发展的核心原因之一。

现代租赁初始的参与者大多是独立租赁公司，不过随着监管的放松，银行开始进入租赁行业，借助母行的风控体系与资金优势，金融租赁公司很快成为租赁业的重要力量。

2.租赁的盈利模式与传统银行类似

融资租赁、经营租赁是现代租赁的两种基本模式，并由此衍生出多种租赁交易结构。

融资租赁的盈利模式本质上与银行借贷相同，出租人向承租人提供资金支持并收取租金，而出租人赚取的利差就包含在租金当中。一般情况下，融资租赁的出租人获取资金的成本相对银行来说并无优势，但租赁公司可以依托现代税收会计制度搭建特定的交易结构，获得税收优惠以及会计上的灵活处理，进而实现较低的综合融资成本。在特定场景下，融资租赁出租人的综合融资成本甚至可以做到低于当期银行同业拆借利率的水平。

经营租赁的盈利模式与融资租赁一致。融资租赁到期后，绝大多数情况下租赁资产归承租人所有。假设经营租赁到期后资产被处置，出租人赚取的利差同样包含在租金当中。与融资租赁不同的是，在经营租赁的交易结构中，租赁公司承担了租赁资产的残值风险。（现代）经营租赁与传统租赁的交易结构类似，但与传统租赁相比有明显的进步，最核心的区别在于（现代）经营租赁可以依托现代会计税收政策降低融资成本。

无论实际的交易结构多么复杂，租赁公司生产经营的本质是在满足客户需求的基础上赚取净息差。在此过程中，租赁公司需要控制各种风险并优化资产负债管理，这与传统银行的要求有一定相似性。所以租赁公司的盈利模式与传统银行并无明显差别，都是在严格控制风险的前提下，追求低融资成本和高财务杠杆。

租赁行业租赁的资产主要是与企业生产经营相关的设备和设施，适用范围广泛，作为承租方的企业出于融资需要或现金流安排，也愿意通过租赁方式引进资产。从租赁资产的种类上看，大中型租赁公司主要涉及的资产包括水利、交通运输和能源等基础设施，商用车辆，工程机械，特种设备，船舶

和飞机等。

3. 融资租赁助力"双碳"产业发展运营

第一，租赁"以物融资"的特性与"双碳"产业重资产的运营属性高度契合。租赁业务最典型的特征就是"以物融资"，每一种模式、每一单业务都必须有租赁物的真实存在，都与设备或固定资产投资高度相关。而大部分"双碳"产业都是典型的重资产行业，运用这些资产开展租赁业务，可以有效缓解企业由于缺乏（质）抵押物而面临的融资难问题。同时，新能源产业或传统企业升级改造的投资额巨大，通过传统融资方式举债投资，企业的资产负债率和运营压力将显著提升，而以经营租赁的方式引入设备，既不会增加企业杠杆率，也实现了企业绿色转型和低负债运营。

第二，租赁"量身定制"的特性与"双碳"产业多元化融资需求高度契合。融资租赁作为一种新兴金融工具，灵活性是其一大优势。例如，融资租赁产品可围绕企业全生命周期提供针对性服务，在建设期可提供设备直接租赁服务、建成后可提供售后回租服务、运营期可提供经营性租赁或厂商租赁服务；业务期限也可根据客户的实际资金使用情况和生产周期进行灵活设计，一般以3~5年为主，最长可达十几年，而"双碳"产业特别是新能源电站的投资回报期往往长达十年左右，两者在期限上的匹配度更高；租赁产品能够根据客户未来现金流情况量身定制还款方式，能有效减轻企业的还款压力。

第三，租赁"控物为王"的特性与"双碳"资产高流转性优势高度契合。与其他金融业态更为依赖抵押担保不同，金融租赁业务在重视第一还款来源的同时，还将租赁物作为缓释风险的关键。因此，租赁物评估定价的合理性和流转交易的顺畅性至关重要。而"双碳"资产均属于符合国家政策导向的优质资产，新能源电站更是市场争相抢购的目标，资产流转交易均较为顺畅，有利于投资人对租赁物进行处置转让。

正是由于融资租赁与"双碳"产业之间高度契合，绿色租赁越来越受到企业和金融机构的重视。有研究机构预测，我国绿色租赁市场规模将在2060年达到10万亿元。

（二）绿色融资租赁的模式与标准行业

1. 绿色融资租赁模式

融资租赁是在风电等绿色行业越来越普遍的一种资金筹措方式。绿色融资租赁模式主要有直接融资租赁、售后回租、转租赁和厂商租赁几种。

①直接融资租赁，是融资租赁公司用自有资金和在金融市场上筹集的资金，向承租人指定的制造厂商支付货款，购进承租人指定的设备，并交付承租人使用，承租人按照合同约定以租金的形式还本付息的一种租赁模式。直接融资租赁必须具备融资租赁的特点，即实质上出租人向承租人转移了与租赁资产所有权有关的全部风险和报酬，其所有权最终可能转移给承租人，也可能不转移。

②售后回租，指卖方（即承租人）将已经属于自己的设备（即租赁标的物）先出售给买方（即出租人），同时将自己对租赁资产的所有权先行转移给出租人，承租人再通过支付租金的形式将设备租回的一种融资方式。

③转租赁，简称转租。在转租赁业务中，上一租赁合同（即原租赁）的承租人（即第一承租人）同时又是下一租赁合同（即新租赁）的出租人，称为转租人。转租赁是第一承租人根据原有融资租赁合同在原租赁期内将租赁物转租给第三方（即第二承租人）的行为。租约规定，在租赁期满时，租赁资产的所有权转移给第一承租人，第二承租人拥有低价购买租赁资产的选择权。第一承租人可以以任何方式处置租赁资产。所以，转租赁的性质由第二租约的特点决定，可能是经营租赁，也可能是融资租赁。

④厂商租赁，是指由设备制造商自有的融资租赁公司作为出租人与承租人（即设备制造商的客户）签订租赁合同，出租人以融资租赁方式为承租方提供资金服务。厂商租赁的最大特点是设备制造商为了销售自己的产品、扩大市场份额而为客户提供融资服务。厂商租赁在风电行业应用较普遍。

2. 绿色融资租赁发展模式

融资租赁与"双碳"产业的结合，既要基于融资租赁的产品特性，也要立足"双碳"产业的特点，构建供需匹配、风险可控的绿色融资租赁发

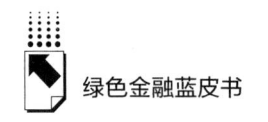

展模式。通过对浙银金融租赁股份有限公司（以下简称浙银租赁）在绿色融资租赁方面的探索实践进行分析，发现其绿色融资租赁的发展模式在一定程度上代表了当前我国绿色融资租赁市场的发展现状。

第一，浙银租赁实施行业专营，提供专业化金融服务。

第二，依托厂商租赁，提供供应链金融服务。一方面，通过厂商租赁模式，与清洁能源组件生产商、设备制造商以及绿色转型装备供应商等厂商开展合作，为下游客户采购设备提供租赁服务，助力核心厂商扩大销售市场，实现货款快速回笼；另一方面，帮助下游客户提高设备采购能力，实现快速占领新能源市场或加快绿色化转型的目标。

第三，与银行信贷、股权投资等金融工具联动合作，提供综合化金融服务。银行信贷、融资租赁、股权投资等金融工具既有差异性，更有互补性，各类工具之间的组合搭配可以达到"1+1>2"的效果。例如，银行信贷与租赁之间的银租联动，将银行信贷资金规模大、成本低等优势与融资租赁期限长、可控物和节税等特色有机整合，可以为客户提供更贴合需求的金融服务；租赁与投资之间的投租联动，可为"双碳"产业提供"投资+租赁"的综合服务。以业内首单生猪养殖投租联动为例，为助推生猪养殖产业向环境友好型的现代牧场转型，浙银租赁与浙江省农业投资发展基金有限公司、浙江华统肉制品股份有限公司合作，以新建养殖场业务为标的，由后两者共同以资本金形式全部出资进行建设，浙银租赁为农业基金远期退出提供可选路径，并受农业基金委托对项目公司的建设和运营提供投后管理、资金监管等居间服务。这一投租联动模式有效整合了金融资源，降低了生猪养殖企业财务费用，实现了"投、租、企"三赢，社会效益和经济效益明显。

第四是创新服务模式，提供差异化金融服务。对于租赁公司来说，将ESG和碳足迹等因素纳入风险审查和客户评估体系，探索开展分成租赁、生物性资产租赁。在监管部门支持下，浙银租赁以能繁母猪为租赁物，为浙江加华提供3年期融资租赁服务，解决了其合格租赁物和抵押物不足、融资额度和期限不符合实际需求等融资难题，为企业转型升级提供了专业金融服务。

3.绿色租赁行业标准

我国绿色租赁标准不完善,这给出租方和相关金融机构在绿色租赁项目认定和业务开展方面造成困扰和困难。随着我国绿色租赁业的发展,其在支持我国绿色产业发展中发挥了日益重要的作用。我国当前的绿色金融标准框架对绿色租赁业务的针对性指导作用有待加强,急需构建统一明确的绿色租赁标准,推动绿色租赁更好地支持绿色产业发展。

兴业金融租赁公司作为国内首家赤道银行——兴业银行的全资子公司,绿色租赁业务累计投放近1400亿元。在积极践行绿色租赁业务的过程中,兴业金融租赁公司充分感受到绿色租赁标准不完善带来的绿色租赁项目认定、管理等方面的困难,因而致力于开展构建绿色租赁标准的研究。2020年9月兴业金融租赁公司发布了租赁行业首个绿色标准——《绿色租赁行业标准目录》,在绿色金融相关标准的基础上,结合绿色租赁实践情况实现了两大创新:一是梳理了十大类绿色产业相关资产目录及解释,作为认定依据,提出根据租赁物认定绿色租赁的标准;二是重点完善了与租赁业务密切相关的绿色交通、生态农业等相关目录,调整了节能改造及能效提升、固废处理、清洁能源、智慧城市等领域子目录设置,精简了绿色服务相关内容。

二 风电行业绿色融资租赁市场分析

通过对公开资料进行梳理,发现中国风电行业绿色融资租赁在风电场项目中应用普遍,且出租人主要是银行系的金融租赁公司和风机制造商(或风机制造商自有的融资租赁公司),租赁方式多为直接融资租赁和售后回租,租赁的核心在于为风电场开发商和运营商提供相应的设备租赁服务。绿色融资租赁方式便利风电企业融资,切实推动风电行业发展。由于缺乏风电行业融资租赁的统计数据,本部分通过典型的风电绿色融资租赁案例对我国风电行业绿色融资租赁市场进行分析。

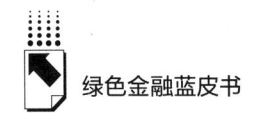

（一）湛江徐闻600MW海上风电场项目融资租赁案例

兴业银行全资子公司兴业金融租赁公司围绕国家电投、华电集团、大唐集团、三峡集团、广东能源集团等央国企客户在粤东、粤西投资的重大海上风电项目，为其提供优质金融服务，满足项目全周期需求。2021年，兴业金融租赁公司积极支持国家电投徐闻海上风电项目，与兴业银行广州分行成立联合工作组，设计"直接租赁+项目贷"的银租组合方案，灵活、高效支持项目前期施工、设备采购等需求，并为项目实现节税降本、优化现金流等显著效果。2021年11月26日，单体容量全亚洲最大、施工进度全球最快的海上风电场项目——国家电力投资集团湛江徐闻600MW海上风电场项目94台风机全容量并网。项目投产后，预计每年可提供17亿千瓦时清洁电量，节约煤耗约56.68万吨，减少二氧化碳排放约114.54万吨、烟尘38.42吨、硫化物832.28吨、氮氧化物264.4吨、灰渣3.76万吨，经济效益和环境效益显著。

通过对兴业金融租赁公司的湛江徐闻600MW海上风电场直接融资租赁项目的分析，可以发现以下几点。

1. 融资租赁模式：直接租赁

兴业金融租赁公司首先与承租人国家电投签订租赁合同，根据承租人国家电投对租赁资产（风电设备）供应商的选择，与供应商签订租赁资产购买合同，并支付货款；供应商按照兴业金融租赁公司的要求将租赁资产交付给承租人使用，承租人按期支付租金，租赁期满有权以名义价格购买租赁资产。这就是直接融资租赁的交易结构，如图1所示。

2. 资金来源

在兴业金融租赁公司与国家电投徐闻海上风电项目的融资租赁交易中，融资结构采用的是金融租赁公司自有资金+银行贷款，具体而言，由母行兴业银行广州分行对风电项目提供贷款，兴业金融租赁提供一定比例的货款，共同支付风电设备购货款，然后由兴业金融租赁公司以直接租赁方式出租给国家电投。

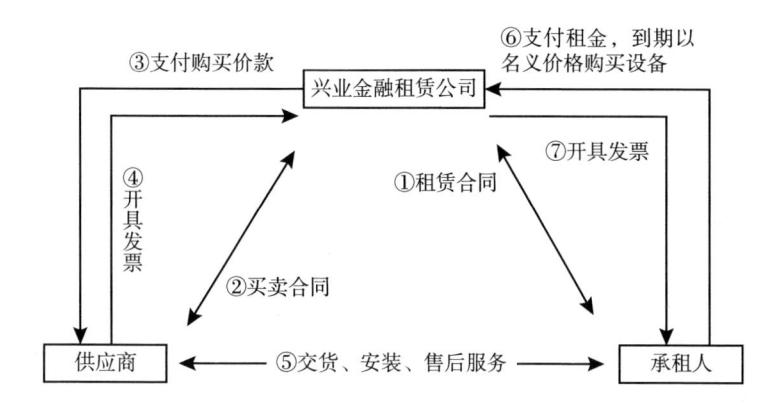

图 1　直接融资租赁交易结构

①租赁合同　②买卖合同　③支付购买价款　④开具发票　⑤交货、安装、售后服务　⑥支付租金，到期以名义价格购买设备　⑦开具发票

（兴业金融租赁公司、供应商、承租人）

3. 出租方为银行系金融租赁公司

兴业金融租赁公司参与的湛江徐闻600MW海上风电场的融资租赁交易，充分体现了银行系金融租赁公司的资源优势：一是可以借助母行大股东的资金优势，快速获取资金；二是项目信息共享，降低融资成本。该风电项目融资租赁交易也反映了在"双碳"背景下银行系金融租赁公司加大绿色租赁资产投放规模、扩大对大资产领域投资的发展趋势。

（二）金风科技的定边风电项目融资租赁案例

2019年2月1日，青岛天能重工股份有限公司发布公告，公司拟与共同承租人定边天润风能发电有限公司和出租人金风科技集团的全资子公司天信国际租赁有限公司就陕西省榆林市定边风电项目共同签署风力发电机组和塔筒的融资租赁合同，合同金额上限不超过人民币3.92亿元（其中，定边一期约1.92亿元，定边二期不超过2.00亿元），合同期限12年。

对该融资租赁项目进行分析，可发现制造商自有租赁公司与银行系金融租赁的进行风电绿色融资租赁的区别。

1. 融资租赁模式：厂商租赁

在该定边风电项目租赁中，出租方天信国际租赁有限公司是风机制造商金风科技集团的全资子公司，这种融资租赁属于厂商租赁，出租方的目的是销售自己制造的产品。具体的交易流程是承租人向出租人提出承租方对租赁标的物、租赁标的物制造商及/或风电场建设（总）承包方的选择，由出租人作为买方，向制造商购买风电机组设备、塔架及其他风力发电辅助设备及相关辅助建设工程形成的资产，并将租赁标的物出租给承租人使用，承租人依照本合同约定向出租人支付租金及其他款项。租赁期满时，承租人和共同承租人有权选择以融资租赁合同约定的期末认购价款购买租赁物。合同签署后，出租人出资购买合同约定设备，由承租人使用。承租人以风电项目建成后的发电收入作为还款来源，按季度还本付息。具体的租赁交易结构见图2。

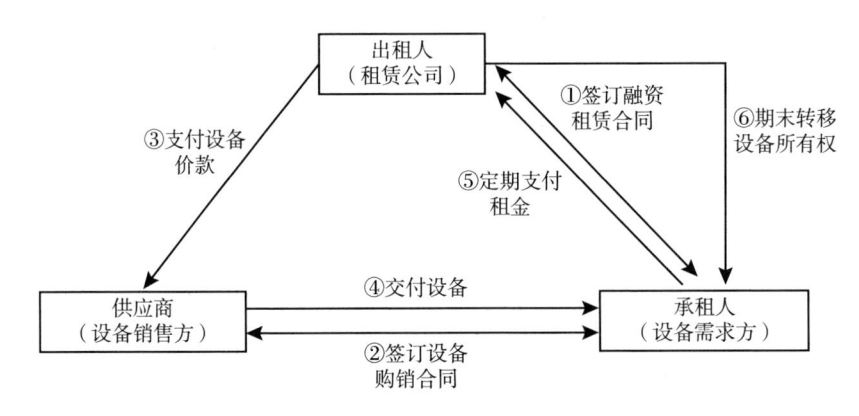

图 2　厂商租赁交易结构

2. 资金来源

天信国际租赁有限公司专业从事融资租赁业务，其资金主要来自天信国际租赁有限公司自有资金和母公司金风科技集团自有资金以及银行贷款，而母公司具有可在公开资本市场上通过发行股票直接融资和银行授信额度充足的资金优势。

3. 出租方系设备制造商自有租赁公司

厂商租赁中的出租人是设备制造商或设备制造商自有的租赁公司，与银行系租赁公司相比，厂商租赁中的出租人对风电项目无论是在风电设备的产品和零部件方面还是在风电场的运维方面都拥有技术优势，这使其对项目风险的识别与处理都更有优势，相应地降低了融资成本。

截至 2021 年 12 月，天信国际租赁有限公司已累计为母公司金风科技集团的 30 多位客户（80 多个风电场项目）提供融资租赁服务，涉及风电装机容量 150 多万千瓦；融资租赁模式涵盖了直接融资租赁、售后回租、过桥租赁和联合租赁。金风科技集团通过融资租赁的方式，不仅为有项目资源没有融资渠道的民营风电项目业主解决了融资难题，也帮助客户改善了现金流状况，同时通过融资租赁助推金风科技集团风电机组的销售和业务发展。

（三）国银金融租赁的风电售后回租案例

2022 年 6 月 29 日，国银金融租赁股份有限公司（以下简称国银金融租赁）发布公告，公司作为出租人与四个承租人分别签订风电项目融资租赁合同，租赁期均为 180 个月。

在融资租赁合同一下，国银金融租赁作为出租人以人民币 7.5 亿元向承租人一宁武县海锐滕泰风电设备有限公司购买租赁物一（山西省宁武县的风力发电设备），同时出租人同意把租赁物一租回给承租人一，租金为含增值税的租金，以人民币计付，由租赁本金和租赁利息构成。其中：租赁本金与转让价款（即购买价）金额一致，共计人民币 7.5 亿元；租赁利息于租期内的总额约为 2.69 亿元。融资租赁合同二的承租人是五寨县欣海君望风电有限公司，租赁物二为位于山西省五寨县的风力发电设备，其他条款与融资租赁合同一相同。

在融资租赁合同三下，国银金融租赁作为出租人以人民币 4 亿元向承租人三山西省天镇县欣海天昱风电有限公司购买租赁物三（山西省天镇县的风力发电设备），同时出租人同意把租赁物三租回给承租人三，租金为含增值税的租金，以人民币计付，由租赁本金和租赁利息构成。其中：租赁本金与转让价款（即购买价）金额一致，共计人民币 4 亿元；租赁利息于租期内的总额约为 1.44 亿元。融资租赁合同四的承租人是天镇县欣海滕泰风电塔筒有限公司，租赁物四为欣海滕泰位于天镇县的风力发电设备，其他条款与融资租赁合同三相同。售后回租的交易结构见图 3。

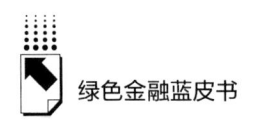

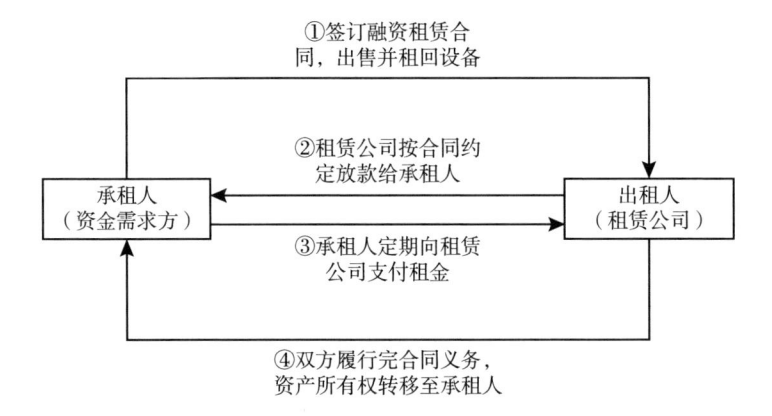

图 3　售后回租交易结构

对国银金融租赁签订的这四个风电融资租赁合同进行分析，可以发现：第一，四个风电项目融资租赁合同均属于售后回租，租赁交易结构相同；第二，融资租赁是一种类似于商业银行信贷的资金融通方式；第三，出租方是银行系的融资租赁公司，背后有母行强大的资金支持；第四，四个承租方均是民营企业，面对数亿元的风电项目，资金需求体量大，融资难度大；第五，此次融资租赁的融资成本约合5.1%，与中国人民银行同期发布的5年期以上银行贷款利率4.3%相比，对作为民营企业的承租人来说，在缺少银行授信额度的情况下，通过融资租赁方式融资的成本基本合理。

四　总结

绿色融资租赁作为一种重要的金融工具，在我国风电行业应用较普遍。但是目前还未构建国内统一、与国际接轨、清晰可执行的绿色租赁标准体系，也未将金融租赁公司纳入碳减排支持工具适用范围，这不利于租赁公司发挥特色为风电行业提供更低成本的金融服务，所以需要我国持续优化融资租赁政策环境。

B.6
中国风电行业环境权益市场分析

陈晓燕*

摘　要： 环境权益市场是包含碳排放权、排污权、用能权或节能量、绿色电力证书和水权等多种环境权益类型的交易市场，目前与我国风电行业相关的主要是碳排放权交易市场中的国家核证自愿减排量CCER交易和绿色电力证书交易市场。风电行业正在积极探索以CCER为基础资产的质押融资，因我国尚未形成市场化的碳排放权定价机制、回购机制以及明确的抵（质）押率参考范围，该业务未在商业性金融机构大规模落地。2021年风电从补贴时代进入平价上网时代，风电项目基本上已经能够保证其收益率，不再满足项目减排的额外性，风电CCER将有很大的不确定性。风电行业在碳债券、碳基金等碳金融领域的创新与实践证明，碳债券、碳基金的发行虽然并没有以碳资产或碳资产收益作为债权主体，而是依附于发行企业的经营财务状况和公司信用，但是附加碳收益确实降低了企业的融资成本，起到了以碳资产为融资增信手段的作用。

关键词： CCER　绿色电力证书　CCER质押贷款

2021年7月16日，全国碳排放权交易市场启动，碳资产、碳抵消、CCER、碳交易和碳金融进入大众视野。风电项目符合碳中和项目和绿色项目认定标准的要求，这为风电行业以碳资产为融资增信手段在金融市场发行

---

* 陈晓燕，博士，郑州航空工业管理学院硕士研究生导师，研究领域为跨国公司和国际投资、绿色金融。

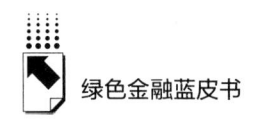

碳债券、碳基金提供了方便。本报告首先阐释了环境权益市场的相关概念，接着介绍了碳金融产品和风电行业在碳金融方面的创新与实践。

一 环境权益市场

（一）环境权益市场的概念

环境权益（environmental equity），是指政府为解决外部性问题，对行为主体在自然资源和环境容量消耗数量方面设定许可、进行总量控制而产生的权益。自然资源角度的环境权益主要包括水权、用能权或节能量、绿色电力证书等，环境容量角度的环境权益主要包括碳排放权和排污权。环境权益本质上是持有方的资产。

环境权益市场是包含碳排放权、排污权、用能权或节能量、绿色电力证书和水权等多种环境权益类型的交易市场，与风电行业相关的主要是碳排放权交易市场和绿色电力证书交易市场。

（二）碳排放权交易

碳排放权（Carbon Emission Permit），是指分配给重点排放单位的规定时期内的碳排放额度，包括碳排放权配额和国家核证自愿减排量。碳排放权配额（Carbon Allowance），也称碳配额，是主管部门基于国家控制温室气体排放目标的要求，向被纳入温室气体减排管控范围的重点排放单位分配的规定时期内的碳排放额度。国家核证自愿减排量（Chinese Certified Emission Reduction，CCER），是对我国境内可再生能源、林业碳汇、甲烷利用等温室气体减排项目的温室气体减排效果进行量化核证，并在国家温室气体自愿减排交易注册登记系统中登记的温室气体减排量。

碳排放权交易（Carbon Emission Trading），是指主管部门以碳排放权的形式分配给重点排放单位或温室气体减排项目开发单位，允许碳排放权在市场参与者之间进行交易，以社会效益最大化的方式实现减排目标的市场化机制。

通俗意义上的碳排放权交易可以理解为：当前减排困难的企业向减排容易的企业购买碳排放权，后者相当于替前者完成减排任务并获得收益，前者则能获得减排的缓冲期而不至于停工。此外，若企业对自身减排能力有长足信心则可提前出售未来的碳排放权以补充当前的运营资金。因此，出现了一种由碳排放权交易机制产生的新型资产——碳资产（Carbon Asset）。碳资产主要包括碳配额和碳信用。国内的碳信用主要是国家核证自愿减排量（CCER），国际上的碳信用主要是《京都议定书》清洁发展机制（CDM）下的核证减排量（CER）。

（三）中国碳排放权交易市场

目前中国碳排放权交易市场主要由七省市碳排放权交易市场和全国碳排放权交易市场构成。从地方碳排放权交易市场来看，国家发展和改革委员会于2011年10月印发《关于开展碳排放权交易试点工作的通知》，批准湖北、北京、上海、重庆、天津、广东和深圳七省市开展碳交易试点工作。全国碳排放权交易市场于2021年7月16日启动，首个纳入全国碳排放权交易市场的行业是发电行业，碳配额的规模超过40亿吨/年，标志着中国碳市场正式成为全球规模最大的碳排放权交易市场。

虽然我国碳排放权交易市场刚刚起步，但是从发达国家的经验来看，由于我国经济体量较大，未来我国碳排放权交易市场规模可期，中国也正迅速成为全球最重要的碳市场之一。

全国碳市场开市交易以来，总体运行平稳有序，但始终存在着交易活跃度偏低、流动不足等问题。从碳价来看，国内碳价基本在40~60元/吨的区间内波动，总体保持稳定。与欧洲近80欧元/吨的碳价相比，中国碳价尚不到其十分之一。中国碳排放权交易市场仍处于探索期，距离真正的市场化还有很长一段路要走，活跃度也有待提高。

根据生态环境部2021年发布的《碳排放权交易管理办法（试行）》第二十九条，重点排放单位每年可以使用CCER抵消碳排放配额的清缴，抵消

比例不得超过应清缴碳排放配额的5%。2021年纳入全国碳市场的覆盖排放量约为40亿吨，按照CCER可抵消配额的5%测算，CCER的年需求约为2亿吨。

与成熟的碳市场相比，中国的碳市场建设仍然面临一些问题与挑战。解决这些问题和挑战可从多个方面入手，如扩大全国碳市场的温室气体覆盖范围和全国碳市场的行业覆盖范围；发挥交易所、第三方机构和行业协会以及政府部门的作用，推动构建新的碳市场监管机制；强化有偿配额及抵消机制设计，适时推动实施有偿且差异化配额分配；适时允许金融机构参与全国碳市场；加强碳金融及衍生产品创新，发展适合企业和不同投资主体的多元化绿色金融产品和服务等。

（四）绿色电力交易

工业和信息化部、国家发展和改革委员会、生态环境部于2022年8月1日印发《工业领域碳达峰实施方案》，重点提出要"发展绿色金融"，并表示要"完善市场机制"，开展绿色电力交易试点。绿色电力交易试点将提高绿色电力在电网调度、市场价格机制和交易组织等方面的优先地位，打通绿色电力认购、交易和使用的通道。

绿色电力交易，首先需要风电、光伏等项目单位在国家可再生能源发电项目信息管理系统填报项目核准（备案）、建设和运行等真实信息，申请绿证[1]。国家可再生能源信息管理中心核对信息后颁发绿证。待绿证售出后，风电、光伏等项目单位在国家可再生能源发电项目信息管理系统提交电费结算单和发票、银行转账证明，完成绿色电力交易（见图1）。也就是说，有绿证制度才能买绿电。

2017年7月1日，我国正式开展绿色电力认购工作，政府机关、企事业单位和自然人可以在国家可再生能源信息管理平台购买绿电。绿色电力证

---

[1] 绿色电力证书，简称绿证，是国家对发电企业所生产的每1000度绿色电力颁发的具有唯一代码标识的电子凭证。一个绿证对应陆上风电项目或光伏电站项目发出的1000度绿电，即1MWh风电或太阳能发电。

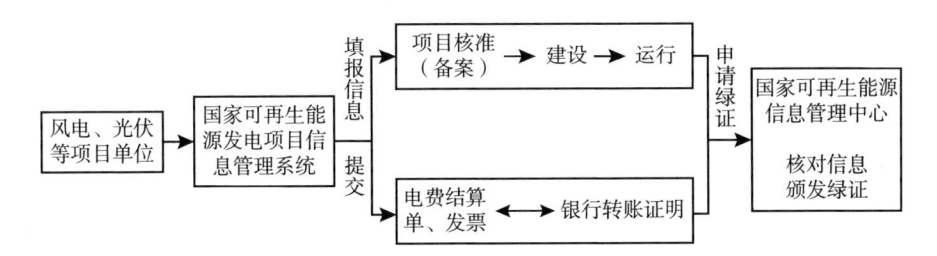

图 1　绿色电力证书申办流程

书的交易价格由买卖双方决定。为了让绿色电力价格有竞争力，我国绿色电力认证目前只面向成本较低的新能源项目。只有在国家可再生能源电价附加资金补助目录内的陆上风电项目和光伏发电项目可以获得绿证，不在补助目录内的分布式光伏发电、风电或光伏项目无法获得绿证。国家规定绿证的价格不高于证书对应电量的可再生能源电价附加资金补贴。以目前的标杆电价测算，风电绿证价格一般不超过 0.26 元/度，光伏绿证价格一般不超过 0.55 元/度。

绿色电力证书的交易采取发电企业以出售绿色电力证书的数量冲抵相应电量补贴的方法，也就是说，绿证一旦售出，风电、光伏发电企业相应的电量将不再享受国家可再生能源电价附加资金补贴，而未出售的绿证对应的电量部分仍享受原有补贴。所以，绿色电力证书仅可以出售一次。绿色电力证书的购买方，实际上只是获得了声明自己使用了绿色能源的权力。

二　碳金融市场

在碳排放权交易的基础上，以碳配额和碳信用等碳资产为基础资产，服务于减少温室气体排放的商业活动而进行的资金融通形成了碳金融市场。尽管目前对"碳金融"没有统一的定义，但是我们可将它理解为：为实现低碳、绿色发展的目的，利用金融手段在市场化的平台上以碳排放权为标的进行的交易。此类以碳排放权益为媒介或标的的融资工具就是碳金融产品 (Carbon Financial Products)。

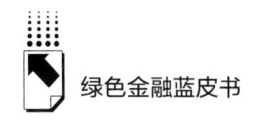

（一）碳金融产品

为贯彻落实2030年前实现碳达峰、2060年前实现碳中和的重大决策部署，健全碳金融标准体系，推动碳排放权交易市场形成合理定价，中国证监会于2022年4月12日发布了《碳金融产品》行业标准（JR/T 0244—2022）[①]，并于同日开始实施。该标准在碳金融产品分类的基础上，制定了具体的碳金融产品实施要求。碳金融产品标准的制定，有利于促进建立全国统一的碳排放权交易市场和有国际影响力的碳定价中心，有利于有序发展碳债券、碳基金、碳资产证券化和碳指数等碳金融产品，从而帮助相关主体识别、运用和管理碳金融产品，引导资金流入绿色领域，推动实体经济低碳转型。

碳金融产品是服务于碳资产管理的各种碳金融工具（Carbon Financial Instruments），包括碳市场融资工具、碳市场交易工具和碳市场支持工具。碳金融包括现货交易（碳交易和减排信用交易）和衍生品交易（碳期货和碳远期）。目前我国的碳金融主要为现货交易，其中又可分为两类：基于"总量-配额"原理且面向企业的碳交易和基于"基准线-项目"原理且面向减排项目的核证减排量交易。在碳现货交易的基础上，可以进行相关的衍生品交易。

（二）风电行业的碳金融创新与实践

碳金融市场指金融化的碳排放权交易市场。由于碳排放权直接关系到生产活动，故其本质上是发展权，而碳金融实质上是基于当前和未来发展权的交易。这也是发达经济体和先进金融机构纷纷开展碳金融活动的动力所在。目前，在我国风电行业更多的是以风电项目为基础开发的CCER及其衍生品

---

① 该标准由全国金融标准化技术委员会证券分技术委员会（SAC/TC 180/SC4）提出，起草单位有：中国证券监督管理委员会、广州碳排放权交易中心有限公司、北京绿色交易所有限公司、中证信息技术服务有限责任公司、中证金融研究院、银行间市场清算所股份有限公司、深圳排放权交易所有限公司。

的交易，行业正在积极探索各类碳金融衍生品。

1. CCER

2012年之前，我国企业主要通过CDM参与国际碳市场。但是，随着欧洲经济持续低迷以及京都协议书第一阶段的结束，清洁发展机制下的核证减排量（CER）价格不断下跌，CDM项目发展受阻。在此情况下，2012年我国开始建立国内的自愿减排碳信用交易市场，碳信用标的为国家核证自愿减排量（CCER）。2015年中国自愿减排交易信息平台上线，CCER进入交易阶段。2015年3月，上海宝碳新能源环保科技有限公司分两次购买内蒙古辉腾锡勒风电场CCER[①]，共20万吨，其中一笔交易的价格是19元/吨，这是中国第一个CCER交易。

由于早期CCER开发标准不完善、部分项目不够规范和温室气体自愿减排交易量小等因素，CCER市场并未发挥应有优势，于2017年3月17日关停，但存量CCER仍在各大试点交易。截至2021年4月，国家发展和改革委员会公示的CCER审定项目累计2871个，备案项目861个，进行减排量备案的项目254个。根据2012年以来的项目数据，按项目数计算，风电项目占比最高[②]，达到35%，其次是光伏发电项目；按减排量计算，风电项目占比24%，排第二位，仅次于占比25%的水电项目；成交价格方面，截至2021年3月，全国八个碳排放权交易试点地区CCER的价格在20~30元/吨波动。根据以上情况进行测算，风电项目通过出售CCER，风电场每上网一度电可增收0.025元，可以每年贡献4%~7%的收入。

如果全国碳排放配额价格在50~60元/吨，CCER价格为配额价格的30%~40%，CCER重启后的价格区间可能在15~24元/吨。一个100兆瓦的新建风电场，每年产生的CCER减排量约16万吨，则每年产生的CCER收益在200万元左右。风电项目的运营期一般为20年，该项目产生的CCER总收益为4000万元左右。

[①] 内蒙古辉腾锡勒风电场由项目业主龙源电力所属甘肃新安风力发电有限公司所有。
[②] 风电CCER占比最高，意味着风电的潜在项目数量相对较多，也说明风电项目CCER开发的相关技术非常成熟。

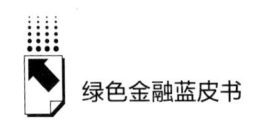

虽然我国CCER体系从2017年3月以来一直处于暂停状态,但是全国碳排放权交易市场会适时引入CCER体系作为抵消机制。尽管如此,风电项目可能不再开发和供应CCER。因为CCER开发要求项目符合现行CCER方法学的减排额外性论证要求,但是,风电从补贴时代进入平价上网时代,意味着风电项目基本上已经能够保证其收益率,不再满足项目减排的额外性,因此,风电CCER将有很大的不确定性。

2. CCER质押贷款

目前,碳排放权质(抵)押融资在国内市场的落地相对较多。碳排放权质(抵)押融资是指控排企业将碳排放权作为质(抵)押物进行融资,企业以自有的碳排放配额或CCER为质押担保,将质押标的转移给银行,向银行获取质押贷款的融资方式。到期之后企业还本付息,质押标的还给质押方,如果到期不能还本付息,质押标的就可以由银行处置。

从国内实践看,2014年9月湖北宜化集团利用自有400万吨碳排放配额中的一部分作为质押担保,获得4000万元流动资金贷款,为期一年,交易价格由兴业银行武汉分行、湖北宜化集团和湖北碳排放权交易中心根据湖北碳市场截至2021年8月底以来每个交易日收盘价加权平均计算后确定,这是全国首单碳排放权质押贷款项目。全国首单风电CCER质押贷款为上海银行提供给上海宝碳新能源环保科技有限公司的数十万吨CCER质押贷款,贷款额度500万元。

2021年以来,金融机构和企业逐渐认识到了碳配额的资产属性,围绕CCER的碳金融实践也逐步丰富。2021年5月,中国海油所属中海信托与中国海油所属海油发展举行签约仪式,双方共同宣布全国首单以CCER为基础资产的碳中和服务信托"中海蔚蓝CCER碳中和服务信托"成立。该信托的交易结构为海油发展将其持有的CCER作为信托基础资产,交由中海信托设立财产权信托,再将其取得的信托收益权通过信托公司转让信托份额的形式募集资金,最终将募集资金全部投入绿色环保、节能减排产业。同期,浦发银行也携手上海环境能源交易所、申能碳科技有限公司共同完成长三角地区首单碳排放配额(SHEA)和CCER组合质押融资,为企业绿色融资拓宽了渠道。

3. 碳债券

2014年5月12日,中广核风电有限公司在银行间交易商市场发行我国首单碳债券[①]——10亿元中广核风电附加碳收益中期票据,发行期限为5年,发行规模为10亿元人民币,利率由固定利率和浮动利率共同构成,由浦发银行和国开行承销。浮动利率收益来源于中广核下属的5个风电场在票据存续期内获签发的CCER交易收益。

中广核风电附加碳收益中期票据虽然以碳信用的交易收益作为部分债券利息支付的资金来源,但是债券的发行主要还是依附于发行主体中广核风电有限公司的经营财务状况与公司信用,并没有以碳资产或碳资产收益作为债权主体。碳信用的收益虽然仅支付浮动利息,但是中广核的附加碳收益使发行利率较同期限同级信用债低46个基点,确实降低了企业的融资成本,起到了以碳资产为融资增信手段的作用。

4. 碳基金

碳基金是近几年风电行业应用比较普遍的碳金融工具。2020年8月31日,阳江海上风电产业发展基金在中国证券投资基金业协会完成备案,基金首期规模为19.87亿元,期限12年,基金将助推阳江风电产业集聚发展。2021年7月,嘉泽新能同中车基金、开弦资本、中车资本、山东电建共同投资设立私募投资基金——风能开发产业基金(宁夏)合伙企业(有限合伙),目标认缴金额为16亿元,首期出资总额500万元,基金主要用于风力发电项目的投资。

5. 碳资产支持证券

2021年3月,国网英大集团子公司英大信托与国网国际融资租赁有限公司发行了国内首单绿色"碳中和"资产支持商业票据(ABCP),募集资金将全部用于风电、水电和光伏等清洁能源项目,具有显著的环境和社会效

---

① 碳债券是绿色债券的一种,主要是指以碳资产或碳资产收益作为债券还本付息的担保或资金来源,或者将所募资金用于碳减排项目活动的债券。

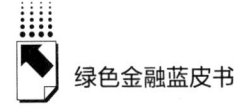

益。该碳资产支持证券被授予绿色债券 G-1 的最高等级，产品由上海银行、南京银行和中国银行联合承销。国网英大集团是国家电网公司的金融服务机构，此次碳资产支持证券的成功发行也是国家电网公司在风力发电行业的积极探索。

6. 电费收费权质押

风电场的建设具有较大的资金需求，开发商通常会采用银行贷款、融资租赁、承包方垫资等多种方式进行融资。除了风电项目公司股权质押、风电设备抵押、股东担保等融资增信措施之外，开发商也有意愿将风电项目建成且并网发电后，对电网企业或者直接供电的购电方出售电力，从而将未来产生的电费收费权质押给金融机构（商业银行、融资租赁公司等）或者风电场 EPC 承包方等垫资机构，以担保开发商对风电项目债务的履行。

产融结合篇
Combination Between Industry and Finance

B.7 中国主要风电企业绿色金融实践

米文通[*]

摘　要： 国内风电行业企业数量众多，考虑到数据可得性，本报告从上市公司中分别按照产业链上、中、下游选取10家原材料及零部件商、5家风电整机制造商、5家下游风电场投资运营商作为主要研究对象，对我国风电行业企业的绿色金融实践进行梳理总结。研究发现风电行业企业绿色金融实践具有以下三个特征：以银行信贷为主导，多元化融资渠道不断拓宽；上游企业融资方式相对单一，中下游企业融资方式相对多元；环境权益交易参与度不高。

关键词： 风电产业链　绿色金融工具　企业融资

一　引言

从产业链角度看，风电行业企业包括上游原材料及零部件商、中游风电

---

[*] 米文通，硕士，郑州航空工业管理学院副教授，研究领域为绿色金融。

整机制造商和下游风电场投资运营商。而风机的核心零部件包括叶片、齿轮箱、发电机、铸件、变流器、塔筒、电缆、法兰、轴承、轮毂等，与此相关的材料有碳纤维、玻璃纤维和夹层系统等，这些零部件和材料的生产专业性要求较高，目前国内企业技术较为成熟，这些厂商整体平均规模相对产业链其他部分企业的规模较小，数量相对较多。本报告具体选择天顺风能、新强联、大金重工、日月股份、海力风电、金雷股份、双一科技、中材科技、禾望电气、湘电股份10家上市企业作为分析对象，对风电行业原材料及零部件企业2021年绿色金融实践进行分析。

风电整机制造处于行业中游，根据彭博新能源财经发布的2021年主要风电整机制造商新增吊装容量及市场份额数据（详细情况见表1），行业呈现较高的市场集中度，国内主要由金风科技、远景能源、运达股份、明阳智能、电气风电、东方电气等企业主导。由于部分企业没有上市或其他原因，所以相关数据较难获取，因此本报告具体选择金风科技、明阳智能、运达股份、电气风电、东方电气5家上市公司作为分析对象，对风电行业整机制造商2021年绿色金融实践进行分析。

表1　2021年主要风电整机制造商新增吊装容量及市场份额

排名	风电整机制造商	新增吊装容量（吉瓦）	国内市场份额（%）
1	金风科技	11.38	20
2	远景能源	7.81	14
3	运达股份	7.64	14
4	明阳智能	7.53	14
5	电气风电	5.18	9
6	东方电气	3.31	6
7	中国海装	3.27	6
8	三一重能	3.25	6
9	中车风电	3.00	5
10	联合动力	1.52	3

数据来源：《BNEF重磅发布 | 2021年中国风电整机制造商新增吊装容量排名》，腾讯网，https://new.qq.com/rain/a/20220309A03E9H00，2022年3月9日。

风电场投资运营商处于风电行业下游，具体可以分为以下三类。①在五大电力集团旗下经营风电业务板块的企业，包括国能投集团、大唐集团、华能集团、华电集团和国家电投集团。这些发电集团在进行电力投资时，需配备一定比例的风电等清洁能源，在风电市场中，该类企业占近50%的市场份额，但由于风电业务在集团经营中占比较小，其所从事的绿色金融活动对风电行业而言针对性不强。由于数据获得性原因，本报告仅选择龙源电力作为代表分析这类企业2021年的绿色金融实践。②其他大型国有综合性能源企业旗下的风电企业，代表企业包含三峡集团、中广核集团和华润集团等，该类企业同样在我国风电市场占据重要市场份额。③其他风电运营企业，主要包括部分民营企业和外资企业，代表企业包括协鑫集团旗下风电企业和嘉泽新能等，该类企业普遍规模相对较小。本报告具体选择龙源电力、节能风电、三峡能源、中闽能源、和嘉泽新能等5家企业作为分析对象，对风电场投资运营商2021年绿色金融实践进行分析。

二 风电行业上游原材料及零部件企业的绿色金融实践

（一）企业基本情况

1. 天顺风能

天顺风能（苏州）股份有限公司成立于2005年，主要业务包括：风塔及零部件的生产和销售，风电叶片及模具的生产和销售，风电场项目的开发投资、建设和运营业务以及智慧能源相关产品的研发、生产和销售。该公司是风塔细分领域的龙头企业，核心产品的产销量全球领先，其位于全球各地的风塔生产基地均为所在区域规模最大、生产效率最高的专业制造工厂之一，已形成较明显的规模优势以及对客户、供应商较高的议价能力，2019~2021年公司营业收入及风电项目营业收入情况如表2所示。

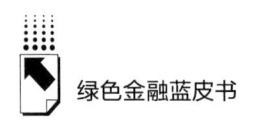

表 2　2019~2021年天顺风能营业收入及风电项目营业收入情况

单位：元，%

类别		2021年		2020年		2019年	
		金额	占营收比重	金额	占营收比重	金额	占营收比重
营业收入		8166053666.83	100	8051400182.58	100	5966849418.43	100
风电行业	风电设备	6958727183.63	85.22	7214033730.35	89.60	5294174159.77	88.73
	风力发电	1050506153.35	12.86	710091948.58	8.82	617296677.91	10.35
风电产品	风塔及相关产品	5177342542.92	63.40	5052733727.85	62.76	4542413031.37	76.13

数据来源：天顺风能2019年、2020年和2021年年度报告。

2. 大金重工

大金重工股份有限公司于2000年在辽宁阜新成立，是全国风电塔架行业第一家上市公司，2021年开始启动风电场投资建设，在建风电场30万千瓦，2021年还设立风电叶片设备生产制造公司，进军风电叶片制造业务。公司客户遍及30多个国家和地区，是全球风电巨头和电力开发商、建造商重要的合作伙伴，为金风科技、远景能源、上海电气、广东明阳、维斯塔斯、西门子歌美飒、GE等国内外知名主机供应商提供配套塔筒，与国家能源集团、国家电投、中广核、华能、华润、三峡新能源、华电、大唐、中国电建、中国能建、沃旭等国内国际大型电力投资公司建立了长期合作关系，处于全球风电装备制造产业第一梯队，也是全球风电行业内单体产能突出和制造能力领先的海上风电塔架和风电海工基础设备供应商。2019~2021年公司营业收入及风电项目营业收入情况如表3所示。

表 3　2019~2021年大金重工营业收入及风电项目营业收入情况

单位：元，%

类别	2021年		2020年		2019年	
	金额	占营收比重	金额	占营收比重	金额	占营收比重
营业收入	4431981035.44	100	3325417315.93	100	1687338341.00	100
风塔及相关产品	4358128697.41	98.33	3287066072.45	98.85	1664993160.59	98.68

数据来源：大金重工2019年、2020年和2021年年度报告。

3. 海力风电

江苏海力风电设备科技股份有限公司2021年11月在深圳证券交易所上市，公司主营业务为风电设备零部件的研发、生产和销售，主要产品包括风电塔筒、桩基及导管架等，产品涵盖2兆瓦至5兆瓦等市场主流规格产品以及6.45兆瓦、8兆瓦等大功率等级产品。风电塔筒和桩基是公司核心产品，2019年公司海上风电塔筒市场占有率[①]为25.69%，海上桩基市场占有率为23.03%。2020~2021年海力风电经营情况如表4所示。

表4 2020~2021年海力风电营业收入及风电项目营业收入情况

单位：元，%

类别		2021年		2020年	
		金额	占营收比重	金额	占营收比重
营业收入		5458269681.72	100	3928683633.72	100
风电行业	风电设备	5366204673.27	98.31	3874339559.60	98.62
风电产品	风电塔筒	1926989022.39	35.30	976371098.75	24.85
	桩基	3403619834.20	62.36	2892013126.11	73.62
	导管架	8129227.85	0.15		

数据来源：海力风电在创业板上市的招股说明书（注册稿）和2021年年度报告。

4. 双一科技

山东双一科技股份有限公司成立于2000年3月，于2017年8月8日在深圳证券交易所挂牌交易。

该公司主要产品为风电机舱罩类产品（产品规格涵盖750千瓦至7兆瓦级别）和大型非金属模具等，是一家集复合材料产品研发、设计、生产、销售和服务于一体的现代化高新技术企业，客户覆盖风电新能源领域、工程与农用机械领域等，已与维斯塔斯、金风科技、南车株洲时代、三一重工、中国中车、西门子歌美飒、卡特彼勒等全球知名企业建立长期稳定的业务合作关系，是国内有实力的复合材料制造商。2019年，世界风电整机市场份

---

① 市场占有率=公司当期销售产品对应装机容量/我国新增风电装机容量。

额排名前十的厂商均成为该公司客户，其中针对维斯塔斯、西门子歌美飒、金风科技三大客户的机舱罩销售额增加近两亿元，叶片模具业务的国内外销售额增加约1亿元。2019~2021年公司的经营情况如表5所示。

表5　2019~2021年双一科技营业收入及风电项目营业收入情况

单位：元，%

类别	2021年 金额	2021年 占营收比重	2020年 金额	2020年 占营收比重	2019年 金额	2019年 占营收比重
营业收入	1001623981.84	100	1391961973.95	100	827515391.91	100
风电配套类产品	492578088.56	49.18	720082282.15	51.73	493661593.20	59.66

数据来源：双一科技2019年、2020年和2021年年度报告。

5. 金雷股份

金雷科技股份公司原名"山东莱芜金雷风电科技股份有限公司"，成立于2006年3月，于2015年4月2日取得中国证监会许可，于2015年4月13日向社会公众公开发行新股，4月22日在深圳证券交易所正式挂牌交易。

金雷股份是一家以风力发电机主轴及各类大型铸锻件研发、生产和销售为对象的高新技术企业，长期经营风电主轴的市场开发和销售，凭借过硬的产品质量、稳定的供货能力、较高的供货效率、完善的售后服务等，与全球前十五名整机制造商中的大部分企业建立了长期稳定的合作关系，保持了较高的市场占有率。2019~2021年公司经营情况如表6所示。

表6　2019~2021年金雷股份营业收入及风电项目营业收入情况

单位：元，%

类别		2021年 金额	2021年 占营收比重	2020年 金额	2020年 占营收比重	2019年 金额	2019年 占营收比重
营业收入		1650839299.81	100	1476556394.27	100	1124000775.49	100
分行业	风电行业	1508217494.30	91.36	1383053711.20	93.67	947816508.72	84.33
分产品	风电主轴	1508217494.30	91.36	1383053711.20	93.67	947816508.72	84.33

数据来源：金雷股份2019年、2020年和2021年年度报告。

6. 日月股份

日月重工股份有限公司成立于 2007 年 12 月，主要经营大型重工装备铸件的研发、生产及销售，主要为风力发电、塑料机械、船舶动力以及加工中心等下游行业提供铸件产品配套。在风机大型化趋势日益明确的情况下，公司在 2019 年 9 月形成了年产 10 万吨大型化产品的铸造产能，2021 年第四季度再新增 8 万吨大型化产品产能，公司产品涵盖了大小风机全系产品。截至 2021 年 12 月 31 日，公司已经形成年产 48 万吨铸造产能规模，成为全球风电铸件和注塑机产品的主要供货商。2019~2021 年公司经营情况如表 7 所示。

表 7　2019~2021 年日月股份营业收入及风电项目营业收入情况

单位：万元，%

类别		2021 年		2020 年		2019 年	
		金额	占营收比重	金额	占营收比重	金额	占营收比重
营业收入		471207.83	100	511059.83	100	348583.04	100
分行业	风电行业	373970.25	79.36	445463.52	87.16	285676.81	81.95

数据来源：日月股份 2019 年、2020 年和 2021 年年度报告。

7. 新强联

洛阳新强联回转支承股份有限公司前身为洛阳新强联回转支承有限公司，于 2020 年 7 月 13 日在深圳证券交易所上市，经营大型高端回转支承的研发、生产和销售，产品包括风电主轴轴承、偏航轴承、变桨轴承、盾构机轴承及关键零部件、海工装备起重机回转支承等，主要用于港口机械海工装备、风力发电机组、盾构机等领域。公司顺应行业发展趋势，目前的风电轴承产品已主要集中在 3.0 兆瓦及以上型号，同时研制成功 5.5 兆瓦和 6.25 兆瓦等大兆瓦风电主轴产品，并开始向明阳智能批量供货。公司在风电国产替代领域中居于领先地位，是国内极少数可以向头部风电整机厂商批量供应风电主轴轴承的厂商之一。2019~2021 年公司经营情况如表 8 所示。

表8 2019~2021年新强联营业收入及风电项目营业收入情况

单位：元，%

类别		2021年		2020年		2019年	
		金额	占营收比重	金额	占营收比重	金额	占营收比重
营业收入		2476874367.22	100	2064401044.11	100	643096990.35	100
分产品	风电类产品	2128193675.10	85.92	1820970129.33	88.21	337137401.46	52.42

数据来源：新强联2019年、2020年和2021年年度报告。

8. 湘电股份

湘潭电机股份有限公司于1999年12月26日成立，2002年7月18日获准在上海证券交易所上市发行普通股股票，实际控制人是湖南省人民政府国有资产监督管理委员会。公司聚焦"三电"（电磁能+电机+电控）主业，是我国电工行业综合技术优势和产品配套能力最强的公司之一，也是国内高效电机推广型号最多、覆盖范围最广的公司（自2010年以来推广量一直稳居行业首位），综合竞争力、品牌影响力处于国内第一梯队，2021年公司主导产品大中型交流电动机市场占有率在行业排名第四。在风电领域，湘电股份是国内最先自主研发大型风电装备的公司，拥有领先的永磁直驱风力发电机组技术，在6兆瓦及以下直驱、半直驱、双馈风力发电机以及风电变频器、风电辅机等配套市场推广上位于行业前列。2019~2021年公司经营情况如表9所示。

表9 2019~2021年湘电股份营业收入及风电项目营业收入情况

单位：元，%

类别	2021年		2020年		2019年	
	金额	占营收比重	金额	占营收比重	金额	占营收比重
营业收入	4025571291.10	100	4696458290.29	100	5204770101.47	100
分行业	2593125989.18（电机）	64.42	2870542222.38（风力发电系统）	61.12		
分产品					2039011450.82（风力发电）	39.18

数据来源：湘电股份2019年、2020年和2021年年度报告。

为改善经营状况、聚焦主业、优化产业结构，经公司董事会审议、湖南省国资委批复以及公司股东大会批准，湘电股份在湖南省联合产权交易所挂牌转让湘电风能100%的股权，并于2020年6月29日被湖南兴湘资产经营有限公司以924258988元的价格顺利摘牌；7月30日，湘电风能完成工商登记变更手续，再加上风力发电机销量减少，公司2021年营业收入有所下降。

9. 中材科技

中材科技股份有限公司是经原国家经济贸易委员会批准，由原中国中材集团公司作为主发起人，于2001年12月28日设立的股份制企业，并于2006年11月20日在深圳证券交易所上市。公司全资子公司中材叶片是专业的风电叶片设计、研发、制造和服务提供商，坚持以技术创新为先导，目前具备年产10吉瓦以上风电叶片生产能力，产品覆盖中国、美国、加拿大、巴拿马、巴西、阿根廷、智利等23个国家和地区。2019~2021年中材科技经营情况如表10所示。

表10　2019~2021年中材科技营业收入及风电项目营业收入情况

单位：元，%

类别		2021年		2020年		2019年	
		金额	占营收比重	金额	占营收比重	金额	占营收比重
营业收入		20295390922.54	100	18865160177.74	100	13590466951.30	100
分产品	风电叶片	6976131121.59	32.48	8977453284.70	45.67	5039027841.90	35.33

数据来源：中材科技2019年、2020年和2021年年度报告。

10. 禾望电气

深圳市禾望电气股份有限公司于2007年4月20日在深圳市登记注册，公司专注于新能源和电气传动产品的研发、生产、销售和服务，主要产品包括风力发电产品、光伏发电产品、电气传动产品等，拥有完整的大功率电力电子装置及监控系统的自主研发实力与测试平台。

在风力发电方面，风电变流器是公司目前最主要的风力发电类产品，公司从2009年开始实现风电变流器批量发货，技术实力经过多年积累已经达到了国内领先厂商的水平,产品广泛应用于我国东北、西北、华北、西南等风力资源较为集中区域的风电场,已与国内 10 多家整机厂商形成稳定的合作关系,主要产品包括 1.0 兆瓦~12.0 兆瓦全功率变流器、1.5 兆瓦~8.0 兆瓦双馈变流器、3.0 兆瓦~12.0 兆瓦低压三电平变流器、5.0 兆瓦~24.0 兆瓦中压三电平变流器以及多功能电网模拟装置、变桨控制系统、新能源场站能量管理系统等,市场占有率相对较高。2019~2021 年公司主要产品生产销售情况如表 11 所示。

表 11 2019~2021 年禾望电气主要产品生产销售情况

单位:台

产品	2021 年		2020 年		2019 年	
	生产量	销售量	生产量	销售量	生产量	销售量
风电变流器	3567	3484	4521	4175	2367	2036
光伏逆变器	49563	45544	10595	7778	4479	3633

数据来源:禾望电气 2019 年、2020 年和 2021 年年度报告。

(二)银行信贷融资

1. 天顺风能

2021 年 4 月,为满足生产经营和业务发展的需要,结合天顺风能及其控股子公司实际情况,天顺风能及其控股子公司拟向银行申请累计总金额不超过人民币 60 亿元的综合授信额度。2021 年 8 月 12 日,天顺风能(苏州)股份有限公司全资子公司苏州天顺复合材料科技有限公司向交通银行股份有限公司常熟分行申请授信,额度不超过 0.7 亿元人民币。天顺风能拟为本次授信事项提供连带责任保证担保,担保额度不超过 0.7 亿元人民币。

截至 2021 年 12 月 31 日,天顺风能短期借款余额为 2117451364.57 元,部分短期借款有:天顺风能为常熟叶片提供担保的 7000 元短期借款,为苏州新能源提供担保的 3.23 亿元短期借款,为苏州设备提供担保的 3.473 亿元短期借款。

长期借款余额为 2159724637.23 元，部分长期借款有：常熟叶片以期末价值为 6579.31 万元的土地使用权及土地上期末价值为 1.549272 亿元的建筑物作为抵押物，并由天顺风能提供担保取得的借款 1.46 亿元，未归还金额有 1.2 亿元；菏泽风塔以其所享有的电费收费权以及北京开发持有的公允价值为 3.62 亿元菏泽风塔 100%股权、期末价值为 940.09 万元的房屋建筑物、期末价值为 85006.06 万元的机器设备及期末价值为 1357.93 万元的土地使用权作为抵（质）押物，并由天顺风能提供保证，取得的借款 79057.75 万元，未归还金额有 70171.49 万元；苏州设备以子公司常熟叶片价值 3000 万元的 20%股权作为质押物为天顺风能提供担保，取得借款人民币 9000 万元，未归还金额有 7650 万元；天顺风能为苏州设备提供担保，取得借款人民币 5000 万元，同时为宜城电站提供担保，取得借款余额为人民币 2.63 亿元。

2. 大金重工

大金重工通过积极申请银行信贷来解决资金压力。2021 年 1 月 8 日，公司召开第四届董事会第二十五次会议，审议通过《关于向中信银行股份有限公司沈阳分行申请授信额度的议案》，同意公司向银行申请不超过人民币 1 亿元的授信额度，以满足公司业务发展需求，授信期限为 1 年。

2021 年 4 月 2 日，公司召开第四届董事会第三十次会议，审议通过《关于全资子公司以资产抵押向银行申请授信的议案》，同意全资子公司蓬莱大金海洋重工有限公司资产抵押，向中国银行股份有限公司蓬莱支行申请 1.35 亿元综合授信，以自有房地产及海域使用权［产权证编号：蓬国用（2012）第 0019 号、鲁（2017）蓬莱市不动产权第 0001022 号、鲁（2017）蓬莱市不动产权第 0001023 号、国海证 2012B37068400039 号］提供最高额抵押，抵押金额不超过 1.35 亿元。

2021 年 4 月 28 日，公司召开第四届董事会第三十二次会议，审议通过《关于向平安银行股份有限公司沈阳分行申请授信额度的议案》，同意公司申请不超过人民币 4 亿元的授信额度，其中敞口额度不超过人民币 1.8 亿元，授信期限为 1 年。

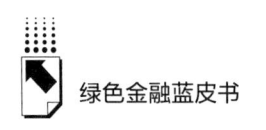

2021年8月10日，公司召开第四届董事会第三十九次会议，审议通过了《关于全资子公司为公司提供担保的议案》，同意蓬莱大金为公司向中国农业银行股份有限公司阜新分行申请不超过3亿元人民币综合授信额度，授信期限为1年。

2021年9月24日，大金重工发布公告，公司拟向交通银行股份有限公司阜新分行申请不超过人民币3亿元综合授信业务，敞口1.4亿元。业务品种包括但不限于开立电子银行承兑汇票、票据池业务，授信期限为1年。

2021年10月25日，大金重工发布公告，拟向中国光大银行股份有限公司沈阳皇姑支行申请不超过人民币8000万元综合授信业务，敞口8000万元，业务品种包括但不限于开立电子银行承兑汇票、保函业务，授信期限为1年。

2021年10月28日，大金重工发布公告，公司拟向兴业银行股份有限公司沈阳分行申请不超过人民币2亿元综合授信额度，其中敞口额度1亿元，授信期限为1年。

截至2021年12月31日，公司短期借款余额为222252381.31元，其中质押借款为4000万元，信用借款为182252381.31元；长期借款为零。

3. 海力风电

据不完全统计，截至2021年12月31日，公司正在履行的、合同金额在5000万元以上的授信合同如表12所示。

表12 海力风电部分正在履行的、合同金额在5000万元以上的授信合同

序号	授信对象	授信银行	授信额度（万元）	授信期限	担保方式	担保合同编号
1	海力风电	招商银行股份有限公司南通分行	5000	2021年2月18日至2022年2月8日	连带责任保证担保	513XY202100593401-6（共6份）
2	海灵重工	江苏如东农村商业银行股份有限公司	5000	2021年4月22日至2022年5月20日	连带责任保证担保	苏东农商高保字（2021）第0422163601号
					质押担保	东农商权质字（2021）第0422163601号

续表

序号	授信对象	授信银行	授信额度（万元）	授信期限	担保方式	担保合同编号
3	海力风电	南京银行股份有限公司南通分行如东支行	8000	2020年9月14日至2023年9月13日	连带责任保证担保	Ec157172010289992-9（共8份）
					抵押担保	Ec257172010289998-9（共2份）
					质押担保	东农商权质字（2020）第0811181801号
4	海灵滨海	中国民生银行股份有限公司	7500	2020年10月15日至2024年11月15日	连带责任保证担保	DB2000000078048、DB2000000078050、DB2000000079005、DB2000000079007、DB2000000079011
					抵押担保	DB2000000078054
					质押担保	DB2000000079013

数据来源：海力风电创业板上市招股说明书（注册稿）。

据不完全统计，截至2021年12月31日，公司正在履行的、合同金额在2000万元以上的借款合同如表13所示。

表13 海力风电部分正在履行的、合同金额在2000万元以上的借贷合同

序号	借款方	贷款方	贷款金额（万元）	借款期限	担保方式	担保合同编号
1	海力海上	江苏如东农村商业银行股份有限公司	3302	2018年12月17日至2022年6月20日	连带责任保证担保	苏东农商高保字[2018]第1217160701号
2	海力海上	江苏如东农村商业银行股份有限公司	2000	2019年5月16日至2025年10月29日	连带责任保证担保	苏东农商高保字[2019]第0516160701号
3	海灵滨海	中国民生银行股份有限公司	4500	2020年11月2日至2024年11月15日	连带责任保证担保、抵押担保、质押担保	DB2000000078048、DB2000000078050、DB2000000079005、DB2000000079007、DB2000000079011、DB2000000078054、DB2000000079013

续表

序号	借款方	贷款方	贷款金额（万元）	借款期限	担保方式	担保合同编号
4	海力风电	江苏如东农村商业银行股份有限公司	2000	2021年6月11日至2022年6月10日	连带责任保证担保	苏东农商高保字[2020]第0901181801号
					抵押担保	苏东农商高抵字[2020]第0901181801号
5	海力风电	江苏如东农村商业银行股份有限公司	2800	2021年6月8日至2022年6月7日	连带责任保证担保	苏东农商高保字[2020]第0117181801号
					抵押担保	苏东农商高抵字[2020]第0117181801号
6	海力风电	江苏如东农村商业银行股份有限公司	3000	2021年1月25日至2022年1月24日	连带责任保证担保	苏东农商保字[2021]第0125181801号
7	海力风电	交通银行股份有限公司南通分行	2500	2021年6月22日至2022年6月20日	连带责任保证担保	C210621GR7655306、C210621GR7655308、C210621GR7655318、C210621GR7655321、C210621GR7655322、C210621GR7655323
8	海灵重工	江苏如东农村商业银行股份有限公司	2000	2021年4月22日至2022年4月20日	连带责任保证担保	苏东农商高保字[2021]第0422163601号
9	海灵重工	江苏如东农村商业银行股份有限公司	2000	2021年4月25日至2022年4月24日	质押担保	苏东农商高质字[2021]第0422163601号

数据来源：海力风电创业板上市招股说明书（注册稿）。

截至2021年12月31日，海力风电短期借款余额为135181698.62元，长期借款余额为4500万元。

4. 日月股份

2020年12月3日，公司审议通过了《关于向金融机构申请综合授信的议案》，经过财务部门测算，公司及全资子公司宁波日星铸业有限公司（以下简称日星铸业)需向金融机构争取融资综合授信额度,具体合作银行及授信额度情况如表14所示。截至2021年12月31日,日月股份长期借款余额为零,短期借款余额为3.899亿元。

表14 日月股份2021年合作银行及授信额度情况

单位:万元

序号	银行名称	争取授信额	其中:公司授信额度	其中:日星铸业授信额度	授信担保方式
1	中国农业银行股份有限公司宁波分行	70000	30000	40000	信用
2	北京银行股份有限公司宁波分行	20000		20000	信用
3	宁波市鄞州农村商业银行股份有限公司	20000	10000	10000	信用
4	宁波银行股份有限公司	10000		10000	信用
5	交通银行股份有限公司宁波分行	30000		30000	信用
6	中信银行股份有限公司宁波分行	36000	18000	18000	信用
7	中国民生银行股份有限公司宁波分行	20000		20000	信用
8	中国招商银行股份有限公司宁波分行	52000	22000	30000	信用
9	中国进出口银行宁波分行	30000	12000	18000	信用
	合计	288000	92000	196000	

数据来源:日月股份发布的《关于向金融机构申请综合授信的议案》。

5. 新强联

2021年3月30日,新强联公告显示,为保障公司各项业务顺利开展,公司及其子公司拟在2021年度向金融机构申请不超过33亿元的综合融资授信额度,授信期限自公司年度股东大会审议通过之日起至2021年年度股东大会之日止。截至2021年12月31日,新强联长期借款余额为零,短期借款余额为549373420.83元,其中信用借款期末余额为4.04亿元;保证借款余额是1000万元,系本公司控股子公司洛阳豪智机械有限公司于2021年3月向中国银行股份有限公司洛阳分行申请的,根据《流动资金借款合同》(合同编号为LYH202101072号),此次借款以个人作为担保人、以个人房产

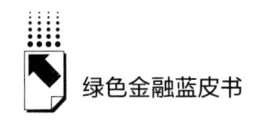

作为抵押；信用与保证借款余额500万元，系豪智机械于2021年9月向中国工商银行股份有限公司洛阳洛南支行申请的，此次借款以中原再担保集团股份有限公司作为担保人、以公司税务等级作为信用贷款的条件；其他借款期末余额1.3亿元，系贴现的未到期国内信用证。

6. 湘电股份

2021年3月15日，湘电股份公司董事会审议通过《关于公司2021年度银行授信额度的议案》，与多家金融机构洽谈后办理2021年度授信，授信总额度约为100亿元（含目前已有银行贷款的授信）。

2021年6月23日，湘电股份召开了第八届董事会第四次会议，审议并通过《关于湖南湘电动力有限公司2021年度银行授信额度的议案》，根据湖南湘电动力有限公司日常生产经营和发展的需要，同意其向银行等金融机构办理2021年度授信，授信总额度约为人民币10亿元。

截至2021年12月31日，公司短期借款余额为3135416333.33元（包括信用借款和短期借款应付利息），其中信用借款余额为31.32亿元；公司长期借款余额为495575638.44元（包括信用借款和长期借款应付利息），其中信用借款余额为4.95亿元。

7. 中材科技

2021年2月26日，公司召开第六届董事会第二十二次临时会议，表决通过《关于泰山玻纤向中国建材集团借款的议案》，全资子公司泰山玻璃纤维有限公司就其子公司泰山玻璃纤维邹城有限公司产业化建设项目拟向中国建材集团有限公司借款1.3亿元，借款期限为3年（自借款支付日起），到期后双方无异议自动续期3年，借款年利率为签署日全国银行间同业拆借中心最新发布的一年期贷款市场报价利率（LPR）下浮20个基点，即3.08%。

截至2021年12月31日，中国建材集团财务有限公司对中材科技股份有限公司的授信额度为人民币21亿元，未使用授信额度16.72亿元。银行借款授信额度为人民币3827486.09万元，尚未使用额度为人民币2600733.02万元，其中尚未使用的短期银行借款额度为人民币1947569.39万元。

截至 2021 年 12 月 31 日，公司短期借款余额为 1888320118.34 元，长期借款余额为 3370946098.31 元。

8. 禾望电气

2021 年 4 月 27 日公司召开第二届董事会第八次会议，审议通过《关于公司及子公司拟向银行申请综合授信的议案》，为满足公司发展需要及日常经营资金需求，降低融资成本，提高资金营运能力，公司及子公司 2021 年拟向包括但不限于中国银行、华夏银行、浦发银行、平安银行、广发银行、光大银行、兴业银行、宁波银行、华润银行、广州银行、上海银行等在内的多家银行和其他金融机构申请总额不超过 25 亿元人民币授信额度。

截至 2021 年 12 月 31 日，公司短期借款余额为 60062236.12 元，其中质押借款为 1000 万元，信用借款为 50062236.12 元；长期借款余额为 391799080.25 元，全部为质押保证借款。截至 2021 年 12 月 31 日，公司以浮动利率计息的银行借款为人民币 404670000 元。

（三）股票权益融资

1. 海力风电

2021 年 11 月 15 日，根据中国证券监督管理委员会《关于同意江苏海力风电设备科技股份有限公司首次公开发行股票注册的批复》（证监许可［2021］3102 号），公司首次公开发行人民币普通股 54348000 股，发行价格为每股 60.66 元，募集资金总额 3296749680 元，扣除相关发行费用（不含税）191447207.29 元，实际募集资金净额为人民币 3105302472.71 元。

2. 新强联

2021 年 6 月 1 日，公司收到证监会出具的《关于同意洛阳新强联回转支承股份有限公司向特定对象发行股票注册的批复》（证监许可［2021］1880 号），同意公司向特定对象发行股票募集资金的注册申请。2021 年 8 月，公司向 12 名特定对象发行人民币普通股 13746351 股，每股发行价格为人民币 106.21 元，实际募集资金净额为人民币 1450794231.27 元，主要用于 3.0 兆瓦及以上大功率风力发电主机配套轴承建设项目、研发中心建设项

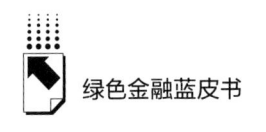

目及补充流动资金。

3. 湘电股份

2021年2月8日，公司以5.17元/股的价格，向兴湘集团定向发行209117575股，募集资金1081137862.75元，扣除发行费用15957207.45元后，募集资金净额为1065180655.30元。

4. 禾望电气

公司于2021年4月2日、2021年7月2日、2021年10月9日、2022年1月5日四次发布股票期权激励计划的自主行权结果暨股份变动公告，向激励对象定向增发的普通股票共有3012000股，募集资金总额为20769405元。

（四）融资租赁

1. 天顺风能

截至2021年12月31日，天顺风能租赁负债余额为134955989.85元，期初为零，租赁负债期末余额较期初余额大幅增长主要是由2021年开始实施的新租赁准则引起的。

处于履约期的租赁业务包括子公司哈密电站与中信金融租赁的租赁业务和鄄城电站与国银金融租赁股份有限公司的租赁业务等。子公司哈密电站与中信金融租赁分别于2015年7月31日、2015年12月16日签署总额为12亿元的融资租赁业务，根据两者签订的最高额抵押合同，此项租赁担保包括4项：哈密电站以土地和机器设备作为抵押物，以哈密电站建设的整装风电项目对相应的电费支付方合法有效享有的、在主合同期限内的全部电费应收账款债权出质，天顺风能及天顺风能的实际控制人严俊旭先生提供保证担保，上海天顺零碳实业发展有限公司以持有哈密电站100%的股权金额4亿元进行质押。

鄄城电站与国银金融租赁股份有限公司签订《融资租赁合同》，所涉项目为风电售后回租项目，合同租赁物为位于山东省菏泽市鄄城县的宣力新能源菏泽鄄城左营150兆瓦风电站设备资产，此次租赁担保包括4项：鄄城电站以位于山东省菏泽市鄄城县的宣力新能源菏泽鄄城左营150兆瓦风电站设备资产（包括风电机组、主变压器、高低压开关柜、接地电阻、GIS设备、变电站二次设备、送出线路等设备）为抵押物；以鄄城电站位于鄄城县的土地使用权（包括75块风机与1块升压站）为抵押物；鄄城电站以其山东省菏泽市鄄城县宣力新能源菏泽鄄城左营风电场项目电费收费权及其项下所有收益出质；北京开发以其持有鄄城电站100%的股权进行质押。

2. 大金重工

大金重工及其子公司积极利用租赁来解决资金问题。公司全资子公司北京金胤的间接全资子公司尚义金智作为承租人，以其名下设备、资产等作为租赁标的物，与中国电建集团租赁有限公司签订《融资租赁合同》，融资额度（本息合计）不超过4.5亿元，融资期限不超过12年。尚义金智新能源有限公司将其有权处分的"风电机组、塔筒、箱变"等设备设定抵押，设备总金额为25301.35万元，本年尚义金智风场设备投入8828.79万元；尚义金智新能源有限公司母公司张家口金胤新能源有限公司，将其所持有的尚义金智的100%股权，即3500万元全部出质给质权人，作为承租人履行其在主合同项下义务的担保；尚义金智新能源有限公司自愿提供自己现有及将有的有权处分的应收账款设定质押；公司为上述业务项下的全部债权提供不可撤销的连带责任担保。

公司自2021年1月1日起执行新租赁准则，根据修订后的准则，截至2021年12月31日，大金重工租赁负债余额为76385264.35元。

3. 海力风电

截至2021年12月31日，海力风电租赁负债余额为6342035.31元，主要是经营租赁，比如公司承租南通洋口环港投资开发有限公司位于如东县沿海经济开发区海上风电重装基地内的生产厂房、组装场地及配套码头，年租金2844.04万元，到期日为2022年9月30日；此外还承租南通龙腾机械有限责任公司的房屋建筑物1.19万平方米，用于公司塔筒内辅件的生产及加工；向佳鑫盛（南通）金属制品有限公司租赁房产0.15万平方米；子公司海灵重工向杰灵能源租赁房产面积2.92万平方米等。

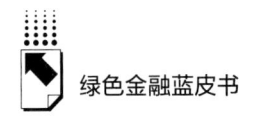

4. 其他企业

此外，另外有双一科技、日月股份、湘电股份、中材科技四家企业采用融资租赁进行融资，期末租赁负债余额见表15。

表15 四家代表企业2021年期末租赁负债情况

单位：元

序号	企业名称	期末租赁负债余额
1	双一科技	2880368.91
2	日月股份	1420000
3	湘电股份	71039293.29
4	中材科技	32809338.89

数据来源：各企业2021年年度报告。

（五）债券融资

2021年，10家代表企业中仅有中材科技采用发债方式融资。2021年3月10日，大公国际资信评估有限公司出具《中材科技股份有限公司2021年面向合格投资者公开发行可续期公司债（第一期）信用评级报告》，发行人的主体信用等级为AAA，评级展望稳定，"21中材01"债券的信用等级为AAA。

2021年3月19日，中材科技面向专业投资者公开发行10亿元公司债（第一期），到期日是2024年3月22日，利率为3.9%，每年付息一次，到期一次还本，最后一期利息随本金一起支付。

在非金融企业债务融资工具方面，2021年1月20日，在全国银行间债券市场发行中材科技股份有限公司2021年度第一期中期票据8亿元，起息日为2021年1月22日，到期日为2024年1月22日，利率为3.96%，每年付息一次，到期一次还本，最后一期利息随本金一起支付。

2021年8月12日，在全国银行间债券市场发行中材科技股份有限公司2021年度第二期中期票据10亿元，起息日为2021年8月16日，到期日为2024年8月16日，利率为3.28%，每年付息一次，到期一次还本，最后一期利息随本金一起支付。

2021年9月14日，在全国银行间债券市场发行中材科技股份有限公司2021年度第一期超短期融资券4亿元，起息日为2021年9月15日，到期日为2021年12月31日，利率为2.3%，到期一次性还本付息。

三 风电行业中游风电整机制造企业的绿色金融实践

（一）企业基本情况

1. 金风科技

新疆金风科技股份有限公司成立于2001年3月26日，在深圳证券交易所和香港联合交易所有限公司上市，是国内最早进入风力发电设备制造领域的企业之一，经营范围包括风机制造、风电服务、风电场投资与开发三大主营业务以及水务等其他业务。经过二十年发展，金风科技已成长为国内领军和全球领先的风电整体解决方案提供商。根据彭博新能源财经数据统计，金风科技2021年在国内新增装机容量达11.38吉瓦，国内市场份额为20%，连续十一年排名全国第一；全球新增装机容量12.04吉瓦，全球市场份额为12.14%，全球排名第二位。2019~2021年公司经营情况如表16所示。

表16 2019~2021年金风科技营业收入及风电项目营业收入情况

单位：元，%

类别		2021年		2020年		2019年	
		金额	占营收比重	金额	占营收比重	金额	占营收比重
营业收入		50570722658.79	100	56265105442.18	100	38244553924.01	100
分行业	风机及零部件	39932082275.48	78.96	46658568586.76	82.93	28869695160.45	75.49
	风电服务	4082036780.86	8.07	4433703256.83	7.88	3577646558.04	9.35
	风电场开发	5327104486.04	10.53	4018720481.41	7.14	4267113106.80	11.16

数据来源：金风科技2019年、2020年和2021年年度报告。

2. 明阳智能

明阳智慧能源集团股份公司成立于2006年，总部位于广东中山，前身为广东明阳风电产业集团有限公司，于2019年1月23日在上海证券交易所挂牌上市交易，主营业务范围包括大型风力发电机组及其核心部件的研发、生产、销售，风电场及光伏电站开发、投资、建设和智能运营管理。公司主要战略客户包括中广核、三峡、华能、国家电投、大唐、华电等大型国有电力集团，在全国各地共投资运营600多个风力发电场项目，产品远销至欧洲、非洲等地。公司是经广东省政府批准的第一批战略性新兴产业基地实施单位，是广东省实施海上风电产业集群建设的重点单位，也是国内风力发电行业产品品类最为齐全的企业之一。根据彭博新能源财经数据，该公司2021年在国内风电新增装机市场上的占有率为14%，同比提升4个百分点；在全球风电厂商中排第7位，在2021年全球新能源企业500强中居第18位。2019~2021年公司经营情况如表17所示。

表17 2019~2021年明阳智能营业收入及风电项目营业收入情况

单位：万元，%

类别		2021年		2020年		2019年	
		金额	占营收比重	金额	占营收比重	金额	占营收比重
营业收入		2715804.84	100	2245698.74	100	1049315.70	100
分行业	风机及相关配件	2524734.00	92.96	2094739.02	93.28	923761.01	88.03
	风电场发电	141018.79	5.19	99006.05	4.41	75419.13	7.19

数据来源：明阳智能2019年、2020年和2021年年度报告。

3. 运达股份

浙江运达风电股份有限公司是国内最早从事大型风力发电机组研究与制造的企业，前身是浙江省机电设计研究院风能研究所，是国内风电领域技术最先进的企业之一，于2019年4月26日在创业板首发上市，主营业务包括大型风力发电机组的研发、生产和销售，以及新能源电站的投资运营业务，产品主要为陆上 2.X 兆瓦、3.X 兆瓦、4.X 兆瓦、5.X 兆瓦和 6.X 兆瓦系列风电机组，以及 7 兆瓦、9 兆瓦系列海上风电机组。截至 2021 年 12 月 31 日，公司第一股东是浙江省机电集团有限公司，持股比例为 39.82%，实际控制人是浙江省国有资产监督管理委员会。2019~2021 年公司经营情况如表 18 所示。

表 18 2019~2021 年运达股份营业收入及风电项目营业收入情况

单位：元，%

类别		2021 年		2020 年		2019 年	
		金额	占营收比重	金额	占营收比重	金额	占营收比重
营业收入		16040656114.82	100	11477859987.36	100	5010260787.05	100
分行业	风电行业	16040656114.82	100	11477859987.36	100	5010260787.05	100
分产品	风电机组	15726292732.03	98.04	11339346454.89	98.79	4856433094.36	96.93

数据来源：运达股份 2019 年、2020 年和 2021 年年度报告。

4. 电气风电

上海电气风电集团股份有限公司成立于 2006 年 9 月 7 日，于 2021 年 5 月 19 日在上海证券交易所科创板上市，经营范围主要为风力发电设备设计、研发、制造、销售及售后市场配套服务，产品覆盖 1.25 兆瓦到 11 兆瓦全系列风电机组，产品主要应用于陆上和海上场景的风力发电，是国内最大的海上风电整机制造商与服务商。

根据《2019 年中国风电吊装容量统计简报》，2019 年全国新增装机容量排名前五的分别为金风科技、远景能源、明阳智能、运达风电和东方电气，前五家市场份额合计达到 73.4%。2019 年，公司新增装机容量 125.7 万千瓦，市场份额达到 4.7%，在全国排名第六；2018 年、2017 年市场份额分别为 5.4%、5.7%，排全国第五、第六位。根据彭博新能源财经数据，2019~2021 年公司在国内综合市场上的占有率分别为 6%、9%、9%，行业排名分别为第五名、第四名与第五名。2019~2021 年国内海上新增吊装市场占有率分别为 28.9%、39.0%、27.1%，行业排名多年居第一位，市场地位较为稳固。截至 2021 年 12 月 13 日，公司第一股东为上海电气集团股份有

限公司，持股比例为59.40%，实际控制人是上海市国有资产监督管理委员会。公司2021年的经营情况如表19所示。

表19 电气风电2021年营业收入及风电项目营业收入情况

单位：元，%

类别		金额	占营收比重
营业收入		23972182745.66	100
分行业	风电行业	23860652041.86	99.53
分产品	风机及零部件销售	23575977766.35	98.35
	风电配套工程	66964998.15	0.28

数据来源：电气风电2021年年度报告。

5. 东方电气

东方电气股份有限公司前身为东方电机股份有限公司，于1994年6月在香港联合交易所上市，于1995年10月在上海证券交易所上市。公司主要开发、设计、制造、销售先进的风电、太阳能、水电、核电、气电、火电等清洁高效能源电力成套设备，以及向全球能源运营商提供工程承包及服务等。东方电气是全球最大的发电设备研究开发制造基地，发电设备产量在全球连续多年名列前茅，拥有完整的能源装备研制体系，13兆瓦等级海上风电机组处于亚洲领先水平，2021年风电产品创造单机容量海上最大、单机容量陆上最大、装机海拔最高三个纪录。截至2021年12月31日，公司第一大股东为中国东方电气集团有限公司，持股比例为55.40%，实际控制人是国务院国有资产监督管理委员会。

2021年营业总收入478.19亿元，风电产业营业收入占比为26.4%。①

（二）银行信贷融资

1. 金风科技

2021年3月26日，公司召开第七届董事会第十六次会议，审议通过

---

① 数据来源于东方电气2021年年度报告。

《关于公司 2021 年度向金融机构申请授信额度的议案》，同意公司及控股子公司 2021 年向包括中国银行、兴业银行、国家开发银行、法国巴黎银行、澳大利亚国民银行、渣打银行、中国出口信用保险公司、德国商业银行等在内的 53 家国内外商业性、政策性银行和非银行金融机构，申请总额度不超过 1658 亿元人民币、期限为自本次董事会决议通过之日起至 2022 年审议本事项董事会之日的有效的综合授信。

2021 年 11 月，公司与云南国际信托有限公司签订《可续期信托贷款合同》，总额为人民币 10 亿元，借款到期后公司有权选择续展，且不受续展次数限制。初始借款利率为 5.50%，公司有权选择递延支付利息，每个贷款期限届满后的次日起，借款利率即应按照合同约定进行重置，且重置后的借款利率以最高 9.50% 为限。2021 年可续期信托贷款增加金额 10 亿元。

截至 2021 年 12 月 31 日，公司短期借款余额为 471519621.19 元，全部为信用借款；长期借款余额为 24373641822.92 元，包括公司若干下属风电场公司以货币资金、风电场建成后的电费收费权及项下全部收益形成的应收账款、应收款项为融资质押，并以风电场项目建成后形成的全部固定资产（包括在建工程、无形资产——土地使用权）为抵押的银行贷款等，截至 2021 年 12 月 31 日，公司长期借款利率区间为 1.20% 至 5.25%。

2. 明阳智能

公司于 2021 年 1 月 21 日发布公告，2021 年度拟向金融机构申请不超过人民币 590.88 亿元授信额度，其中：经营类授信额度为 466.50 亿元，申请对象包括中国工商银行、中信银行、国家开发银行、中国进出口银行、汇丰银行、北欧银行瑞典有限公司、北京银行、恒生银行、渣打银行、德意志银行等 25 家金融机构；2021 年新增项目融资 18 个，项目类授信额度为 124.38 亿元。截至 2021 年 12 月 31 日，公司短期借款余额为 98467646.02 元，长期借款余额为 3438748336.60 元。

3. 运达股份

截至 2021 年 12 月 31 日，公司短期借款余额为 74130000 元，长期借款

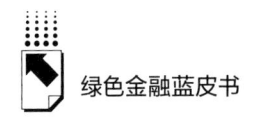

余额为 578606830.41 元，以浮动利率计息的银行借款为人民币 667756080.41 元。

4. 电气风电

截至 2021 年 12 月 31 日，公司短期借款余额为零，长期借款余额为 514126094.46 元，集团长期带息债务主要为人民币计价挂钩 LPR 的浮动利率担保借款，利率区间为 3.95% 至 4.75%，其中上海电气为公司子公司内蒙古白音新能源发电有限公司提供担保借款 105221942.90 元。

5. 东方电气

截至 2021 年 12 月 31 日，公司短期借款余额为 41830000 元，全部为信用借款，长期借款余额为 1565091967.96 元。这些全部为人民币计价的固定利率借款，其中银行借款为 898121967.96 元，其他借款及应付款 708964036 元。

（三）股票权益融资

1. 明阳智能

2021 年 5 月 12 日，公司召开第二届董事会第二十次会议，审议通过《关于向 2019 年限制性股票激励计划激励对象授予预留部分限制性股票的议案》，同意以 2021 年 5 月 12 日为授予日，向符合条件的 103 名激励对象授予限制性股票 549.8 万股，授予价格为每股人民币 8.28 元。

2021 年 10 月 26 日，经国家发展和改革委员会核准（发改办外资备〔2021〕873 号），公司实现了境外绿色债券注册，注册金额 2 亿美元。

2021 年 12 月 6 日，公司境外全资子公司明阳智能有限公司完成 2 亿美元 3 年期的境外绿色债券的发行定价，发行总额为 2 亿美元，到期日为 2024 年 12 月 14 日，票据期限 3 年，票面利率是 1.60%，付息方式为每半年付息一次、到期归还本金和最后一期利息，12 月 15 日获准在中华（澳门）金融资产交易股份有限公司上市及交易，扣除发行费用后的募集资金净额将用于内蒙古通辽"火风光储制研"一体化示范项目开鲁 60 万千瓦风电项目。

2. 运达股份

2021年4月27日,公司召开第四届董事会第二十次会议和第四届监事会第十八次会议,审议通过《关于向激励对象授予限制性股票的议案》,确定限制性股票的授予日为2021年4月27日,计划拟授予的限制性股票总数为851万股,实际发行786万股,激励对象为135人,限制性股票的授予价格为7.88元/股。

3. 电气风电

根据证监会文件《关于同意上海电气风电集团股份有限公司首次公开发行股票注册的批复》(证监许可[2021]926号),公司2021年5月7日在境内向社会公众首次公开发行人民币普通股股票533333400股,价格为5.44元/股,募集资金总额为2901333696元。

(四)融资租赁

2021年,5家代表企业均采用了融资租赁方式融资,期末租赁负债余额见表20。

表20 5家代表企业2021年期末租赁负债情况

单位:元

序号	企业名称	期末租赁负债余额
1	金风科技	2039736540.84
2	明阳智能	284538794.80
3	运达股份	80127374.07
4	电气风电	358983120.51
5	东方电气	126932623.7

数据来源:各企业2021年年度报告。

(五)资产证券化融资

2021年,5家代表企业中仅金风科技采用了资产证券化方式进行融

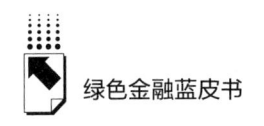

资。截至 2021 年 5 月 10 日，"国开证券-金风科技应收账款第 1 期绿色资产支持专项计划（专项用于碳中和）"下的优先级资产支持证券和次级资产支持证券已经得到全额认购。经过大信会计师事务所（特殊普通合伙）验资，该专项计划实际收到的参与资金为人民币 5 亿元，已经达到《国开证券-金风科技应收账款第 1 期绿色资产支持专项计划（专项用于碳中和）计划说明书》约定的专项计划资金规模，其中优先 A 级资产支持证券发行总额为人民币 4.75 亿元，票面年利率为 4.4%；次级资产支持证券发行总额为人民币 0.25 亿元。2021 年 5 月 21 日，该专项计划在上海证券交易所交易市场固定收益证券综合电子平台挂牌，并面向合格投资者中的机构投资者交易。

（六）基金模式融资

1. 金风科技

公司于 2021 年 2 月 1 日发布的公告显示，公司全资子公司金风投资控股有限公司作为有限合伙人，与普通合伙人澜溪（宁波）资产管理有限公司以及其他有限合伙人共同投资设立宁波澜溪创新股权投资合伙企业（有限合伙），并于 2021 年 1 月 28 日在中国证券投资基金业协会完成备案，基金管理人是澜溪（宁波）资产管理有限公司，各方认缴总额为 6.1 亿元，金风投资控股有限公司出资 5 亿元，占比为 81.97%。

2021 年 6 月 18 日，公司召开第七届董事会第十九次会议，审议通过《关于天润启航投资深圳市柏纳股权投资基金管理有限公司并参与出资设立柏纳启航新能源产业基金的议案》，同意全资子公司北京天润新能投资有限公司的全资子公司天润启航投资管理有限公司出资 400 万元收购深圳市柏纳股权投资基金管理有限公司 40%的股权。同时，天润启航作为有限合伙人与普通合伙人深圳柏纳、有限合伙人深圳市福田引导基金投资有限公司、深圳市柏纳创业投资合伙企业（有限合伙）以及其他有限合伙人共同出资设立深圳柏纳启航新能源产业基金（有限合伙），基金总规模为 10 亿元人民币，其中天润启航以自有资金拟认缴出资 4 亿元人民币。该基金管理人是深圳市柏纳股权投资基金管理有限公司，基金投资方向包括新能源、新材料、先进制造领域的非上市企业（项目），投资该领域的资金应不少于基金可投资金总额的60%，包括但不限于对绿电能源企业、风电电站、光伏电站及其他新能源产业链上下游企业的产业投资，以及互联网、新一代信息技术、生物、文化创意、节能环保以及高端装备制造等相关产业。

2. 电气风电

经第一届董事会第二次临时会议审议通过以及2019年年度股东大会批准，公司全资子公司上海之恒与关联方电气投资及第三方华能国际电力开发公司和天津华景顺启新能源科技发展有限公司共同设立华景上电一号（天津）股权投资基金合伙企业（有限合伙）和华景上电二号（天津）股权投资基金合伙企业（有限合伙）。两基金主要投资于以新建陆上风力发电为主的清洁能源项目，计划共290兆瓦，包括160兆瓦风电和130兆瓦光伏。两基金总认缴金额为40.025亿元，其中250万元由普通合伙人天津华景顺启新能源科技发展有限公司实缴，40亿元由有限合伙人电气投资、上海之恒和华能国际电力开发公司分别按照39.20%、9.80%和51.00%的出资比例认缴。根据项目投资进度，2021年7月9日上海之恒对两基金分别出资1315.94万元和877.30万元。

四 风电行业下游风电场投资运营企业的绿色金融实践

（一）企业基本情况

1. 龙源电力

龙源电力集团股份有限公司成立于1993年，2009年在香港主板上市，2022年1月登陆深交所主板，系国内首个H股回归A股的新能源发电央企。截至2021年12月31日，第一大股东为国家能源投资集团有限责任公司，持股比例为57.27%，实际控制人是国务院国有资产监督管理

委员会。

龙源电力长期代表国家从事新能源技术研究与开发，是国内最早开发风电的专业化公司。2019年12月，公司成为全球首家风电装机规模超2000万千瓦的新能源企业，目前在全国拥有300多个风电场，在风力发电行业的市场开拓、项目储备、规划设计、工程建设、物资采购、运营维护等关键环节积累了丰富的业务经验，营销网络辐射全国绝大部分区域。在风电领域充分发挥技术引领作用，开创低风速风电先河，在安徽来安建成国内首个大型低风速示范风电场；引领高海拔风电开发，在云南、贵州、西藏等地克服高寒缺氧等不利施工条件，建成一批平均海拔3000米以上的高海拔风电场；率先布局海上风电，建成亚洲最大海上风电场；紧抓设备治理，机组可靠性和发电效率稳步提升，2021年风电平均利用小时数为2366小时，比2020年提高127小时，风电平均利用小时数持续高于全国平均水平。截至2021年底，龙源电力各类电源控股装机容量达到2669.9万千瓦，其中风电控股装机容量2366.8万千瓦，连续保持全球第一[①]。2020~2021年公司经营情况如表21所示。

表21 2020~2021年龙源电力营业收入及风电项目营业收入情况

单位：亿元，%

类别	2021年 金额	2021年 占营收比重	2020年 金额	2020年 占营收比重
营业收入	371.95	100	286.67	100
风电分部营业收入	241.39	64.9	207.16	72.26

数据来源：龙源电力H股2020年和2021年年度报告。

2. 节能风电

中节能风力发电股份有限公司是中国节能环保集团有限公司和北京国投节能公司于2006年1月6日共同出资组建的，2014年9月在上海证券交易

---

① 数据来源于龙源电力H股2021年年度报告。

所挂牌上市，以风电运营为主要经营业务。公司先后成功中标并建设了河北张北单晶河 200 兆瓦风电特许权项目（国家第一个百万千瓦级风电基地启动项目）、甘肃玉门昌马 200 兆瓦风电特许权项目（国家第一个千万千瓦级风电基地启动项目），这两个项目在行业内具有示范意义。截至 2021 年 12 月 31 日，公司第一大股东是中国节能环保集团有限公司，持股比例为 47.92%，公司实际控制人是国务院国有资产监督管理委员会。2019~2021 年公司在全国风力发电行业的市场份额情况、经营情况分别如表 22 和表 23 所示。

表 22　2019~2021 年节能风电在全国风力发电行业的市场份额情况

年份	期末累计装机容量（兆瓦）	市场份额（%）	上网电量（亿千瓦时）	市场份额（%）
2021 年	5151.96	1.57	96.37	1.48
2020 年	4005.25	1.43	65.41	1.40
2019 年	3105.50	1.48	59.64	1.47

数据来源：节能风电 2021 年年度报告。

表 23　2019~2021 年节能风电营业收入及风电项目营业收入情况

单位：元，%

类别		2021 年		2020 年		2019 年	
		金额	占营收比重	金额	占营收比重	金额	占营收比重
营业收入		3538902531.89	100	2667213251.32	100	2487370654.42	100
分行业	风力发电	3522352741.38	99.53	2659465645.94	99.71	2479759954.34	99.69

数据来源：节能风电 2019 年、2020 年和 2021 年年度报告。

3. 三峡能源

中国三峡新能源（集团）股份有限公司围绕"风光三峡"和"海上风电引领者"目标，坚持规模和效益并重，实施差异化发展和成本领先战略，积极发展陆上风电、光伏发电，大力开发海上风电，深入推动以沙漠、戈壁、荒漠地区为重点的大型风光基地开发。截至 2021 年 12 月 31 日，公司第一大股东是中国长江三峡集团有限公司，持股比例为 49%，公司实际控

制人是国务院国有资产监督管理委员会。

2021年，公司新增装机容量729.98万千瓦，累计装机达到2289.63万千瓦。其中，风电累计装机容量达到1426.92万千瓦，占全国风力发电行业的4.34%，报告期内新增装机容量538.87万千瓦，占全国市场的11.33%；海上风电累计装机容量达到457.52万千瓦，占全国市场的17.34%，报告期内新增装机容量323.70万千瓦，占全国市场的19.15%，如表24所示。2021年度，公司实现营业收入154.84亿元，其中，风力发电业务营业收入100.68亿元，占比为65.03%[①]。

表24　2021年三峡能源风力发电市场份额情况

单位：万千瓦，%

电源类别	报告期内新增装机容量			期末累计装机容量		
	本公司	全国	市场份额	本公司	全国	市场份额
风电	538.87	4757	11.33	1426.92	32848	4.34
其中：海上风电	323.70	1690	19.15	457.52	2639	17.34

数据来源：三峡能源2021年年度报告。

4. 中闽能源

中闽能源股份有限公司系福建省投资开发集团有限责任公司控股的国有上市公司，于1998年5月在上海证券交易所上市，主要经营范围为新能源发电项目的投资开发及建设运营，业务包括风力发电、光伏发电、生物质发电三个板块。公司相继建成十余个陆上风电场和海上风电场，在福建沿海、新疆、黑龙江等区域储备了一批风光电资源项目。截至2021年12月31日，第一大股东为福建省投资开发集团有限责任公司，持股比例为64.14%，实际控制人是福建省国有资产监督管理委员会。2019~2021年企业经营情况如表25所示。

---

① 数据来源于三峡能源2021年年度报告。

表 25 2019~2021 年中闽能源营业收入及风电项目营业收入情况

单位：亿元，%

类别		2021 年		2020 年		2019 年	
		金额	占营收比重	金额	占营收比重	金额	占营收比重
营业收入		15.33	100	12.52	100	5.81	100
分产品	风电	14.97	97.65	12.24	97.76	5.52	95.01

数据来源：中闽能源 2019 年、2020 年和 2021 年年度报告。

5. 嘉泽新能

宁夏嘉泽新能源股份有限公司专注于绿色能源开发，自 2021 年开始，公司在新能源发电业务的基础上，大力向新能源电站的开发建设—出售、新能源发电资产管理、新能源产业基金等新业务形态拓展，实现了从单一的发电业务板块，向发电、电站出售、发电资产管理和基金投资四大业务板块并重的经营模式转变。截至 2021 年 12 月 31 日，公司第一大股东为金元荣泰投资管理（宁夏）有限公司，持股比例为 24.05%。2019~2021 年公司经营情况如表 26 所示。

表 26 2019~2021 年嘉泽新能营业收入及风电项目营业收入情况

单位：亿元，%

类别	2021 年		2020 年		2019 年	
	金额	占营收比重	金额	占营收比重	金额	占营收比重
营业收入	14.23	100	10.12	100	11.16	100
其中：风力发电收入	13.30	93.46	9.40	92.89	10.47	93.82

数据来源：嘉泽新能 2019 年、2020 年和 2021 年年度报告。

（二）银行信贷融资

1. 龙源电力

截至 2021 年 12 月 31 日，公司短期借款余额为 17773817732.66 元，部

分短期借款以未来销售电力产生的应收电费收益权为质押获得。其中，与国家能源集团财务有限公司之间的短期借款余额为35.72亿元，长期借款余额为9.895亿元。

2. 节能风电

2021年3月8日，公司召开第四届董事会第二十七次会议，审议通过《关于审议公司向金融机构申请综合授信额度的议案》，拟向中国建设银行朝阳支行等9家金融机构申请总额不超过29.5亿元人民币的综合授信额度，向澳大利亚国民银行申请不超过3000万澳元的综合授信额度。2021年6月16日，公司召开第四届董事会第二十九次会议，审议通过《关于审议公司向金融机构申请综合授信额度的议案》，拟向招商银行申请总额不超过5亿元人民币的综合授信额度。截至2021年12月31日，公司合计短期借款余额为261078911.05元，长期借款余额为17741292097.14元，公司及子公司的部分贷款见表27。

表27 节能风电及其子公司银行贷款情况

序号	贷款主体	融资项目	贷款机构	贷款余额	借款条件
1	中节能（张北）风能有限公司	河北张北单晶河三期49.5兆瓦风电场项目	中国建设银行张北支行	0.65亿元	收费权担保
2	中节能港能风力发电（张北）有限公司	绿脑包一期项目	国家开发银行	1.2亿元	收费权担保
3	中节能（甘肃）风力发电有限公司	甘肃玉门昌马第三风电场20万千瓦风电项目	国家开发银行	3.79亿元	收费权担保
4	中节能（肃北）风力发电有限公司	甘肃肃北马鬃山第二风电场项目	国家开发银行	5.55亿元	收费权担保
5	中节能风力发电（新疆）有限公司	达坂城20万千瓦风电项目	贷款银团	4.14亿元	收费权担保
6	白石公司	白石风电场17.5万千瓦风电项目	贷款银团	2.044亿澳元	资产抵押、保证、股权质押

数据来源：节能风电2021年年度报告。

3. 三峡能源

截至 2021 年 12 月 31 日，公司短期借款余额为 5504191400 元，长期借款余额为 78035745510.74 元，其中以在售电协议中约定的应收账款中的电费收费权提供质押的借款余额为 53812153750.54 元，长期借款利率为 2.3%~6.0%。

4. 中闽能源

在国际贷款方面，中闽能源获得了金砖国家新开发银行的委托贷款。2017 年 9 月 3 日，中国与新开发银行签署关于福建省莆田平海湾海上风电项目的贷款协定（贷款号 16CN02），新开发银行通过委托贷款方式向中国提供了一笔贷款，贷款金额为人民币 20 亿元，贷款专用于福建莆田平海湾 246 兆瓦海上风电项目，贷款期限为 18 年（含宽限期 3 年），利率为 3MSHIBOR-3BP。

2017 年 12 月 4 日，财政部与福建省人民政府签署《财政部与福建省人民政府关于新开发银行贷款福建省莆田平海湾海上风电项目的转贷协议》，财政部将上述 20 亿元新开发银行贷款转贷给福建省人民政府。2018 年 1 月 26 日，根据《福建省财政厅与福建省投资开发集团有限责任公司关于新开发银行贷款福建省莆田平海湾海上风电项目的转贷协议》，福建省财政厅将上述 20 亿元新开发银行贷款转贷给投资集团。2018 年 5 月 8 日，投资集团与中闽海电签订了《关于新开发银行贷款福建省莆田平海湾海上风电项目的转贷协议》，投资集团将新开发银行提供的总额为人民币 20 亿元的贷款转贷给中闽海电，借款方式、期限与贷款协定（贷款号 16CN02）保持一致。截至 2021 年 12 月 31 日，2021 年度增加贷款 514302525.65 元，投资集团转贷给中闽海电的新开发银行借款本金余额为人民币 1857012374.71 元。

中闽能源子公司获得的政策性贷款情况如表 28 所示，中闽能源及其子公司获得的商业性银行贷款情况如表 29 所示。

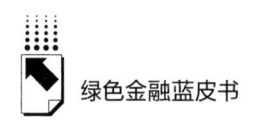

表 28　中闽能源子公司获得的政策性贷款情况

借款主体	贷款机构	贷款余额	贷款条件
中闽（平潭）风电有限公司	国家开发银行福建省分行	4550 万元	股东担保
福建中闽海上风电有限公司	国家开发银行福建省分行	15000 万元	收费权质押
中闽（平潭）新能源有限公司	国家开发银行福建省分行	36500 万元	收费权质押

注：时间截至 2021 年 12 月 31 日。
数据来源：中闽能源 2021 年年度报告。

表 29　中闽能源及其子公司获得的商业性银行贷款情况

借款主体	贷款机构	贷款余额	贷款条件
中闽（福清）风电有限公司	中国银行福清支行	12362.24 万元	设备抵押、收费权质押
中闽（福清）风电有限公司	中国工商银行福清支行	12027.63 万元	收费权质押
中闽能源股份有限公司	兴业银行福州温泉支行	9330 万元	子公司股权质押

注：时间截至 2021 年 12 月 31 日。
数据来源：中闽能源 2021 年年度报告。

截至 2021 年 12 月 31 日，公司全部短期借款余额为 310340511.11 元，长期借款余额为 2344175731.31 元。

5. 嘉泽新能

2021 年 4 月 27 日，公司第二届二十次董事会审议通过《关于公司及子公司向金融机构申请 2021 年度授信额度计划的议案》《关于公司 2021 年度为子公司提供担保额度的议案》，为满足公司生产经营和发展的需要，2021 年度公司及子公司拟向金融机构申请 48.5 亿元授信额度，均用于各自的风电项目建设。

2021 年 7 月 20 日，公司发布《关于新增公司 2021 年度为全资子公司提供担保额度的议案》，为满足公司生产经营和发展的需要，公司董事会同意兰考熙和风力发电有限公司（全资子公司）向金融机构申请新增人民币 2.5 亿元 2021 年度授信额度，兰考熙和 2021 年度授信额度增加至人民币 3.5 亿元，资金均用于风电项目建设。

2021 年 12 月 11 日，公司发布《关于新增公司 2021 年度为全资子公司提供担保额度的议案》，为满足公司生产经营和发展的需要，公司董事会同意苏尼特左旗巽嘉新能源科技有限公司（三级全资子公司）向金融机构申请新增 6000 万元 2021 年度授信额度，用于分散式风电项目建设；同意乌拉特中旗嘉能新能源有限公司（二级全资子公司）向金融机构申请新增 4 亿元 2021 年度授信额度，用于分散式风电项目建设。

截至 2021 年 12 月 31 日，公司短期借款余额为零，长期借款余额为 2272418824 元，长期借款全部为质押借款，嘉泽新能子公司 2021 年部分借款项目见表 30。

表 30　嘉泽新能子公司 2021 年部分贷款项目

借款主体	贷款机构	贷款余额	贷款条件
宁夏国博	国家开发银行	14.7 亿元	设备抵押、收费权质押
宁夏国博	国家开发银行	6.5 亿元	收费权质押、股东担保
宁夏国博	中国银行银川市兴庆支行	3.8152 亿元	收费权质押、机器设备抵押、股东担保
宁夏泽恺	中国银行银川市兴庆支行	2000 万元	母公司保证

注：时间截至 2021 年 12 月 31 日。
数据来源：嘉泽新能 2021 年年度报告。

（三）股票权益融资

2021 年，5 家代表企业中仅三峡能源运用股票权益融资。2021 年 5 月 31 日，根据证监会《关于核准中国三峡新能源（集团）股份有限公司首次公开发行股票的批复》，以每股价格 2.65 元向社会公开发行人民币普通股 85.71 亿股，募集资金总额为人民币 227.1315 亿元，实际募集资金净额为人民币 224.9963 亿元。

（四）融资租赁

2021 年，5 家代表企业均采用了融资租赁方式融资，期末租赁负债余额见表 31。

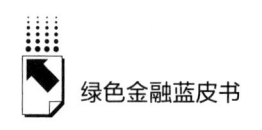

表31　5家代表企业2021年期末租赁负债情况

单位：元

序号	企业名称	期末租赁负债余额
1	龙源电力	652874582.75
2	节能风电	160163631.14
3	三峡能源	4089875082.85
4	中闽能源	4910796.60
5	嘉泽新能	902632559.21

数据来源：各企业2021年年度报告。

（五）集团财务公司融资

1. 龙源电力

公司与国家能源集团财务有限公司于2020年10月27日签署的《金融服务协议》，自2020年10月28日生效，有效期至2021年10月27日；于2021年10月27日续订的《金融服务协议》，自2021年10月28日生效，有效期至2022年10月27日。根据协议，龙源电力可向国家能源集团财务有限公司贷款的额度为220亿元，贷款利率范围为2.65%~4.30%，2021年公司合计贷款金额60.615亿元，期末余额为45.615亿元。

2. 节能风电

在集团财务公司授信方面，公司于2021年1月26日召开第四届董事会第二十五次会议，审议批准公司与中节能财务有限公司续签《金融服务协议》，续签的协议期限自公司股东大会审议批准之日起三年。协议有效期内，公司在财务公司的存款余额最高不超过公司总资产的30%；公司在财务公司的贷款余额最高不超过公司总资产的30%，即固定资产贷款授信额度为41.144亿元，流动资金贷款授信额度为5.1493亿元。截至2021年12月31日，中节能财务有限公司向公司提供贷款的余额为21.3683亿元，占公司总资产的比重为5.42%。

3. 三峡能源

2021年，公司与三峡财务有限责任公司签订《金融服务协议》，约定三峡财务向公司提供金融服务，授信额度为 100 亿元。报告期内，公司在三峡财务的实际贷款余额为 72.75 亿元，贷款日均规模 31.04 亿元，实际支付利息、手续费为 1.33 亿元。

（六）债券融资

1. 龙源电力

在非金融企业债务融资工具方面，龙源电力 2021 年在银行间债券市场发行二十六期超短期融资券，发行期限最短的是 17 天，最长的是 90 天，发行利率最低为 2.0%，最高为 2.60%，发行三期中期票据和两期绿色中期票据，详细情况如表 32 所示。

2021 年 3 月 30 日，在深圳证券交易所的大力支持下，"龙源电力可再生能源电价附加补贴 2 期绿色资产支持专项计划（专项用于碳中和）"成功发行，发行规模为 10.30 亿元人民币，是交易所市场首单"碳中和"资产证券化项目。本项目由龙源电力集团股份有限公司作为原始权益人，华泰证券（上海）资产管理有限公司担任管理人，华泰联合证券有限责任公司担任财务顾问，获得多家金融机构的踊跃认购。

表 32 龙源电力 2021 年度发行中期票据和绿色中期票据情况

债券名称	发行日	债券余额（元）	年利率（%）	还本付息方式
龙源电力集团股份有限公司 2021 年度第一期绿色中期票据（碳中和债）	2021-8-4	791000000	3.05	每年付息一次,到期一次还本
龙源电力集团股份有限公司 2021 年度第二期绿色中期票据	2021-12-2	2990000000	2.70	每年付息一次,到期一次还本
龙源电力集团股份有限公司 2021 年度第一期中期票据	2021-7-16	1000000000	3.20	每年付息一次,到期一次还本

续表

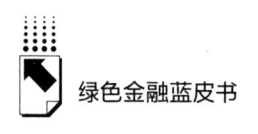

债券名称	发行日	债券余额（元）	年利率（%）	还本付息方式
龙源电力集团股份有限公司2021年度第二期中期票据	2021-8-18	2000000000	3.05	每年付息一次,到期一次还本
龙源电力集团股份有限公司2021年度第三期中期票据	2021-8-30	2000000000	3.47	每年付息一次,到期一次还本

数据来源：龙源电力2021年年度报告。

2. 节能风电

2021年6月21日，经证监会《关于核准中节能风力发电股份有限公司公开发行可转换公司债券的批复》（证监许可〔2021〕1770号）的核准，公开发行可转换公司债券3000万张，每张面值人民币100元，募集资金总额30亿元，募集资金净额共计人民币2996514150.96元，期限6年，并于2021年7月22日起在上海证券交易所挂牌交易，债券简称"节能转债"。

3. 三峡能源

公司发行3期绿色票据和1期中期票据，详细情况如表33所示。

表33 三峡能源2021年绿色票据和中期票据发行情况

名称	发行日期	发行利率（%）	发行金额（亿元）	交易场所
中国三峡新能源(集团)股份有限公司2021年度第二期绿色资产支持票据(碳中和债)	2021-12-27	3.48	8.85	银行间债券市场
中国三峡新能源(集团)股份有限公司2021年度第二期绿色中期票据(碳中和债)	2021-5-7	3.45	15	银行间债券市场

续表

名称	发行日期	发行利率（%）	发行金额（亿元）	交易场所
中国三峡新能源（集团）股份有限公司2021年度第一期绿色资产支持票据（碳中和债）	2021-3-29	3.97	11.15	银行间债券市场
中国三峡新能源（集团）股份有限公司2021年度第一期中期票据	2021-3-15	3.6	10	银行间债券市场

数据来源：三峡能源2021年年度报告。

（七）基金模式融资

1. 龙源电力

2021年10月，公司出资10亿元，与中国神华、国电电力、国能资本及国能基金管理公司共同出资60.01亿元人民币，设立北京国能绿色低碳发展投资基金（有限合伙），持股比例为16.66%，基金管理人是国能（北京）私募基金管理有限公司。目前北京国能绿色低碳发展投资基金（有限合伙）对外投资了隆回牛形山新能源有限公司等8家企业。

2. 嘉泽新能

2021年6月9日，公司召开第二届二十二次董事会，审议通过《关于与中车基金管理（北京）有限公司等共同设立风能开发产业基金的议案》。为寻求符合公司战略发展方向的投资机会和储备培育优质项目资源，公司与中车基金管理（北京）有限公司、开弦资本管理有限公司、中车资本控股有限公司、中国电建集团山东电力建设有限公司共同投资设立私募投资基金——风能开发产业基金（宁夏）合伙企业（有限合伙），基金原则上主要用于投资风力发电领域的项目。公司出资4.84亿元，为有限合伙人，中车基金管理（北京）有限公司、开弦资本管理有限公司为普通合伙人，中车基金管理（北京）有限公司为基金管理人，其他投资方均为有限合伙人。

风能开发产业基金（宁夏）合伙企业（有限合伙）目标认缴金额为16

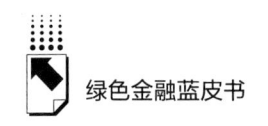

亿元人民币。首期出资总额为人民币500万元，各合伙人按照其认缴出资比例出资；后期出资按项目投资进度进行缴付出资。公司认缴出资4.84亿元，在风能开发产业基金（宁夏）合伙企业（有限合伙）中的合伙份额为30.25%，首期出资金额为人民币151.25万元。

2021年8月21日，公司发布公告，同上海嘉嵘（公司所属的一级全资子公司）、保利（天津）基金共同投资设立保新嘉泽（宁夏）新能源开发基金（有限合伙）。其中嘉泽新能为有限合伙人，保利（天津）基金和上海嘉嵘为普通合伙人，保利（天津）基金为基金管理人，负责合伙企业及其投资业务以及其他活动的管理、控制、运营、决策事宜。基金认缴出资总额为4200万元，其中嘉泽新能认缴4000万元，占比95.24%。

2021年8月21日，公司发布公告，为进一步开拓利润增长点、完善公司战略布局，上海嘉嵘与开弦资本管理有限公司共同设立了海南开弦私募基金管理有限公司，总注册资本为1000万元，上海嘉嵘出资510万元，占比51%。

2021年10月11日，公司发布公告，以自有资金出资5100万元与GLP China Holdings Limited（普洛斯中国控股有限公司）下属的Unity CMC Holdings Limited共同设立新能源私募基金管理有限公司。新能源基金公司注册资本1亿元，公司持股比例为51%，新能源基金公司的投资总额为人民币3亿元。

（八）碳排放权交易

1. 龙源电力

2021年1月，生态环境部印发《碳排放权交易管理办法（试行）》，建立全国碳排放权注册登记机构和全国碳排放权交易机构，制定碳排放配额总量确定与分配方案，并适时引入有偿分配机制。公司积极推进碳交易工作，7月16日，全国碳排放权交易市场在上海环境交易所正式开市，所属碳资产公司完成全国碳市场交易第一单碳配额交易，交易量25万吨。此外，5月26日，龙源电力所属南非公司完成国家能源集团海外项目首笔超20万吨碳交易，交易额 35 万美元，为南非首次大型可再生能源项目国际自愿减排交易。

2. 三峡能源

根据生态环境部 2020 年 12 月发布的《碳排放权交易管理办法（试行）》，符合 CCER 申请条件的新能源项目可以在产生绿色电力的同时，产生一定数量的碳减排量，并且公司可以通过销售碳减排量获取减排收益，用以补充新能源项目的现金流。2021 年，公司根据市场形势变化及时盘活和储备各类存量碳资产，取得碳减排销售收益超 4200 万元。

五　风电行业企业绿色金融实践的特征

（一）以银行信贷为主导，多元化融资渠道不断拓宽

从上游的原材料及零部件商到中游的风电整机制造商再到下游的风电场投资运营商，风电行业的融资渠道仍以银行信贷为主导。从参与风电产业链银行的类型来看，以国内的商业银行为主，同时还有政策性银行、国际性银行，部分信贷采用银团的形式。从风险管控模式来看，银行机构提供给风电行业的信贷资金较多附带额外的增信手段，包括发电收益权质押、设备抵押、母公司担保、母公司持有股权质押等。此外，风电行业企业也积极开拓多元化的融资渠道，在股票再融资、财务公司贷款、中期票据、超短期融资券、融资租赁、产业投资基金、资产支持证券等方面均有新的探索和尝试。

（二）上游企业融资方式相对单一，中下游企业融资方式相对多元

上游的原材料及零部件商所用金融工具比较单一，如天顺风能、新强联、大金重工、日月股份、海力风电、金雷股份、双一科技、中材科技、禾望电气和湘电股份 10 家企业 2021 年在资金借贷方面，主要通过银行等金融机构授信来融资，只有中材科技 1 家通过集团财务有限公司获得资金支持；在证券融资方面，海力风电通过发行新股募集资金，新强联、湘电股份和禾

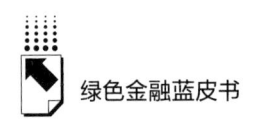

望电气通过增发募集资金,只有中材科技一家通过发行企业债券和票据来融资,没有一家企业从事产业基金活动。而下游风电场投资运营商的金融工具更丰富,如龙源电力、节能风电和三峡能源三家企业均获得集团财务公司资金支持,也通过证券市场发行债券和票据来融资,中闽能源还通过金砖国家新开发银行获得资金支持,嘉泽新能通过与合作伙伴成立基金来扩展业务。中游风电整机制造商对绿色金融工具的使用也较为充分,如新疆金风科技股份有限公司通过证券市场发行应收账款绿色资产支持证券募集资金,积极发展租赁业务和产业基金来扩展风电业务。

(三)环境权益交易参与度不高

目前与我国风电行业相关的主要是碳排放权交易市场中的国家核证自愿减排量(CCER)交易市场和绿色电力证书交易市场。风电行业正在积极探索以 CCER 为基础资产的质押融资,因我国尚未形成市场化的碳排放权定价机制、回购机制以及明确的抵(质)押率参考范围,该业务未在商业性金融机构大规模落地。

B.8
中国风电供应链金融市场分析

陈晓燕 高金山*

摘 要： 在风电行业中，风电整机制造企业处于供应链的核心位置。绿色供应链金融以核心企业的信用替代供应链上资金实力较弱企业的信用，重塑产业链上下游的资金及资源脉络，运用应收账款反向保理融资和订单融资为上游供应商解决资金周转问题，通过提供融资租赁等供应链金融服务帮助中小民营风电开发商突破融资约束。风电核心企业和金融机构提供的供应链金融服务，一方面促进核心企业风电设备的销售；另一方面促进风电全产业链协调发展，助力我国实现碳中和目标。

关键词： 供应链金融 反向保理 订单融资

风电作为一种绿色能源，是实现"碳达峰、碳中和"目标的重要举措。在风电行业中，风电整机制造商是供应链上的核心企业。对于资金实力弱、抵押担保品不足、银行融资边际成本高的众多上游供应商、设备制造商和中小风电场投资商来说，风电整机制造商提供的绿色供应链金融服务对其正常运营具有重要作用。① 核心企业运用应收账款反向保理融资和订单融资为上

---

* 陈晓燕，博士，郑州航空工业管理学院硕士研究生导师，研究领域为跨国公司和国际投资、绿色金融；高金山，博士，新疆金风科技股份有限公司副总裁，中国科学院大学经管学院研究生导师，新疆大学经济与管理学院校外实践教授，郑州航空工业管理学院兼职教授，研究领域为绿色金融。
① 高金山、顾磊、王颖：《碳中和背景下风电绿色金融政策与实践探索》，《电气时代》2022年第8期。

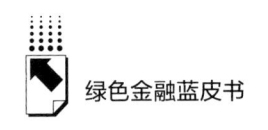

游供应商解决资金周转问题,通过提供融资租赁等供应链金融服务帮助中小民营风电开发商突破融资约束。本部分首先分析风电产业链的结构及风电行业的国内竞争格局,接着通过我国最大风电企业金风科技的供应链金融实践活动分析风电行业绿色供应链金融的实施模式。

一 风电行业全产业链

根据2022年全球风电理事会报告的数据,截至2021年底我国陆上风电总装机容量占全球的40%,海上风电总装机容量占全球的48%,远超过全球陆上风电总装机容量第二名美国(占全球17%)和全球海上风电总装机容量第二名英国(占全球22%)。这一方面体现了我国作为世界大国在全球碳减排领域的责任与担当,另一方面也是我国风电行业在近十多年国家政策扶持和引导下快速发展的结果。目前,我国已形成了完整的风电产业链。

风电产业链主要包括四大环节,从产业链的上游到下游分别是原材料生产、零部件制造、整机制造和风电场的开发、建设和运营(见图1)。

在风电场开发、建设和运营环节,经济主体主要涉及风电场开发商和运营商,以及运维服务和风电机组供应商、风电场施工建设商;整机制造环节的经济主体即风电整机制造商;零部件制造环节的经济主体为风电整机的零部件制造商;原材料生产环节的经济主体主要是原材料制造商,包括钢铁类、玻璃纤维、碳纤维、树脂、防腐漆、胶类等的制造商。

(一)风电开发/运营商

在中国,风电运营商主要分三类。第一类是大型中央电力集团,包括国家能源投资集团、中国华能集团、中国华电集团、中国大唐集团和国家电力投资集团。这五大电力集团本身主要从事火电或水电业务,并且专门设立新能源业务板块或子公司从事风电场和光伏项目等清洁能源开发,它们在风电市场占据近一半的份额。第二类是地方国有能源企业,主要包括国投电力、中广核、三峡集团、华润集团、中节能、中核集团,这六家国有发电集团在

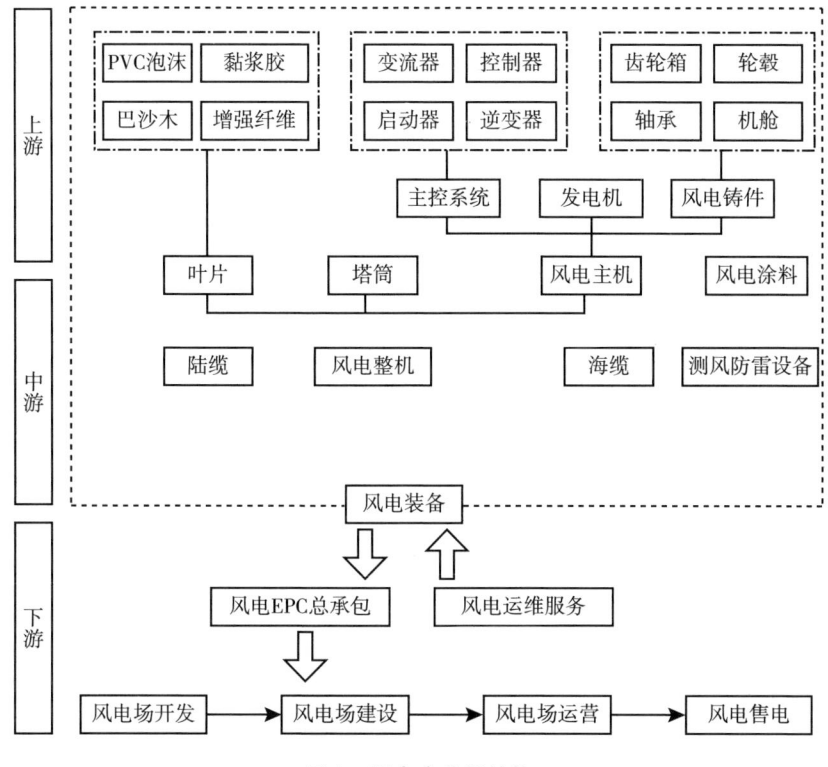

图 1 风电产业链结构

我国累计和新增市场中都占据一定的份额。这 11 家企业即通常所说的"五大六小"。第三类是民营风电企业,在我国风电产业发展的最初阶段,相对前两类企业,民营风电企业开发、运营的风电场项目较少,规模也较小。随着风机技术进步、成本下降和国家政策支持力度加大,我国风电行业快速发展,民营风电企业在市场中所占份额逐渐提高。全球其他国家的市场主体结构与我国的相类似,占主导地位的为国家电力或者能源集团,其他从事传统行业、资金实力雄厚的大型企业也是积极参与者。

2022 年 4 月,中国可再生能源学会风电专业委员会正式发布《2021 年中国风电吊装容量统计简报》。根据该简报,2021 年,我国有新增装机的风电开发企业 200 多家,前 15 家新增装机容量合计约 3837 万千瓦,占比达 68.6%(见表 1)。截至 2021 年底,前 15 家风电开发企业的累计装机容量

合计约2.5亿千瓦,合计占比73.5%(见表1)。这说明有更多的风电开发商和运营商进入,为风电行业带来更多的资金。

表1 2021年中国风电开发企业新增装机容量及累计装机容量和占比

单位:万千瓦,%

企业名称	新增装机容量	占比	排名	累计装机容量	占比	排名
国家电投	563	10.1	1	3221	9.3	3
华能集团	489	8.7	2	3244	9.4	2
三峡集团	445	8.0	3	1174	3.4	9
中广核	404	7.2	4	2060	6.0	6
中国电建	293	5.2	5	1194	3.5	8
国能投	270	4.8	6	4862	14.1	1
华电集团	253	4.5	7	2061	6.0	5
大唐集团	228	4.1	8	2608	7.6	4
华润集团	202	3.6	9	1601	4.6	7
天润新能	162	2.9	10	954	2.8	10
中节能	124	2.2	11	488	1.4	12
京能	123	2.2	12	456	1.3	13
粤电	112	2.0	13			
协合	86	1.5	14	438	1.3	14
特变电工	83	1.5	15	431	1.2	15
河北建投				594	1.7	11

数据来源:CWEA。

2021年,共有22家风电开发企业有海上风电新增装机,其中,前10家新增装机容量占比达到86.9%(见表2)。截至2021年底,海上风电开发企业共31家,其中,累计装机容量达到100万千瓦以上的共6家,分别为三峡集团、华能集团、国能投、国家电投、中广核和粤电,这6家企业海上风电累计装机容量占全部海上风电累计装机容量的72.6%(见表2)。

表2　2021年中国风电开发企业海上风电新增装机容量及累计海上风电装机容量和占比

单位：万千瓦，%

企业名称	新增装机容量	占比	排名	累计装机容量	占比	排名
三峡集团	279	19.3	1	431	17.00	1
华能集团	226	15.6	2	383	15.10	2
国家电投	202	14.0	3	313	12.30	4
中广核	160	11.0	4	235	9.30	5
国能投	114	7.9	5	358	14.10	3
粤电	81	5.6	6	121	4.80	6
浙能	67	4.6	7	70	2.80	7
华电集团	58	4.0	8	65	2.60	9
大唐集团	36	2.5	9	66	2.60	8
江苏国信	35	2.4	10	35	1.40	12
协鑫	34	2.3	11	35	1.40	11
洁源投资	26	1.8	12	31	1.20	15
海湾新能	21	1.5	13			
国能	21	1.5	14			
中节能	19	1.3	15	30	1.20	17
福能股份	18	1.2	16	32	1.20	14
苏交控股	17	1.2	17	30	1.20	19
福建投资	14	1.0	18	33	1.30	13
南方电网	8	0.6	19			
禾望电气	5	0.3	20			
东海风电	5	0.3	21			
天润新能	3	0.2	22			
国家电网				40	1.60	10
双创能源				31	1.20	16
河北建投				30	1.20	20
九思能源				30	1.20	18
其他				138	5.4	
合计	1449	1		2537	1	

数据来源：CWEA。

从表2可以发现，沿海省份逐渐有新的企业进入海上风电项目的开发建设和运营。这与我国优质陆上风能资源开发的内部收益率不高，以及海上风

电项目技术进步、成本下降有关。

我国广东、福建、浙江、江苏和上海不仅海上风能资源丰富,而且经济发展形势好,是我国电力负荷中心,具有风电资源供给与负荷需求高度匹配的消纳优势。同时,东南沿海地区电网结构坚强,为海上风电的接入提供了广阔的空间。由于海上风电具有不占用土地和消纳方便的特点,适用于大规模开发,所以我国东南沿海地区海上风电发展极具潜力。

(二)风电整机制造商

1.全球风电整机市场竞争格局

全球风电行业已有40多年的发展历史,风电技术和产业起源于丹麦,并在西欧地区率先发展壮大。[1] 目前全球领先的外资整机厂商和零部件制造商,多数为丹麦、中国或者德国企业(见表3)。我国风电产业起步于20世纪90年代,通过国家对风机技术引进、吸收和再创新的大力支持,以及风电项目和新能源电力交易的发展,我国已经形成了具有竞争力的风电全产业链。

2000年我国风电装机仅0.3吉瓦,2002年我国国产风电机组开始批量生产,2012年我国风电累计装机突破60吉瓦,中国成为世界第一风电大国。截至2021年底,中国陆上风电新增装机已连续12年保持全球第一,超过27吉瓦。国产整机尚未完全打开国际市场,主要依靠国内资金投资海外项目实现出口,中国风机企业在海外市场的占有率不足5%,同样外资厂商在中国的市场占有率也长期在8%以下。[2]

2021年全球新增装机容量达到99.2吉瓦,同比增长3%,创下历史新高。2021年,中国依旧是全球最大风电市场,新增装机47.57吉瓦,美国以13吉瓦的新增装机容量位居第二,两国共占超过2/3的市场份额。越南新增装机3.6吉瓦,首次跻身前三。

---

[1] 曹瑞天:《基于市场法的风电企业价值评估研究》,北京交通大学硕士学位论文,2021。
[2] 《风电产业深度报告:全球风电运营商和整机厂商市场格局》,乐晴智库,https://baijiahao.baidu.com/s?id=1658946576814967201&wfr=spider&for=p。

2022年3月,彭博新能源财经公布了全球风电整机制造商市场份额排名,维斯塔斯以15.20吉瓦的装机容量位居第一,金风科技以12.04吉瓦装机容量位居第二,西门子歌美飒上升两位位居第三。前三大风电整机制造商装机容量合计占全球市场的36%。第四至第十位分别是:远景能源、通用电气、运达股份、明阳智能、恩德能源、上海电气和东方电气,见表3。

表3　2021年全球前十大风电整机制造商简表

排名	企业名称	装机容量(吉瓦)	国家
1	维斯塔斯(Vestas)	15.20	丹麦
2	金风科技(GoldWind)	12.04	中国
3	西门子歌美飒(Siemens Gamesa)	8.64	德国、西班牙
4	远景能源(Envision)	8.46	中国
5	通用电气(GE)	8.30	美国
6	运达股份(Windey)	7.71	中国
7	明阳智能(Mingyang)	7.53	中国
8	恩德能源(Nordex)	6.80	德国
9	上海电气(Shanghai Electric)	5.34	中国
10	东方电气(Dongfang Electric)	3.37	中国

数据来源:彭博新能源财经。

2021年,中国向海外出口风电机组886台,容量为3268兆瓦,同比上涨175.2%,占全球新增装机容量的比重超3%。截至2021年底,中国风电整机制造企业已出口的风电机组共计3614台,累计容量达到9642兆瓦,约占全球累计装机容量(837吉瓦)的1.16%。截至2021年底,中国风电机组累计出口到42个国家,2021年新增4个国家。

虽然我国风电机组出口占比较小,但从2020年开始,出口步伐明显加快,目前已开辟了东南亚、欧洲、美洲、澳大利亚等国家和地区的风电市场。期待未来在全球市场上,能看到更多中国企业的身影。

2.国内主要风机市场竞争格局

根据《2021年中国风电吊装容量统计简报》,2021年,中国风电装机再创新高,全国(除港、澳、台地区外)新增装机15911台,容量5.6吉

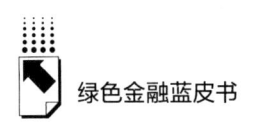

瓦，同比增长2.7%。我国累计装机超过17万台，容量超3.4亿千瓦，同比增长19.2%。

2021年，中国风电市场有新增装机的整机制造企业共17家，新增装机容量5593万千瓦，其中前10家市场份额合计为95.1%（见表4）。截至2021年底，前10家风电整机制造企业累计装机市场份额合计达到81.8%。其中，金风科技累计装机容量超过8吉瓦，占国内市场的23.4%；远景能源和明阳智能累计装机容量均超过3吉瓦，占比分别为11.1%和9.6%。

表4 我国2021年风电整机制造商新增装机容量与累计装机容量

单位：万千瓦，%

企业名称	新增装机容量	新增装机容量占比	排名	累计装机容量	累计装机容量占比	排名
金风科技	1138	20.3	1	8109	23.4	1
远景能源	815	14.6	2	3853	11.1	2
明阳智能	693	12.4	3	3320	9.6	3
运达股份	677	12.1	4	1857	5.4	7
电气风电	555	9.9	5	2273	6.6	5
中国海装	353	6.3	6	1668	4.8	9
中车风电	329	5.9	7	1201	3.5	10
三一重能	321	5.7	8	1044	3.0	12
东方电气	313	5.6	9	2060	5.9	6
联合动力	126	2.3	10	2322	6.7	4
哈电风能	68	1.2	11	1180	3.4	11
维斯塔斯	67	1.2	12	851	2.5	13
西门子歌美飒	57	1.0	13	630	1.8	14
许继风电	35	0.6	14	266	0.8	18
华锐风电	32	0.6	15	1709	4.9	8
通用电气	9	0.2	16	383	1.1	16
华仪风能	5	0.1	17	290	0.8	17
华创风能				495	1.4	15
航天万源				184	0.5	19
京城新能源				168	0.5	20
其他				802	2.3	
合计	5593	100		34665	100	

数据来源：CWEA。

陆上风电新增装机方面，2021年共有17家整机制造商有陆上风电新增装机，前五名分别是金风科技、远景能源、运达股份、中车风电和三一重能，其中三一重能首次冲进陆上前五。前5家新增装机容量占比达71%，前10家新增装机容量占比达93.7%。海上风电新增装机方面，2021年共有7家整机制造商有海上风电新增装机，装机前五名分别是电气风电、明阳智能、金风科技、中国海装和东方电气。

本报告统计了2016~2021年我国主要风机制造商在中国市场年度新增装机容量中的市场份额（见表5），结合近年来我国风电行业的发展情况[1]，以及2021年后我国风电行业进入风电平价时代的现状，我们认为在可持续发展的理念下，行业由政策驱动逐步转向市场驱动，市场集中度有可能逐步降低，也有可能逐步提高。市场集中度逐步降低是因为2016~2021年，国内风电整机厂商在市场竞争中不断兼并重组，加上行业规范性和管理效率提高，风电平价下市场竞争将更加激烈，风机制造业市场集中度降低是必然趋势。风机制造业市场集中度逐步提高的原因是，近三年来入围行业前十名的风机制造商基本稳定，各风机制造商已与上下游企业以及相关的金融、法律和会计等服务机构形成稳定的协作关系，这提高了供应链上各环节的核心竞争力，也提高了行业进入门槛。

表5　2016~2021年中国主要风电整机制造商在中国市场年度新增装机容量中的市场份额

单位：%

企业名称	2021年 市场份额	排名	2020年 市场份额	排名	2019年 市场份额	排名	2018年 市场份额	排名	2017年 市场份额	排名	2016年 市场份额	排名
金风科技	20.4	1	22.6	1	21.7	1	31.7	1	26.6	1	27.1	1
远景能源	14.6	2	16.8	2	17.3	2	19.8	2	15.4	2	8.6	2
明阳智能	12.4	3	10.1	3	7.6	6	12.4	3	12.5	3	8.4	3
运达股份	12.1	4	6.7	7	16.3	3	4.0	6	4.2	9	3.1	9

[1] 2016~2017年，弃风限电现象严重，装机容量同比下滑；2018~2019年，在政策引导下弃风现象缓解，装机增速回升；2020~2021年受"双碳"目标和国家对风电补贴退坡的影响，国内迎来抢装热潮。

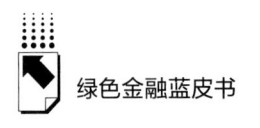

续表

企业名称	2021年 市场份额	排名	2020年 市场份额	排名	2019年 市场份额	排名	2018年 市场份额	排名	2017年 市场份额	排名	2016年 市场份额	排名
电气风电	9.9	5	8.5	4	3.2	9	5.4	5	5.7	7	7.4	6
中国海装	6.3	6	5.4	8	3.7	8	3.8	7	5.9	6		
中车风电	5.9	7	6.4	5	7.9	4	1.4	11			2.0	14
三一重能	5.7	8	5.6	7	7.7	5	1.2	14			2.4	11
东方电气	5.6	9	5.7	6	5.1	7	1.8	10	4.1	10	5.2	8
联合动力	2.2	10	3.7	9	3.0	10	5.9	4	6.7	5	8.2	4
维斯塔斯	1.2	12	2.1	10	1.6	11	2.6	9			2.2	12
哈电风能	1.2	11	1.3	12	1.3	13						
西门子歌美飒	1.0	13	0.7	14	1.4	12	1.3	13			2.1	13
许继风电	0.6	14	0.8	13	0.9	14					0.9	18
华锐风电	0.6	15	0.4	16	0.8	15					1.0	17
通用电气	0.2	16	1.9	11	0.2	16					0.9	19
华仪风能	0.1	17	0.4	17	0.1	17	1.1	15			0.8	20
太原重工			0.6	15							0.2	25
南京风电			0.4	18			1.4	12				
山东瑞其能			0.1	19							0.2	22
湘电风能							2.6	8	4.7	8	5.3	7
华创风能									3.7	11	3.1	10
重庆海装										4	7.8	5
京城新能源											1.3	15
久和能源											1.3	16
天地风能											0.3	21
航天万源											0.2	24
宁夏银星											0**	25
其他			-0.2*		0.2*		3.6		10.5		0	
合计	100		100		100		100		100		100	

注：*表示因数值计算中四舍五入而产生的误差值；**宁夏银星2016年实际装机容量1兆瓦，市场份额不足0.1%，故计为0。

数据来源：CWEA。

（三）风电零部件制造商

现代大型风电机组一般由6000多个零部件构成，风电机组根据大部件可划分为发电机、叶轮、轮毂、底座、电控系统、传动系统和叶片等。我国风电整机各部件的主制造商可分为上市公司、非上市公司和外资企业（见表6）。其中，非上市公司中的中小企业数量占比最高。

表6 风电零部件制造商（不完全统计）

零部件	制造商(上市公司)	制造商(非上市公司)	制造商(外资企业)
轮毂	大连重工、吉鑫科技	重庆重齿、一汽铸造、上海华高	
齿轮箱	大连重工、太原重工	东力传动、二重重装、杭齿前进、重庆重齿、天津汉森传动、广州高齿	通用电气(GE)、Flender、Winergy
轴承	金雷股份、通裕重工、新强联、天马股份、瓦轴B	大冶轴、新光圆成、齐重数控、西北轴承、洛阳轴承	斯凯孚、FAG、舍弗勒
发电机	东方电气	哈尔滨电机、株洲电机、永济电机、南京汽轮、淄博牵引电机、兰州电机、大连天元电机	Flender、Vestas、Suzlon、Flender、VEM
风电主机	金风科技、明阳智能、运达股份、东方电气、上海电气		
叶片	中材科技、明阳风电、时代新材、南风股份	鑫茂科技、中复连众、中航惠腾、国电动力、中能风电、中科宇能	LMWIND、VESTAS、ENERCON

（四）风电原材料制造商

风电原材料主要包括树脂、结构胶、夹层材料、增强纤维（玻璃纤维和碳纤维）和涂料，除此之外，风电场的建设还需要塔架（或塔筒）和电缆。我国风电市场上原材料主制造商可分为上市公司、非上市公司和外资企业（见表7）。

表7 我国风电市场上原材料主制造商（不完全统计）

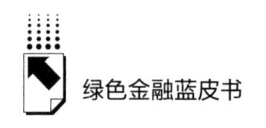

原材料	制造商(上市公司)	制造商(非上市公司)	制造商(外资企业)
玻璃纤维	中国巨石	九鼎新材料、泰山玻璃纤维	PPG工业、欧文斯科宁、AGY、JM
碳纤维	恒神股份、中复神鹰	吉林炭素、中恒新材料、兴科碳纤维、宁波台塑化工	美国氰特工业、三菱丽阳、德国西格里碳素集团、日本东邦
树脂	宏昌电子	巴陵石化、上纬企业、苏州圣杰、东汽树脂、常熟佳发	陶氏化学（DOM）、亨斯曼材料、德国拜耳、美国瀚森化工
夹层材料	天晟新材		Airex、DIAB、Gurit
结构胶	回天新材、康达新材、上纬新材		MPM、陶氏化学（DOM）、德国汉高（Henkel）、ITW、Momentive
涂料	甘肃电投	湘江涂料、永新股份、中远关西涂料、京能恒基	PPG工业、巴斯夫、拜耳、博格林（Bergolin）涂料、麦加（Mega）涂料、Mankiewicz
塔架	宝武钢铁、鞍钢股份、大金重工、天顺风能、内蒙一机、泰胜风能、金雷股份、酒钢集团	天能电力、烟台火焰山、安得利斯	
电缆	东方电缆、中天科技、亨通光电		

（五）我国风电产业发展与竞争趋势

根据我国风电行业年度装机容量，可将我国风电行业的发展史大致分为以下几个时期。①2008~2010年，跑马圈地的高速发展阶段；②2011~2013年，由电网建设滞后、并网消纳问题日益突出、设备安全事故频发、政策有所收紧等引起的洗牌调整阶段；③2014~2015年，发展模式转变，行业需求回暖；④2016~2017年，在弃风限电影响下，装机同比下滑；⑤2018~2019年，在政策引导下弃风现象缓解，装机增速回升；⑥2020~2021年，受"双碳"目标和国家对风电补贴退坡的影响，迎来抢装热潮；⑦2021年后我国风电行业进入风电平价时代。

风电平价使风电产业链下游的开发商和运营商承受的项目收益下降压力

和成本压力增大,这种压力逐步向产业链中游和上游转移,从而导致风机设备招标价格走低,倒逼产业链上游降低成本。风电产业的发展方向就是不断追求最低度电成本(LCOE),并且风电制造企业通过风机大型化和组件大尺寸化提高发电效率和降低成本。当前主流机型的单机容量已从 2 兆瓦级升至 3~4 兆瓦级,大容量机组在施工安装过程中,虽需要较高的投资,但是由于机组数量少,可以有效地降低风电场的建设成本,并在后期运营维护过程中减少故障点,降低运维成本和风电度电成本。

在风机大型化带来的成本降低趋势下,产业链上各环节的竞争格局与盈利能力出现分化。风电整机企业毛利率普遍低于零部件厂商毛利率,未来风机价格将进一步下降,同时整机成本降低的压力预计将向零部件厂商传导,成本管控能力较差的企业在竞争中将处于不利地位。随着风机技术逐步成熟,零部件环节企业不断取得技术突破,同时个别整机制造商不断提高自产比例以及通过与供应商签订合作协议、入股和供应链金融等方式不断增强自身的供应链控制能力,零部件环节的竞争将更加激烈。

二 中国风电行业绿色供应链金融发展情况

供应链金融打造了一种全新的金融服务理念,借助核心企业的资金、资源优势,重塑产业链上下游的资金及资源脉络,打通产业链上下游之间的"物流"、"信息流"以及"资金流",实现了产品从设计、生产、销售、售后服务等全生命周期的高效协同,增强了供应链各个环节企业发展的核心竞争力。[1]

(一)绿色供应链金融

绿色供应链金融是针对绿色产业或绿色项目的供应链链条上交易环节的融资需求,为供应链参与主体提供的票据融资、保理和信贷等一揽子综合金

---

[1] 刁叶光、任建标:《供应链金融下的反向保理模式研究》,《上海管理科学》2010 年第 1 期。

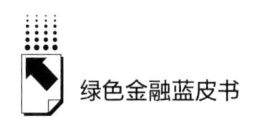

融解决方案。目前市场上最常见的绿色供应链金融服务主要有订单融资、商业保理和买方信贷（或融资租赁）等，主要解决绿色企业应收账款资金占用、收付票据期限错配和金额错配等问题。

现代大型风电机组一般由6000多个零部件构成，这决定了风电产业链的上游存在大量的原材料和零部件供应商。一家风电核心企业（即风机制造商）的上游供应商大概有1000多家，其中除了资金实力雄厚的上市公司，还有大量缺乏银行授信额度的中小企业。核心企业通常会与供应商签订合作协议，在协议期里核心企业向供应商预订原材料或零部件。在此期间，如果供应商有资金需求，核心企业将根据历史上与该供应商的交易情况以及对方的信用情况帮助其向金融机构（包括商业银行和核心企业的财务公司）申请一定的授信额度。在核心企业正式向供应商下订单后，供应商就可以立即组织相应的物料采购和零部件生产，资金紧张的中小供应商可以基于该订单向核心企业提出帮助申请信用额度的请求。因为订单的买方和付款方都是核心企业，与金融机构相比核心企业更了解整体的生产情况，这有助于金融机构掌控风险，以较低利率提供融资。除了订单融资，应收账款反向保理和核心企业为下游风电场开发商提供的融资租赁，均是风电绿色供应链金融的重要内容。

风电产业链上众多中小企业作为资金需求者，基于与供应链上下游经济主体的交易关系，借助核心企业的信用，通过存单、应收账款等方式向银行和核心企业的财务公司等金融机构进行低成本融资，可以解决因抵押物不足和风险承受能力差等因素而无法获取信贷额度的问题，缓解融资需求。同时，对商业银行等金融机构而言，绿色供应链金融降低了获取原始交易信息的难度，有利于放贷业务的开展。风电绿色供应链金融以核心企业为中心，能够有效地整合上下游企业的信用资源，增强风电产业链上所有企业的融资能力，解决风电领域的融资问题，促进产业链的延伸和升级，助力我国"碳达峰、碳中和"战略目标的实现。

（二）风电行业绿色供应链金融实践

金风科技是一家全球领先的清洁能源大型企业，拥有150多家子公司，业务遍及5大洲18个国家。该集团的主营业务是风机研发、制造和销售，以及风电场及智能微网设计、建设和运行维护，经营范围覆盖风电全产业链，上下游中小企业众多。其中，上游供应商1000多家，与金风科技合作方式为先供货后付款，从供货到收到货款平均需要9个月，这对上游供应商的资金占用比较高。在产业链的下游也有许多中小型民营风电场开发商，这些上下游中小型企业有一些共同特点——财务状况透明度不高，缺乏增信措施，很难获得银行的授信额度，营运资金周转困难。金风科技作为供应链上的核心企业，与集团财务公司成立"互联网+"供应链服务平台，向供应链上的企业提供应收账款反向保理融资和订单融资服务，帮助解决供应商的资金需求难题，并且向下游民营风电场开发商提供融资租赁服务，以带动风机销售，促进全产业链协调发展。[①] 本部分重点分析金风科技的绿色供应链金融实践，以期为我国风电行业绿色供应链金融发展提供参考。

1. 应收账款反向保理融资

应收账款反向保理融资的业务流程是：核心企业（金风科技与其子公司、分公司）与供应商签订订单，形成应收账款；供应商作为借款企业向银行或商业保理公司[②]申请保理融资；供应链服务平台"风能宝"向银行提供应收账款信息；核心企业向银行确认应付账款信息；银行审核后扣除利息进行放款；应收账款到期后银行从核心企业账户扣款（见图2）。

银行或商业保理公司以核心企业的信用代替上游中小企业的信用，为上游供应商提供保理融资服务。应收账款反向保理融资的这种信用替代机制，使风电绿色供应链金融具有四大优势：第一，保障供应链上游供应商日常运营的现金流，保持供应链双方的稳定、健康发展，增强核心企业的行业话语权，有利于供应链上下游企业建立持久稳定的战略合作关系；第二，应收账款反向保理融资对供应商来说，可以使应收账款出表，优化财务报表，加强应收账款

---

① 高金山、顾磊、王颖：《碳中和背景下风电绿色金融政策与实践探索》，《电气时代》2022年第8期。
② 受理业务的商业保理公司可能是金风科技的子公司，也可能是金风科技集团外的商业保理公司。

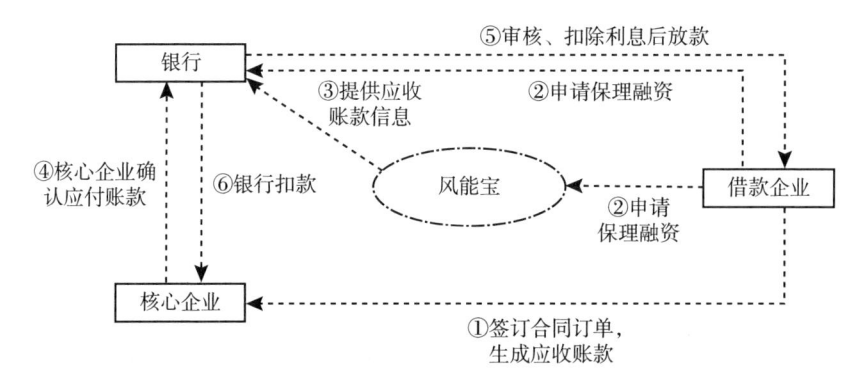

图2　应收账款反向保理融资业务模式

管理；第三，在解决供应商资金周转问题的同时，应收账款反向保理融资延长了核心企业的付款周期，帮助核心企业节约财务成本，提高资金利用效率；第四，应收账款反向保理融资吸引优质资金进入风电行业，促进产业发展。

基于以上优势，金风科技每年为供应商提供约50亿元的保理融资，截至2021年底，已累计上千次服务多家供应商，涉及央企、国企、上市公司和中小企业，合作金融机构包括国有股份制银行、城市商业银行和多家商业保理公司。

2. 订单融资

订单融资操作简便，具体业务流程是：核心企业与供应商签订合同订单；供应商作为借款企业向银行提出订单融资申请；供应链服务平台"风能宝"向银行提供两年订单信息；银行审核订单信息，向核心企业确认订单信息；银行审核后扣除利息进行放款；核心企业收到货物后，将订单金额打入专项账户；供应商偿还银行订单融资款（见图3）。

遵循"订单真实有效、锁定融资用途、业务全程监控"的原则，订单融资为风电产业链上游供应商在组织生产经营阶段提供融资。办理订单融资业务需满足的条件是：未进入合格供应商名录的供应商，需要有金风科技相关部门或单位重点推荐；已进入合格供应商名录的供应商，应与金风科技历史交易关系正常，无重大质量损失记录，企业信用评级在BBB（包含）以上。

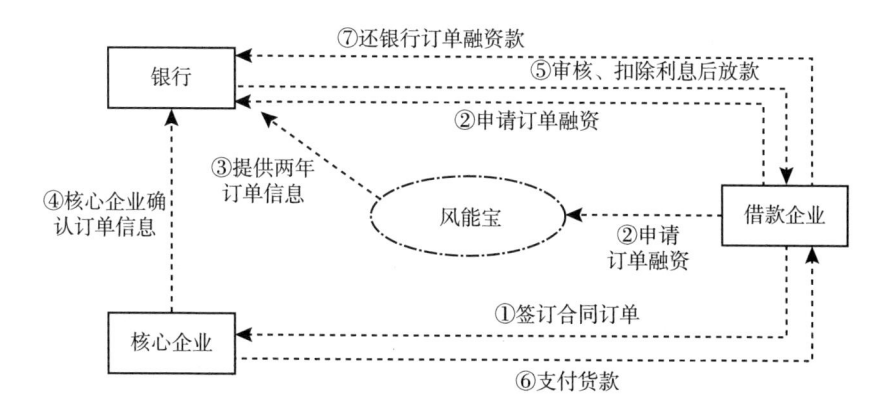

图3 订单融资业务模式

订单融资是以供应商与核心企业之间的历史订单信息为基础，基于供应商与核心企业之间的实际交易而建立的供应链金融服务方式。与传统融资方式相比，订单融资创立了风电行业的"互联网+金融机构+核心企业+产业链上下游"的"点对线"的线上绿色供应链金融服务模式。① 订单融资业务自2019年起，每年为产业链供应商提供超过5亿元的订单融资资金支持，截至2021年底累计放款约11亿元，业务涉及轴承、叶片、结构件等诸多部件的供应商。

订单融资的优势在于：第一，商业银行接受程度高、融资比例高，解决了供应商生产备货的融资需求，为保供货、拓产能提供了资金支持；第二，节约了各方的时间、人力、物力、财力；第三，订单融资以订单签约双方交易信息真实、合理、合法、有效为基础，融资风险可控，融资成本低。

3. 融资租赁

我国风电项目开发中，三分之一强的项目业主是民营企业。民营客户是各风电主机制造商的争夺对象。风电项目在开发建设期投资大，例如一个50兆瓦装机规模的风电场总投资约为3.5亿~4亿元，自有资金与外部融资的比例一般为2∶8。由于民营企业本身的信用评级不高，并且缺乏稳定的

---

① 高金山、董纪昌、许健、张聪聪：《基于核心企业的供应链金融创新模式——以G集团为例》，《科技促进发展》2019年第1期。

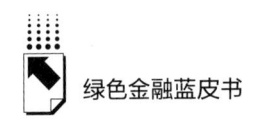

担保抵押品，很难获得银行贷款，对风机制造商来说，属于典型的"有项目资源没有融资渠道"的客户，此种情况下融资租赁是带动风机设备销售的最佳模式。金风科技作为核心企业通过天信国际租赁公司（金风科技的子公司，以下简称天信租赁）以融资租赁的方式为下游民营企业解决融资问题。

融资租赁的业务模式包括直接融资租赁、售后回租、转租赁和联合租赁等多种模式，最常用的是直接融资租赁。下面以位于内蒙古鄂尔多斯市某10兆瓦风电项目的融资租赁为例进行说明。

（1）项目背景

内蒙古鄂尔多斯市某10兆瓦风电项目的预算总投资为人民币6800万元左右。项目开发商是民营企业，其与核心企业商议采用融资租赁的方式获得2台3兆瓦和1台4兆瓦的风机设备。项目于2021年8月开工，于2021年12月底并网发电。项目为2021年取得核准的平价项目，上网电价为0.2829元/千瓦时。技术测算发电量约为29920兆瓦时/年。

融资租赁金额为5100万元。项目公司分别与金风科技及天信租赁签订风机采购合同及融资租赁合同，选用2台金风科技150-3.0和一台金风科技165-4.0机组。从承租人角度来看，项目整体经济性较好，具备投资价值，债务清偿能力较强，电费收入足以按期偿付租金，正常运作债务风险较小。

（2）融资租赁模式——直接租赁

采用SPV进行项目融资，直接租赁的交易主体包括作为出租方的SPV，承租方是项目开发商，核心企业即风机制造商；核心企业的子公司（租赁公司）出资项目总投资的75%（即5100万元），项目业主出资25%（即1700万元）。租赁标的物为本项目下的所有设备，租赁期12年，还款方式约定每季度（3个月）偿还一次租金，按等额本息还款。

直接租赁的交易结构如图4所示。①出租方与承租方签订融资租赁合同；②出租方与核心企业风机制造商签订风机采购合同；③项目开发商向SPV出资项目造价的25%；④租赁公司向SPV出资项目造价的75%；

⑤SPV筹资到资金即开始向核心企业购买风机设备，并进行风电场工程建设；⑥核心企业向 SPV 交货，工程完成验收后，项目正常发电；⑦承租方用售电收益向 SPV 支付租金；⑧SPV 向租赁公司支付本金和利息。

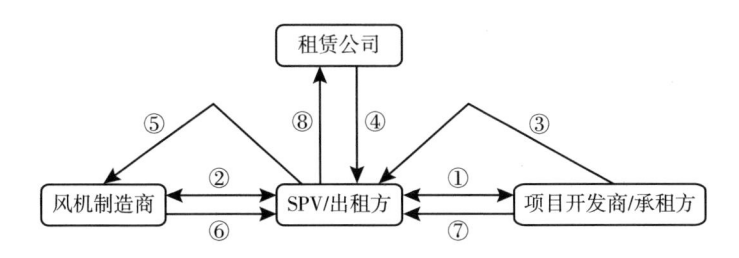

图 4　直接租赁的交易结构

考虑到项目建设期投入大且没有固定收益的特殊情况，对项目公司的本金偿还进行了特别设计，约定起租日后 24 个月内，承租人只需要偿还利息，不需偿还本金。同时还特别约定，在项目的补贴电费下发后，相应资金应优先偿还本金，不得挪作他用。

（3）增信措施

为了避免可能发生的风险，确保融资租赁公司正常回款，在本项目中设计了以下增信措施。①项目公司股权 100% 质押。由于租赁物的价值是依附在风电项目上的，同时从整个项目来看，融资租赁公司承担了项目绝大部分资金。若承租人出现无还款意愿等风险，造成项目无法正常回款时，融资租赁公司可以利用质押权与项目业主进行交涉，在极端情况下会行使质押权，通过拍卖项目公司股权进行保值。②风电项目的电费收益权质押。电费作为风电项目融资租赁租金的第一还款来源，可以有效防止承租人恶意违约。③项目公司账户监管。项目公司银行账户交由融资租赁公司监管，主要用于监管风电项目的电费收入，保障电费主要用于偿付租金。若承租人有支付需求，可以向融资租赁公司提出支付申请，若项目收益达到预期值，足够偿付当期租金后的盈余资金可由承租人支配使用。④风电项目实际控制人担保。追溯对 SPV 拥有实际控制权的自然人，要求其为 SPV 的所有债务提供无限责任担保，表明承租人对此项目具有充分的信心。⑤风电项目业主未来碳排

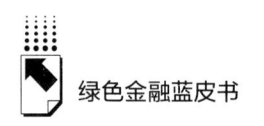

放权的质押。这不仅有利于民营企业获得增信,从而获得更优质的资金,也能够提高其担保物的价值,从而降低融资租赁公司的风险。⑥引入专业的电力交易公司。由于承租人的还款来源依赖项目的电费收入,承租人是否拥有丰富的电力交易经验是影响风电项目电费收入的重要原因之一。引入第三方电力交易公司为业主进行专业的电力交易操作,在一定程度上可减少承租人电费收入的不确定性,保障承租人的收益,从而降低其违约风险,保障融资租赁公司稳定收款。

三 总结

风电产业链包括上游的原材料和零部件制造、中游的风电整机制造和下游的风电场开发、建设和运营。现代大型风电机组一般由6000多个零部件构成,风电产业链的上游存在大量的原材料和零部件供应商,其中除了资金实力雄厚的上市公司,还有大量的中小企业。风电整机制造商作为风电供应链上的核心企业,联合金融机构为供应商提供订单融资、应收账款反向保理,为下游风电场开发商提供融资租赁服务,均是风电绿色供应链金融的重要内容。

风电绿色供应链金融以核心企业为中心,以核心企业与上游供应商、下游客户的真实交易为基础,有效地整合了上下游企业的信用资源,帮助产业链中小企业扩充融资渠道,增强风电产业链上所有企业的融资能力,加快资金周转,解决风电领域的融资问题,降低资金与财务成本;同时,加强对上下游合作伙伴的金融支持,促进产业链的延伸和升级。

B.9
中国风电项目投资市场分析

陈晓燕 高金山*

摘 要： 风电项目全生命周期可分为开发、建设和运营三个阶段，一般开发期在2年左右，建设期1~2年，运营期长达20年。风电项目具有初期投资大、建设周期短、投资强度高、运营期长、投资回收期长、政策导向性明显的特点，仅仅依靠以自有资金积累为主的内源融资，难以满足企业发展需要。随着风电平价时代的到来以及风电行业政策的逐渐明朗，加上我国将基础设施REITs试点范围拓展到清洁能源领域，基金、融资租赁、资产支持证券（ABS）和绿色基础设施REITs都将被更多地应用在"降负债"和"产业链上下游资源换订单"的合作模式中，并吸引更多的社会资金投入风电行业，促进风电行业的高质量发展，促进我国"碳达峰、碳中和"战略目标的实现。

关键词： 风电投资市场 融资租赁 ABS REITs

风电项目的全生命周期大致可划分为三个阶段：项目开发阶段、项目建设阶段和项目运营维护阶段。一般情况下，风电项目开发阶段在2年左右，建设阶段通常为1~2年，运营阶段长达20年。开发商在成功获得项目开发

---

* 陈晓燕，博士，郑州航空工业管理学院硕士研究生导师，研究领域为跨国公司和国际投资、绿色金融；高金山，博士，新疆金风科技股份有限公司副总裁，中国科学院大学经管学院研究生导师，新疆大学经济与管理学院校外实践教授，郑州航空工业管理学院兼职教授，研究领域为绿色金融。

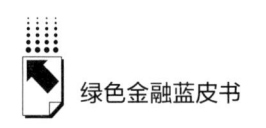

许可的基础上，一方面要保证后续项目建设和运营的技术可行性，另一方面要成功进行项目融资，这才在真正意义上完成开发。风电项目成本主要由项目建设期成本和运营期成本构成。风电项目建设阶段的成本主要包括风电机组等设备采购和建筑工程支出，建设阶段是风电项目全生命周期中投资最多的阶段。运营阶段的成本主要包括运营维护及零件更新的费用，成本占比低。运营阶段是项目成本收回和产生利润的阶段，该阶段受风电行业政策的影响较大，其中电力交易政策是影响收益的主要因素。风电行业绿色金融为风电项目提供全生命周期的支撑，包括支持风电项目的投融资，以及项目运营和风险管理等行业活动的金融服务。本报告在风电平价的背景下，研究产业基金、融资租赁、绿色资产支持证券和不动产投资信托基金在风电行业投融资中的应用。

一 "基金+租赁"在风电项目融资中的运用

1986年我国首个风电场——山东马兰风电场建成发电，2005年2月《中华人民共和国可再生能源法》颁布，中国风电行业正式进入大规模开发阶段。风电正式进入大众视野已有十多年，而公众关注比较多的是"弃风限电"问题，对山坡上运转的风机和风电场开发建设的资金来源却知之甚少。本部分分析基金和融资租赁共同为某一个风电项目融资的具体操作。

（一）"基金+租赁"模式产生的背景

2009年颁布的《关于调整固定资产投资项目资本金比例的通知》中规定，风电项目的最低资本金比例为20%，即一个风电项目公司"实缴注册资本"至少为项目总投资额的20%，剩余约80%的资金可以通过融资解决。由于单独风电项目（即单独一个风电场，也称为单体风电场）存在前期（即风电场建设期）投资大、后期（即从风电场建成后正式发电开始）运营回收期长的特点，起初风电项目的开发商基本上是国家能源投资集团、中国华能集团、中国华电集团、中国大唐集团和国家电力投资集团这五大电力央企，以及国投电力、中广核、三峡集团、华润电力、中节能、中核这六家国有发电集团（即通常所说的"五大六小"），这11家企业利用自身央企或地方国企的资质，以较低成本获得银行的项目贷款，通过"自有资金+银行贷款"的方式实现风电项目建设期的总资金需求。

随着风机技术进步、成本下降和国家政策支持力度加大，我国风电行业快速发展，一些具备一定资金实力的民营企业也逐渐进入风电开发领域。其中，除了部分民营上市公司以外，大部分民营企业因抵押担保品不足无法获得银行贷款，而主要通过风电设备融资租赁的方式进行项目资本金融资，即通过"自有资金+融资租赁"的方式获得风电项目的投资资金。

除了上述的央企、国企和具备一定实力的民营企业以外，还存在众多拥有丰富地方资源但缺乏自有资金的地方民营企业。虽然它们没有足够的资本金，但是这些企业擅长开发路条、处理协调当地关系，其中就有一部分企业在风电项目前期将路条卖给别的有实力的开发商，放弃项目建成后正常发电产生的稳定收益。考虑到一个风电场的"建设风险"，以及建成后正常发电产生的稳定现金流，一个建成后能够正常发电的风电项目的售价往往比建成前出售的路条的费用要高得多。所以有一部分"有资源没资金"的民营企业，会选择获取风电项目建成后再出售的溢价，或在项目建成后自己运营获得稳定的现金流，金融市场上为满足这类企业的资金需求就出现了"基金+租赁"的风电项目融资方式。

（二）"基金+租赁"模式的交易结构

风电项目融资中的"基金+租赁"模式，准确地说是"结构式租赁"或"结构化"资本金融资模式，是以销售风机设备为主要目的的融资租赁新方式，出租人是以风机制造商为背景的融资租赁公司。"产业基金+融资租赁"模式是吸收了风险租赁的部分经验，结合风电行业"前期投资大、回收期长"的特性新开发的一种融资方式。"产业基金+融资租赁"的具体交易流程如下。

首先，承租人与风机制造商签订风机设备购买协议，融资租赁公司与承租人签订租赁合同，购买承租人指定的设备。同时，融资租赁公司找金融机构确定合作意向，出租人、金融机构和项目业主签订三方协议，采取"结构化"的方式解决资本金问题。风电项目业主以有限的自有资金出资承担"劣后"的风险，金融机构作为"优先级"进行出资。由于多数金融机构对于风电行业缺乏足够的了解，为分摊风险，通常会要求具备风电场运营能力的风电企业（融资租赁公司的母公司，即风机制造商）作为"中间级"（见图1）。三方首先向夹层公司注资，再由夹层公司向项目公司投资。

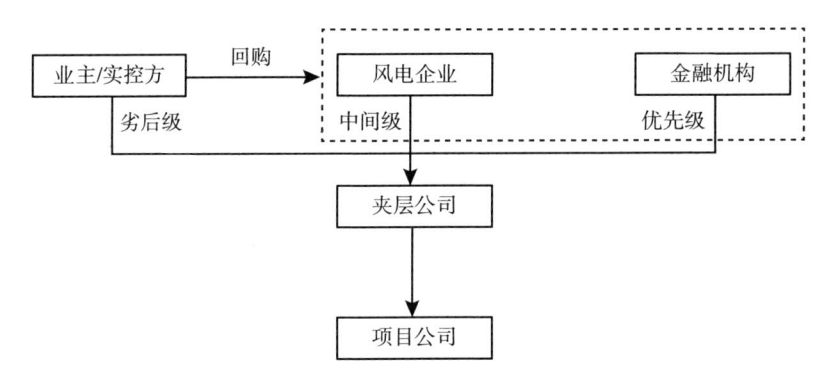

图 1 结构化资本金融资模式

项目业主或实控方在投资期（通常是风电项目建成并网发电后）结束时，项目公司（即承租人）将风电项目未来的发电收益质押给银行，获得银行贷款后，以一定的利率，按"优先级""中间级"的顺序先后从金融机构和风电企业回购其注资阶段对项目资本金的投资，包括一次性置换租赁本金，结束租赁业务（见图2），提供资金的融资租赁公司和金融机构退出。所以，业内又将这种"产业基金+融资租赁"称作"过桥租赁"。

需要说明的是，在"产业基金+融资租赁"模式下，风电项目建成且正常发电后，项目业主有三种选择：一是自己运营风电项目，获取发电收入带来的稳定现金流；二是将风电项目转租出去；三是将风电项目出

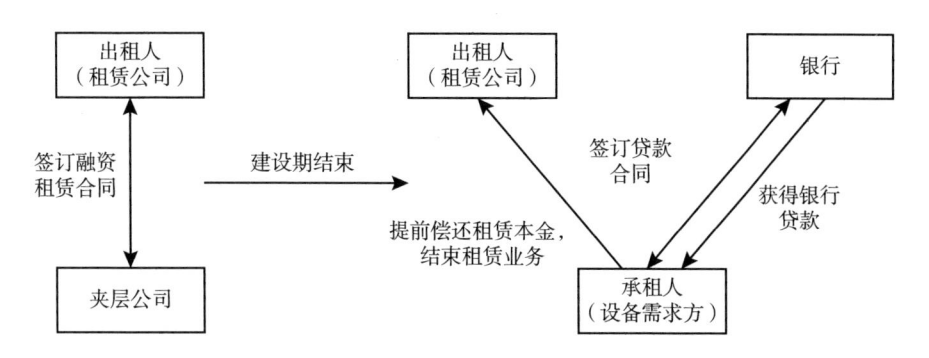

图 2　过桥租赁交易结构

售。无论哪种选择，对项目业主来说，获利都比在项目开始时单独卖出路条多得多。

（三）融资分析

"产业基金+融资租赁"模式是基于风电项目未来稳定的现金流，通过风电项目公司的股权质押等增信方式来实现项目资本金的融资，可以理解为是类"结构化基金"模式，虽然并没有以基金作为载体，但是各方的退出方式和结构化基金是类似的。

"产业基金+融资租赁"模式下，融资不需要担保，出租人是以风机制造商为背景的融资租赁公司；没有固定的租金约定，没有固定的租期；出租人在退租前除了取得租赁收益外还取得部分年限参与经营的营业收入；如果项目业主违约，融资租赁公司和提供资本金的金融机构可以行使介入权，通过夹层公司获得开发商对风电项目公司的管理权。

"产业基金+融资租赁"模式与 BOT 方式有异曲同工之妙，都是项目建成并且正常运营后交给项目业主。

二　风电行业绿色资产支持证券

资产支持证券（ABS）以基础资产未来的收益现金流作为证券偿付的工

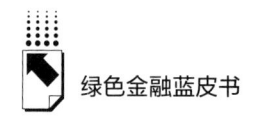

具，是企业盘活存量资产、降低资产负债率、拓宽融资渠道、降低融资成本、增强公司持续经营能力的重要手段。从发行规模来看，绿色资产支持证券已成为绿色产业融资的新亮点。风电行业进入平价上网时代，ABS有助于风机制造企业盘活应收账款和风力发电项目公司引入低成本资金，助推风电行业高质量发展。

（一）风电行业绿色资产支持证券发展概况

1. 绿色资产支持证券的发展

资产证券化（Asset Securitization）是指以基础资产未来所产生的现金流作为偿付支持，通过结构化设计进行信用增级，在此基础上发行资产支持证券的过程，主要包括央行和银保监会主管的信贷资产证券化、证监会主管的企业资产证券化以及中国银行间市场交易商协会主管的资产支持票据（ABN）三类。绿色资产支持证券是基础资产属于绿色产业、项目投向为绿色产业或者原始权益人主营业务属于绿色产业，且资金主要用于其绿色产业业务发展的创新型资产支持证券。

我国第一只具有绿色概念的资产证券化产品可追溯至2006年，南京市城市建设投资控股（集团）有限责任公司在深交所发行"南京城建污水处理收费收益权专项资产管理计划"，以污水处理收费收益权打包证券化的运作模式募资7.21亿元。首只信贷资产证券化产品则发源于2014年，兴业银行发行"兴元2014年第二期绿色金融信贷资产支持证券"，募资规模34.94亿元。2016年后，随着中国人民银行等七部门发布《关于构建绿色金融体系的指导意见》，绿色金融顶层设计不断完善，绿色资产证券化也驶入发展快车道。2021年，我国绿色ABS发行显著提速，国网国际融资租赁有限公司2021年度第一期绿色定向资产支持商业票据（碳中和债）、龙源电力可再生能源电价附加补助2期绿色资产支持专项计划（专项用于碳中和）分别成为首单市场碳中和ABN、首单交易所碳中和ABS。

2. 绿色资产支持证券的比较优势

通过发行普通的绿色债券进行融资的方式属于公司融资。绿色资产支持证券是将企业优质的绿色项目从企业中剥离出来作为基础资产形成资产池,以资产池中绿色项目未来产生的现金流作为还款来源,并通过资产支持证券分级等产品设计实现结构化发行。发行绿色资产支持证券进行融资,尽管是将多个绿色项目打包进行资产证券化,但其本质上还是项目融资。与普通的绿色债券相比,绿色资产支持证券具备以下优势。

第一,企业将总资产中的优质绿色项目剥离出来作为基础资产标的。资产支持证券以基础资产未来的现金流作为还款的来源,作为基础资产,风电场或潜水处理厂等绿色项目具有持续稳定的现金流回报,此类绿色项目是发行绿色资产证券化产品的优质基础资产标的。

第二,降低融资门槛。虽然绿色项目未来具有持续的现金回报,但绿色项目往往属于新兴产业,发行人受成立时间、资产规模、资产负债率等的限制,债券融资成本较高。绿色资产支持证券允许资产池中的绿色项目与发起人本身(即企业)的资产负债状况相分离,且信用评级根据绿色项目风险而定,不受原始权益人影响。

第三,满足不同风险偏好投资者的投资需求。资产支持证券多采取分级方式以及多种增信方式发行,相比次级品种,优先级品种大多评级较高、利息较低、偿付顺序靠前,一旦产品发生现金流波动或者偿付困难,优先级品种持有者可以通过内部或外部增信实现优先偿付。分级发行设计可有效满足不同风险偏好投资者的绿色投资需求。

第四,"出表降杠杆"。由于基础资产已打包出售给基础资产项目公司SPV,原始权益人持有基础资产的风险和收益均已转移(可参见图3),可根据会计准则终止确认该金融资产,即资产"出表",从而优化企业的财务报表,降低企业的负债率(即财务杠杆比率)。

3. 我国风电绿色资产支持证券发行概况

随着风电行业的快速发展,风电绿色资产支持证券的发行也在逐年增加,市场机制逐渐成熟。其中发行规模最大的是2021年国家电力投资集团发行的碳中和ABN——"国家电力投资集团有限公司2021年度新能源4号第一期绿色定向资产支持商业票据(碳中和债)",单笔融资规模84.34亿

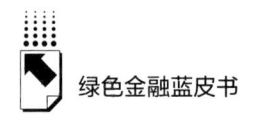

元,具体情况见表1。

从基础资产类型来看,已发行的风电ABS的基础资产包括风电收费收益权、可再生能源电价附加补贴、绿色租赁资产和绿色定向资产支持商业票据等。从发行主体来看,除了有表1中的电网公司(国网国际融资租赁有限公司)、发电企业(国家电力投资集团、龙源电力)和风机制造商(金风科技)之外,还有中国三峡新能源(集团)股份有限公司和河北协鑫新能源有限公司等企业。从交易场所来看,主要有上海证券交易所、深圳证券交易所和银行间市场。

表1 我国风电行业部分绿色资产支持证券发行情况

发行时间	产品名称	基础资产类型	原始权益人	发行规模(亿元)	利率	交易场所	产品类型
2016.8	"农银穗盈·金风科技风电收费收益权绿色资产支持证券"	风电收费收益权	金风科技	12.75	优先级利率为3.4%~4.5%	上海证券交易所	ABS
2019.8	"储架发行应收账款资产支持专项计划"	*①	金风科技	20		上海证券交易所	ABS
2021.3	"国网国际融资租赁有限公司2021年度第一期绿色定向资产支持商业票据"	绿色定向资产支持商业票据	国网国际融资租赁有限公司	17.5	优先档16.6亿元,占比94.86%,AAA评级,180天,发行利率2.99%	银行间市场	碳中和ABN(市场首单)
2021.3	"龙源电力可再生能源电价附加补贴2期绿色资产支持专项计划(专项用于碳中和)"	可再生能源电价附加补贴	龙源电力	10.30		深圳证券交易所	碳中和ABS(交易所首单)
2021.5	国开证券-金风科技应收账款第1期绿色资产支持专项计划(专项用于碳中和)	应收账款	金风科技	5②	优先级评级为AAA,票面利率4.4%	上海证券交易所	碳中和ABS

续表

发行时间	产品名称	基础资产类型	原始权益人	发行规模（亿元）	利率	交易场所	产品类型
2021.11	"国家电力投资集团有限公司2021年度新能源4号第一期绿色定向资产支持商业票据（碳中和债）"	绿色定向资产支持商业票据	国家电力投资集团	84.34	AAA评级,预计到期日为2022年2月17日,发行利率为2.65%	银行间市场	碳中和ABN
2022.11	"华能天成租赁第1期绿色租赁资产支持专项计划（续发型）"	绿色租赁资产	华能天成融资租赁有限公司	12.673	优先级12.00亿元,AAA,预期期限1年,票面利率2.40%	上海证券交易所	

注：①金风科技基于采购合同及应收账款转让合同对付款义务人享有的应收账款债权及其附属担保权益。②国开证券-金风科技应收账款1~4期绿色资产支持专项计划资产支持证券的总发行规模不超过20亿元人民币。

数据来源：作者根据公开资料整理。

表1中有多只ABS是碳中和ABS。关于风电行业碳中和资产支持证券，它需要满足碳中和项目的要求，具体包括：底层基础资产是清洁能源类项目（包括光伏、风电及水电等项目）；原始权益人是绿色企业，判断标准是"原始权益人最近一年合并财务报表中绿色产业领域营业收入比重超过50%（含）"；募集资金投向包括风力发电装备研制和风力发电设施建设和运营；入池的风电项目符合国家节能减排和应对气候变化的政策，可以有效减少常规能源尤其是化石能源的消耗，能产生明显的环境效益。

（二）风电行业绿色ABS案例分析

1. 风电收费收益权绿色ABS案例分析

2016年8月，金风科技在上海证券交易所发行"农银穗盈·金风科技风电收费收益权绿色资产支持证券"（以下简称"金风绿2016-1"），资金

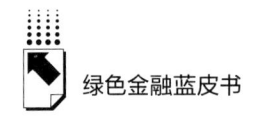

规模12.75亿元。本部分以该案例为基础分析风电收费收益权类绿色资产支持证券的相关内容。

(1) 金风科技风电收费收益权绿色ABS的基本要素

"金风绿2016-1"的基础资产是风电收费收益权，原始权益人为新疆金风科技股份有限公司，产品类型是风电收费收益权ABS，募集资金总额12.75亿元，其中优先级发行额度为12.1亿元，分为优先01-优先11共五个平行的优先档次，期限分别为1~5年，均得到中诚信AAA的发行评级。

"金风绿2016-1"满足碳中和项目的要求①，具体情况如下：第一，原始权益人金风科技是我国风电行业中规模最大的企业，主营业务是风机整机的研发、制造和销售，以及风电场开发和运营，是一家主营业务为绿色产业的企业；第二，基础资产是金风科技风电收费收益权②，属于清洁能源类项目；第三，此次资产支持专项计划募集资金用于偿还风电场项目公司（金风科技子公司）银行借款，剩余资金用于补充金风科技的营运资金，认定所募集资金将投向风电场的建设运营③；第四，根据评估，入池基础资产的5个风电场项目总装机容量为347.5兆瓦，在ABS项目存续期间可节约85.8万吨标准煤，减少温室气体排放约34万吨，产生明显的环境效益。

(2) 交易结构

第一步，资产重组。金风科技作为绿色资产支持证券的原始权益人，与基础资产的原始所有者、基础资产运营者（即风电场项目公司）金风天翼和北京天润新能投资签订资产买卖协议，获得基础资产的所有权。

---

① 中诚信用评级机构负责该产品的信用评级，安永华明会计师事务所负责该产品的财务审核，环球律师事务所负责该产品的法律工作，挪威船级社（DNVGL）、国际金融公司（IFC）为该产品相关项目的绿色认证机构。

② 金风科技以风电场未来从电网公司获得的风力发电收入清偿ABS本息，风电收费收益权具有持续稳定的现金流，是企业绿色优质基础资产。

③ 绿色认证机构认定金风科技是一家经营纯绿色业务的企业，入池基础资产的5个风电场项目是绿色产业项目，因此偿还风电场项目公司银行借款以及补充营运资金均可认定为绿色用途，即认定所募集资金将投向风电场的建设运营。

第二步，证券认购人（即绿色资产支持证券投资者，也可称为证券持有人）向资产支持专项计划管理人（即农银汇理）出具认购资金，双方签订认购协议；农银汇理作为计划管理人，设立和管理金风科技风电收费收益权绿色资产支持专项计划，在资本市场上发行"金风绿2016-1"，农银汇理作为买方，代表专项计划认购人购买相应基础资产，认购人取得资产支持证券，成为ABS持有人。

第三步，在资产支持专项计划设立日，ABS原始权益人金风科技以风电收费收益权作为基础资产，转让给农银汇理。

第四步，农银汇理委托风电场项目公司（金风天翼和北京天润新能投资）作为资产服务机构，为基础资产的运营管理提供服务。

第五步，中国农业银行为监管人和托管人，在每一证券兑付日，足额支付当期应付利息金额后，将剩余资金全部用于偿还ABS的本金。

金风科技风电收费收益权绿色ABS的交易结构如图3所示。

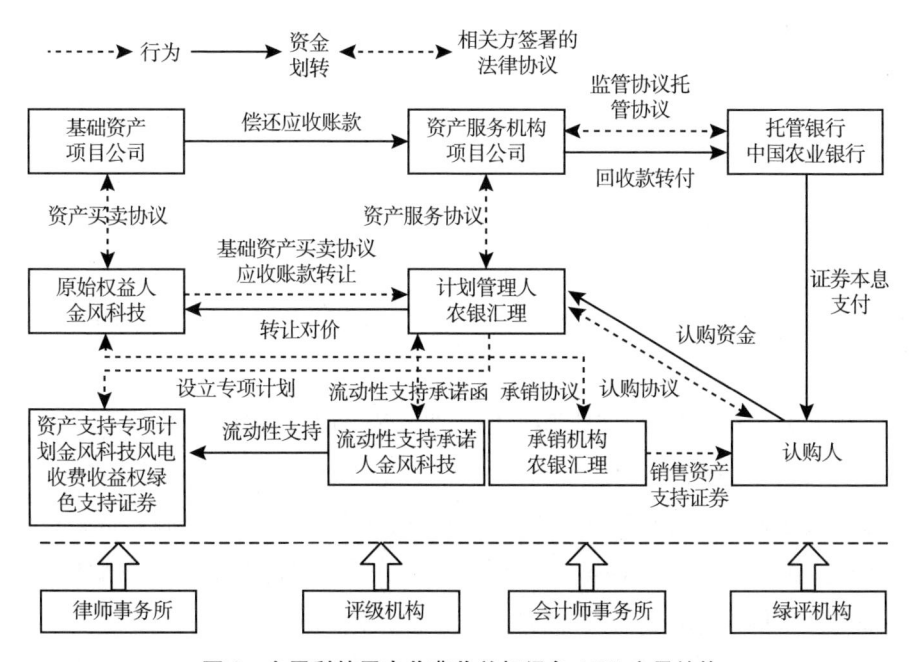

图3　金风科技风电收费收益权绿色ABS交易结构

（3）案例分析

金风科技发行"金风绿2016-1"，用风电场未来风电收费收益权作为基础资产，募集资金用于偿还风电场项目公司的到期银行贷款，为银行资金退出提供了渠道，同时通过绿色ABS优先级的平行结构设计，实现融资期限的灵活设置与安排，达到流动性主动管理，缓解退补政策对陆上风电项目公司带来的资金压力。

金风科技采用三类增信措施以降低此次风电收费收益权绿色ABS的融资成本，具体措施包括：资产支持证券分级，分优先01-优先11共五个平行的优先档次；超额现金流覆盖；金风科技作为原始权益人担任ABS差额支付承诺人，对现金流不足以支付当期优先级ABS本益和的差额部分承担补足义务。从发行利率来看，此次发行利率区间为3.4%~4.5%，创非金融企业ABS发行利率新低，说明该融资方式确实降低了融资成本，也体现了市场对绿色ABS的高度认可。

可再生能源发电企业以未来的风电收费收益权作为基础资产发行绿色ABS，确实降低了融资门槛，拓宽了融资渠道。另外，可再生能源发电企业可通过转让发电场或发电站非流动性资产未来的风电收费收益权，来获得即期融资，帮助企业盘活资产，降低资产负债率。

2. 应收账款绿色ABS案例分析

以金风科技2021年5月发行的"国开证券-金风科技应收账款第1期绿色资产支持专项计划（专项用于碳中和）"为例分析风电ABS的交易结构。

（1）资产支持证券基本情况

国开证券-金风科技应收账款1~4期绿色资产支持专项计划资产支持证券，发行总额上限为20亿元。2021年5月，金风科技发行国开证券-金风科技应收账款第1期绿色资产支持专项计划（专项用于碳中和），资金规模5亿元，优先级评级为AAA，票面利率4.4%，已获得全额认购。其中，优先级资产支持证券募集4.75亿元，次级资产支持证券规模为0.25亿元。

国开证券-金风科技应收账款第1期绿色资产支持专项计划（专项用于碳中和）满足碳中和项目的要求，具体情况如下：第一，原始权益人金风科技是我国风电行业中规模最大的企业，主营业务是风机整机的研发、制造和销售，以及风电场开发和运营，是一家主营业务为绿色产业的企业；第二，基础资产是金风科技销售风机设备而享有的合同项下应收账款债权及其附属担保权益，属于清洁能源类项目；第三，此次资产支持专项计划募集资金全部用于金风科技风机制造的原材料及零部件采购，以及补充营运资金及偿还负债；第四，预计可以形成600~700兆瓦的风电装机容量，每年节约40多万吨标准煤，可以有效减少化石能源的消耗，产生明显的环境效益，项目符合国家节能减排和应对气候变化的政策要求。

（2）风电应收账款ABS交易结构

第一步，证券认购人（也可称为证券持有人）向资产支持专项计划管理人（即证券公司）出具认购资金，双方签订认购协议；证券公司设立和管理资产支持专项计划，认购人取得资产支持证券，成为ABS持有人。

第二步，在资产支持专项计划设立日，证券公司用募集资金向原始权益人（即金风科技）购买基础资产（即应收账款）。

第三步，证券公司委托金风科技和金风科技财务公司作为资产服务机构，对基础资产进行归集、管理。

第四步，资产服务机构按时直接将应收款账户内的回收款转付至监管账户，再进一步转至托管银行的专项计划账户（即托管账户）。

第五步，在循环购买日，证券公司指令托管银行通过ABS专项计划账户向原始权益人购买新增基础资产。

第六步，在每一证券兑付日，托管银行将ABS专项计划账户中的全部资金划付至代理兑付机构（即中国证券登记结算有限公司）的指定账户，足额支付当期应付利息金额后，将剩余资金全部用于偿还ABS的本金。

国开证券-金风科技应收账款第1期绿色资产支持专项计划（专项用于碳中和）的交易结构如图4所示。

（3）案例分析

国开证券-金风科技应收账款第1期ABS原始权益人通过多种方式对资产支持证券进行信用增级，如资产支持证券分级（优先级和次级）、原始人

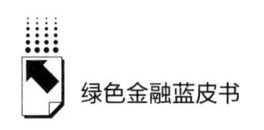

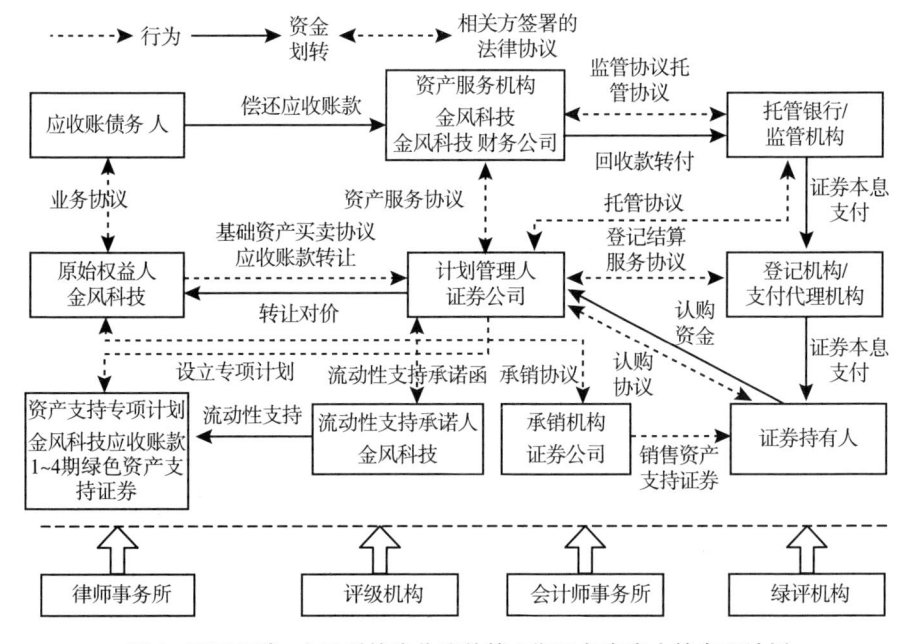

图 4 国开证券-金风科技应收账款第 1 期绿色资产支持专项计划
（专项用于碳中和）的交易结构

出具流动性支持承诺、基础资产超额覆盖，以及设置加速清偿事件、不合格基础资产赎回和循环购买提前到期事件（一旦触发，不再循环购买）等信用触发机制，降低应收账款资产支持证券偿付风险，从而在一定程度上降低融资成本。

金风科技应收账款碳中和资产支持证券的发行在市场上引起关注，提高了集团的知名度，将吸引更多企业和政府部门与金风科技在零碳领域进行深度交流与合作。同时，ABS 将资产池剥离，针对基础资产进行评级，将企业信用评级与资产评级分开，使主体信用评级较低的企业可以利用优质资产进行低成本融资。此次 ABS 发行对其他风电企业形成示范效应。另外，绿色资产支持证券以基础资产未来的现金流作为还款的来源，可以盘活资产，加快现金回流。与绿色债券相比，绿色资产支持证券可以降低企业资产负债率，增强公司持续经营能力。

三 风电行业不动产投资信托基金

风电公募REITs作为创新融资模式，为解决风电行业资金缺口提供了新思路，帮助风电开发商实现"风电场投资开发→REITs融资→风电场再开发"的良性循环，促进风电产业高质量发展，推动我国"碳达峰、碳中和"战略目标的实现。

（一）不动产投资信托基金（REITs）

1. REITs的由来和发展

不动产投资信托基金（Real Estate Investment Trusts，REITs），是以不动产项目为基础发行基金产品，集合公众投资者资金并将其用于投资不动产的开发与经营管理。REITs由专门机构运营不动产项目，并将不动产项目所产生的收益高比例分派给基金持有人。REITs实质上是通过将基础资产项目包装为资产证券化产品，再以公募基金份额形式发行上市。对企业而言，REITs是一种融资手段；对公众而言，REITs是一种投资产品。REITs的特点是通过证券化将具有稳定现金流的不动产包装成流动性强、可上市交易的标准化金融产品。按发行对象分类，REITs可分为公募和私募两类。公募REITs向机构和公众投资者公开发行筹集资金，私募REITs则是向特定机构非公开发行筹集资金。公募REITs已发展成除传统"企业上市"之外的一种"资产上市"形式，是一种介于股票与债券之间的金融产品。

REITs作为投资信托载体，在美国可享受特殊税收优惠，即股权分红参照利息支付的抵税方式，可用于抵扣应纳税所得额。截至2021年6月，全球共有43个国家或地区建立了REITs规则，38个国家或地区发行了共计900余只REITs产品，总市值约2.4万亿美元。[①]

[①] 《我国基础设施公募REITs治理的政策诉求和实现路径》，中国机电设备招标中心，https://www.miitcntc.org.cn/mconsultings/PPP/research/article/2deebe46-5313-4a54-8bc9-cc2b4be96741，2021年12月1日。

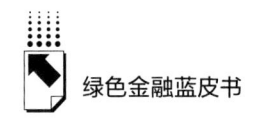

中国最早关注REITs的多为具有海外经历的房地产及建筑类企业。2014年，中国证监会、中国人民银行和中国银监会发文推进房地产投资信托基金REITs工作。2014年，我国首单类REITs产品（中信启航专项资产管理计划）以ABS的结构外衣成功发行。此后的类REITs产品均以ABS产品形式发行。对盘活由政府和社会资本合作的PPP项目的存量资产来说，资产证券化是基础设施领域的重要融资方式之一。为吸引更多社会资本参与PPP项目建设和加快社会投资者的资金回笼，国家发展和改革委员会、中国证监会于2016年12月21日联合印发《关于推进传统基础设施领域资产证券化相关工作的通知》。2017年4月首批4单传统基础设施领域PPP项目资产证券化产品成功发行，总规模27.14亿元。

2020年4月30日，中国证监会、国家发展和改革委员会联合印发《关于推进基础设施领域不动产投资信托基金（REITs）试点相关工作的通知》，标志着REITs正式登上中国资本市场的历史舞台。2021年6月29日，国家发展和改革委员会印发《关于进一步做好基础设施领域不动产投资信托基金（REITs）试点工作的通知》，将基础设施REITs试点范围拓展到清洁能源等基础设施领域。

风电行业的龙头金风科技于2021年9月28日申报发行全国首单以风电项目为底层资产的基础设施不动产投资信托基金，拉开我国风电行业公募REITs的大幕。2021年12月，中国能建发行了8.34亿元的碳中和REITs；2022年4月，上海电力以海上风电场为底层资产发行了66.77亿元公募REITs；2022年9月，上海能科在银行间市场发行9.37亿元权益型风电类REITs产品——"上海能源科技发展有限公司2022年度第一期绿色定向资产支持票据"。同时，中国大唐、国家电投集团江苏电力、明阳智能等多家公司也积极推进REITs发行工作（见表2）。

2. 我国风电领域公募REITs架构

结合相关政策文件，对我国风电基础设施公募REITs进行梳理，将我国风电行业公募REITs的特点总结如下。

表2 我国风电行业 REITs 发行与拟发行情况简表

日期	申请发行人	底层资产	入池标的资产	装机容量（兆瓦）	项目总投资额或项目评估值（亿元）	基金类型
2020.11	中国能建	风电项目			7.25	风电绿色资产支持专项计划（类REITs）
2021.9	金风科技	陆上风电场	全南天排山项目	100	18~18.5	契约型、公开募集基础设施证券投资基金
			崇义龙归项目	49.5		
			崇义天星项目	18		
2021.11	水发集团	风电项目	风电资产公募REITs启动大会			
2021.12	湖南湘水集团	风电项目	桂阳县天堂山项目			
2021.12	中国能建	风电项目			8.34	碳中和类REITs
2022.2	国家电投集团江苏电力	海上风力发电场	滨海北 H1#100MW、H2#400MW 和滨海南 H3#300MW 项目			
2022.3	明阳智能	风电项目	风电场TEITs研究			
2022.4	新特能源	风能及光伏	哈密华风、哈密风尚			
2022.4	上海电力	海上风电场	滨海北区 H1#项目	100	66.77	契约型、公开募集基础设施证券投资基金
			滨海北区 H2#项目	400		
2022.9	上海能科	风电项目			9.37	权益型风电类REITs
2022.9	中国大唐	清洁能源资产（含水电、风电、光伏）			30（融资规模20亿元）	基础设施公募REITs
		水电项目			20（融资规模10亿元）	权益并表型类REITs项目
2022.11	国家能源	风电项目		200	20	基础设施公募REITs

数据来源：企业官网与公开发表资料。

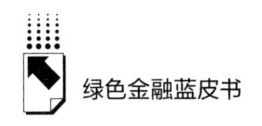

（1）底层资产

底层资产多为清洁能源类基础设施——风电场；权属清晰，资产范围明确；原始权益人拥有项目所有权、经营权和运营收费权；风电场依法依规取得固定资产投资管理相关手续[1]；风电项目经营3年以上，具有成熟的运营维护管理模式，运营成本较低，已产生持续、稳定的收益及现金流，具有持续经营能力和市场化运营能力，不依赖第三方补贴等非经常性收入。

（2）交易结构

与上海证券交易所提出的基础设施公募REITs[2]产品结构（如图5所示）一致，主要采用"公募基金+资产支持专项计划[3]（ABS）+项目公司（开发商）+风电项目SPV"的契约型交易结构。

（3）交易流程

基金管理人募集设立风电基础设施公募REITs基金，风电场原始权益人认购至少20%的基金份额；资产支持专项计划管理人设立风电ABS，公募REITs基金购买持有全部风电ABS份额；风电ABS向原始权益人收购风电项目公司100%股权（即风电项目公司股权完全转让给风电ABS），同时风电ABS借款给风电项目公司，用于风电项目公司偿还外部银行借款；基金管理人委托原始权益人（发起人）或主动运营管理基础设施风电项目，基金管理人可从基础设施项目中获得租金和服务收费等稳定收入；基金收益分配比例不低于基金年度可供分配金额的90%。按照该交易流程完成交易后，风电基础设施公募REITs基金通过投资风电资产支持证券和风电ABS收购风电项目公司100%股权，获得基础设施风电项目（风电场）的

---

[1] 相关手续主要包括：项目审批、核准或备案手续；项目规划、用地和环评手续；施工许可、竣工验收手续等。

[2] 根据上海证券交易所的定义，我国基础设施公募REITs是指依法向社会投资者公开募集资金形成基金财产，通过基础设施资产支持证券等特殊目的载体（SPV）持有基础设施项目，由基金管理人等主动管理运营上述基础设施项目，并将产生的绝大部分收益分配给投资者的标准化金融产品。

[3] 依据《证券公司及基金管理公司子公司资产证券化业务管理规定》等有关规定，基础设施资产支持证券是指以基础设施项目产生的现金流为偿付来源，以基础设施资产支持专项计划为载体，向投资者发行的代表基础设施财产或财产权益份额的有价证券。

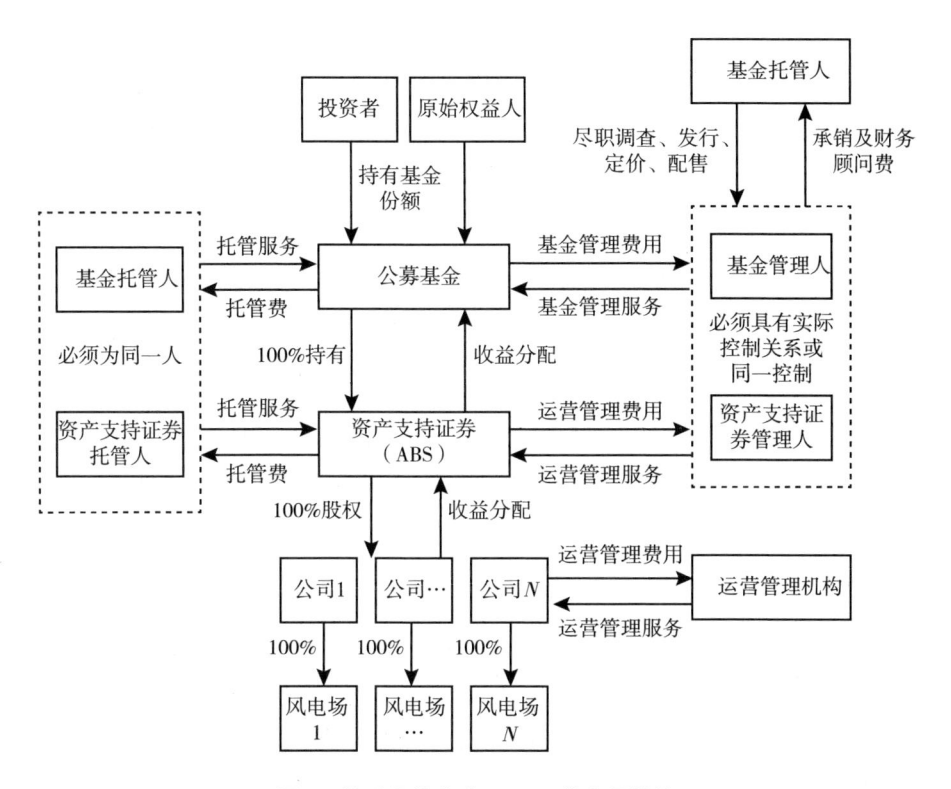

图 5 基础设施公募 REITs 的交易结构

数据来源：上海证券交易所。

所有权和（或）经营权，支持风电 ABS 原投资人退出。

（4）基金特征

第一，契约型、公募 REITs 基金；第二，基金不设置固定年限，封闭期大于基础设施续存期；第三，关于投资者范围及要求，原始权益人（发起人）认购基金总份额的 20% 以上，专业机构投资人发售比例不低于基金总份额的 64%，公众投资者发售不超过基金总份额的 16%；第四，关于基金投资范围，基金募集资金的 80% 以上投资于风电基础设施资产型流动证券（即 ABS），ABS 持有风电项目公司 100% 股权，基金取得基础设施项目（风电场）全部所有权和（或）经营权；第五，关于风电基础设施管理方式，基金管理人委托原始权益人（发起人）或主动运营管

179

理风电场；第六，关于基金运作方式和收益分配，基金以封闭运作为原则，收益分配比例不低于基金年度可供分配金额的90%；第七，关于基金投资者退出路径，所有投资者均可在二级进行市场交易退出，但是原始权益人和战略配售的投资者须遵从锁定期要求。

（5）募集规模

在对公募REITs基金的底层资产（即基础设施风电场或风电项目）进行估值的基础上，根据基金最终发行结果确定募集资金规模。关于风电项目的估值定价，以收益法中的现金流折现法（即DCF方法）为评估方法①，预测风电场未来各年的净现金流量（取决于风电项目当地上网电价和年实际发电小时数），利用折现率（选取项目的加权平均资本成本WACC）将其折现到价值时点后相加得到风电场的估值。除现金流折现法，也有以项目总投资额作为评估参考值。

（6）发起人（原始权益人）募资用途：用于新的风电基础设施建设

通过以上分析，可以发现：①风电基础设施公募REITs基金使风电场原始投资人通过将股权转让给风电资产支持证券（即风电ABS），清退股权，退出项目，这不仅使企业原来资产负债表中的风电场资产出表，同时降低了企业的资产负债率水平，满足"碳中和"的投资需求；②风电场原始权益人通过清退股权，获得资金，再加上基金收益，可以进行新的风电基础设施投资，实现企业"投资→融资→再投资"循环，对于风机制造企业（如金风科技）来说可以带动风机的销售，对于电力企业（如大唐集团）来说可以盘活现有电场资产，提高直接融资比重；③盘活存量风电场，加快风电资产流转；④基金拓宽了社会资本投资渠道，加速社会资本注入风电等清洁能源领域；⑤风电基础设施公募REITs创新了清洁能源领域投资与融资的业务模式，满足"碳中和"目标对绿色金融的要求②。

---

① 评估方法根据2020年8月6日中国证券监督管理委员会〔2020〕54号公告《公开募集基础设施证券投资基金指引（试行）》中的说明进行确定。
② 洪祥骏、林娴：《绿色支持政策退出风险与新能源REITs应对举措》，《财会月刊》2022年第10期。

在国家政策引导下，我国经过多年的基础设施建设，目前拥有大量的交通、能源、环保等基础设施项目资产，投资人需要退出渠道，回笼资金并降低杠杆，开发新项目。但是基础设施项目只有少部分进行资产证券化，大部分优质基础设施资产由于融资条件受限而缺乏变现渠道，致使投资主体无法实现投融资循环。另外，我国居民投资渠道较为单一，大量社会资本需要REITs基金类投资品种来匹配金融市场上的需求。在这样的背景下，REITs成为盘活我国基础设施存量资产、解决当前绿色基础设施项目面临的资金难题、促进我国资本市场走向多元化的重要工具。

（二）金风科技开展基础设施公募REITs的案例分析

为响应国家"碳达峰、碳中和"战略，盘活存量风电场资产，从而投资新风电项目，金风科技积极开展公募基础设施证券投资基金的申报发行工作，并于2021年9月28日公告在深圳证券交易所发行基础设施公募REITs。下面从底层资产、交易流程、交易结构、产品要素、发行目的和影响等方面具体分析此次REITs基金发行活动。

1. 底层资产——风力发电基础设施项目

金风科技基础设施公募REITs的入池标的资产是位于江西省赣州市的3个陆上风电场项目，详细情况见表3。项目装机容量共计167.5兆瓦，初始总投资16亿~19亿元，项目自2016年起开始陆续并网，运营期限为20年，满足基础设施准入及合规性要求。

表3　金风科技基础设施公募REITs入池标的资产

项目名称	装机容量（兆瓦）	总投资（亿元）	发电小时数（小时）	项目公司
全南天排山风电项目	100	9~10	2500~2600	全南天润天排山新能源有限公司
崇义龙归风电项目	49.5	6~7	3100~3200	崇义天润龙归风电有限公司
崇义天星风电项目	18	1~2	2600~2700	

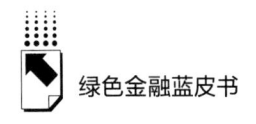

2. 交易主要流程

（1）资产重组

因为风电项目公司一般仅持有风电场项目，其他资产较少，所以借鉴我国已成功发行的公募基础设施 REITs 产品结构，通过反向剥离进行资产重组。也就是说，将非入池资产剥离到新公司，仅保留入池资产风电项目。[①]

（2）设立基础设施公募 REITs

由公募基金管理人向证监会申请注册基础设施公募 REITs，取得注册文件后，由公募基金管理人会同财务顾问进行公开发售，原始权益人或其同一控制下的关联方根据法律法规和监管规则的要求结合市场情况参与基础设施公募 REITs 的战略配售。

（3）设立基础设施资产支持专项计划

由资产支持证券管理人设立金风科技基础设施资产支持专项计划，发行基础设施资产支持证券（ABS）。基础设施公募 REITs 将通过全额认购发行的 ABS 获得基础设施项目的全部所有权，拥有基础设施项目的控制权和处置权。

（4）转让项目公司股权

青岛天润[②]将风电项目公司 100%股权转让给 ABS。

（5）基础设施项目运营管理

金风科技全资子公司金风绿能接受委托作为运营管理机构，负责对基础设施项目的日常运营管理。

（6）现金流分配

项目公司的现金流拟通过支付专项计划借款利息、股东分红等方式支付或分配到专项计划。经过专项计划及公募基金的逐层分配后，最终向公募基金投资人（含原始权益人或其同一控制下的关联方）进行分配。此外，金风绿能拟作为基础设施运营管理机构，定期收取运营管理服务费。

[①] 高金山、顾磊：《碳中和背景下风电公募 REITs 探索实践》，《现代金融导刊》2021 年第 11 期。

[②] 青岛天润是金风科技的全资子公司，天润全南项目公司及天润崇义项目公司是青岛天润的全资子公司。

3. 产品交易结构

根据上述交易流程，此次风电基础设施公募 REITs 的交易结构如图 6 所示，采用"封闭式风电公募 REITs 基金+风电资产支持专项计划（ABS）+风电项目公司（SPV）+风电项目"的结构。

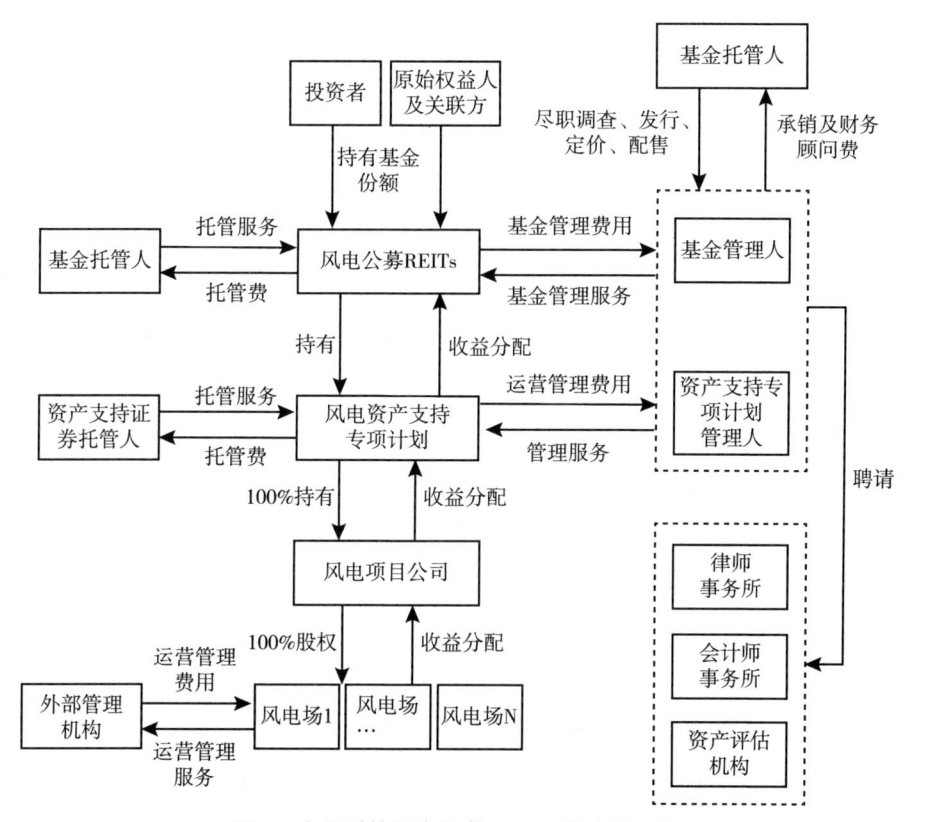

图 6　金风科技风电公募 REITs 的交易结构

在创造现金流的方法上，采用风电资产支持专项计划直接受让项目公司原股东 100%股权和债权的方式来实现穿透，即承债式收购。

4. 产品要素

①基金类型：契约型、公开募集基础设施证券投资基金。

②基金运作方式：封闭式运作。

③募集规模：基础设施项目评估值约为人民币 18 亿~18.5 亿元。

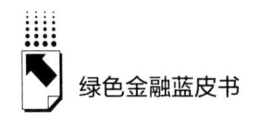

④基金期限：自基金合同生效日至2040年7月。

⑤投资人安排：原始权益人或其同一控制下的关联方参与基础设施公募REITs份额战略配售的比例合计不得低于该次基金份额发售数量的20%，其中发售总量的20%持有期自上市之日起不少于60个月，超过20%部分持有期自上市之日起不少于36个月；专业机构投资者可以参与基础设施公募REITs份额战略配售，其持有期限自上市之日起不少于12个月；其他基础设施公募REITs份额通过场内发售、场外认购。

⑥收益分配方式：每年至少进行收益分配1次，每次收益分配的比例应不低于REITs基金年度可供分配金额的90%，每一基础设施公募REITs份额享有同等分配权。

⑦投资目标：基础设施公募REITs基金80%以上投资于ABS，并持有ABS全部份额；基础设施公募REITs通过资产支持证券ABS取得风电项目公司（SPV）全部股权，最终取得三个风电项目完全所有权；基础设施公募REITs通过主动的投资管理和运营管理，提升风电项目的运营收益水平，力争为基础设施公募REITs份额持有人提供稳定的收益分配及长期可持续的收益分配增长，并争取提升风电项目价值。

⑧募集资金用途：用于新增风电项目投资、偿还存量债务、存量风电项目改造等。

5. 金风科技开展风电基础设施公募REITs的目的与意义

（1）开展风电基础设施公募REITs的目的

第一，根据收益法中的现金流折现法对入池资产进行估值，总资产约16亿~19亿元。按照金风科技作为入池资产原始权益人认购REITs基金最低20%的比例计算，发行公募REITs为金风科技带来货币资金净增加额5亿~6亿元。

第二，开展基础设施公募REITs，使风电项目公司完全退出，盘活存量风电场资产，提升资产周转速度；将风电项目出表，实现轻资产运营转型；降低公司财务杠杆，优化公司资产负债结构，增强公司可持续经营能力；REITs基金通过100%收购ABS，打通风电企业权益性基础资产ABS上市的退出路径，进一步拓宽企业融资渠道。

第三，在实现风电项目出表后，金风科技可以进行新的风电场开发建设、收购、培育等，带动公司风机设备的销售，提高金风科技的整体价值及市场影响力。同时，金风科技在成功发行 REITs 的基础上，打造 REITs 上市轻资产平台（见图 7），将其发展成为集团新的收入增长来源。

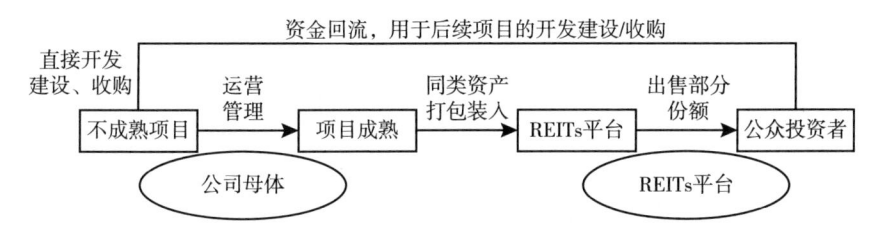

图 7　风电基础设施公募 REITs 平台运作模式

第四，金风科技子公司金风绿能接受 REITs 基金委托负责运营管理风电资产，拓展公司以风电场管理收益为主的新业务模式，使企业能够充分发挥风电项目运营维护、升级改造和电力交易的优势。

（2）开展风电基础设施公募 REITs 的意义

第一，按照我国能源发展规划，2025 年前我国风电装机容量要达到 3.8 亿~4.2 亿千瓦，2030 年大约达到 8 亿千瓦，2060 年约达到 30 亿千瓦，风电基础设施 REITs 可以为我国风电行业的高速发展提供大量的资金，促进我国"碳达峰、碳中和"战略目标实现。

第二，REITs 在风电行业的复制、推广，将有利于盘活存量优质风电场资产，提升直接融资比重，促进保险金、养老金、社保基金、银行理财等机构投资者和其他社会资金对风电产业的投资，增强资本市场服务风电产业的力度；有利于风电项目的信息公开，推动建立新型风电投融资机制，促进风电投融资市场化、规范化发展；有利于推动风电场专业化运营管理，提高项目收益和资产价值；REITs 拓宽风电投资渠道，满足公众的投资需求。

第三，风电基础设施公募 REITs 平台的建立，打通了"风电场投资→融资→风电场管理→原始权益退出"全产业链，这种可循环的行业发展模

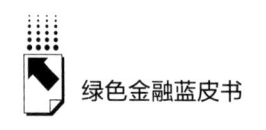

式，有利于提升风电行业资源配置效率，扩大风电场资产经营管理规模，提升风电场的运营管理能力，提升资产价值和盈利能力；借助REITs平台形成可循环的行业发展模式，有利于提升风电全产业链上各经济主体之间的协同效应，促进我国风电行业高质量发展。

四　风电项目收购

在"双碳"背景下，国家电投、国家能源集团、大唐集团、华能集团、华电集团、华润电力、三峡集团和中广核等大型发电企业纷纷设定了"十四五"期间新能源领域碳达峰的规划目标。鉴于风电项目的自主开发周期较长，且受核准等因素影响存在一定的不确定性，对新建项目或存量项目进行收购成为重要的"低碳化"途径。

（一）风电项目收购模式

风电项目收购可分成新建项目收购和存量项目收购两种类型，其中，收购模式有设立独资公司收购路条、设立参股公司后受让股权和预收购等模式，也有股权转让或增资扩股、设立有限合伙企业等模式。

①对于已经完成核准备案、与资源方共同建设的项目，采取预收购模式。首先，与当地政府和项目资源方签订框架合作协议；然后签订预收购协议，对于具备EPC能力的资源方可自行建设完后由投资方兜底收购，不具备EPC能力的由双方共同优选EPC开工建设，可提前预付10%~15%启动资金；待项目建成投产后，项目收益达到双方约定的标准，投资方启动收购流程，资源方享受股权分红或清退股权退出。

②对于资源方甩卖路条的项目。与当地政府达成投资意向后，以夹层SPV公司收购项目公司，由资源方自行招标投资建设；投资方前期无法出资的，路条费可灵活由总包先行垫付。

③对于资源方已完成部分前期工作，但未取得路条的项目，采取合作开发方式。首先，投资方与项目资源方签订合作协议，合资设立项目公司；随

后资源方以项目公司名义与地方政府签订投资协议,负责办理开工前所需的全部合规性文件;接着,投资方作为项目实际控制人组织融资、建设和负责后续生产运营;待项目建成后,资源方将全部股权转让给投资方实现退出。

④正在运营的存量项目收购。首先是遴选优质项目;随后签订意向书对项目进行锁定;然后进行价格谈判,做出投资决策。正在运营的存量项目收购(或在役项目收购)的优点是不用考虑风电项目建设阶段的问题,并且产权清晰,盈利能力透明,可直接带来稳定现金流且可快速并入资产负债表,降低负债率;缺点是项目背景复杂、合规性文件可能存在法律瑕疵、转让费用较高、技术方案不完善和设备老旧带来的潜在技术改造费用高等。

总的来说,关于风电项目收购,短期内主要是对正在运营的存量项目的收购,长期应该是对新建项目的收购。预收购模式是新建风电收购项目中常见的交易模式,下面详细研究预收购交易。

(二)风电项目预收购交易结构

预收购模式在实务中被大量采用的原因主要是《关于开展新建电源项目投资开发秩序专项监管工作的通知》等文件要求,光伏、风电项目投资人不得"倒卖路条",即在项目完成备案或核准后至项目建成投产前,项目投资主体不得转让项目,否则,项目将存在无法获得可再生能源补贴乃至被取消指标规模的风险。因此,项目意向收购方如有意愿收购特定项目,可通过预收购模式提前锁定项目收购机会。

1.风电项目预收购中的交易主体

在风电项目预收购交易中,涉及的主要交易人有收购方、被收购方、项目开发商、风机制造商和项目建设方。交易中,买卖双方达成预收购协议,约定项目由卖方(项目开发商)负责项目开发和建设,在建成投产并达到预设的交易条件下,由收购方对项目进行正式收购。卖方不投入资金或仅投入少量资金,风电项目公司通过风机设备融资租赁和EPC承包方垫资来完成项目建设是常见的情况。

在预收购协议签署后,收购方向卖方支付一定的资金作为定金,为了确保定金的安全以及项目达到交易的前置条件,在项目的开发建设阶段,收购方会全程对项目进行监督管理。在项目开发阶段,收购方有权对项目证照申领、项目资金来源安排和风机设备采购(涉及风机制造商的选择)及项目建设承包商(EPC)的选择等事项进行监管;在项目建设阶段,收购方会参与项目建设质量、工期和成本控制等事项的管理和控制。

2. 风电项目预收购的交易结构

风电项目预收购的交易结构如图8所示。①收购方与被收购方(即项目公司)签订收购协议;②为控制交易风险,收购方通常要求项目实际控制人(即风电项目开发商)为项目公司履约提供担保;③项目公司与风机制造商签订融资租赁协议和风电机组采购协议;④EPC承包商签订建设合同,负责风电项目建设。

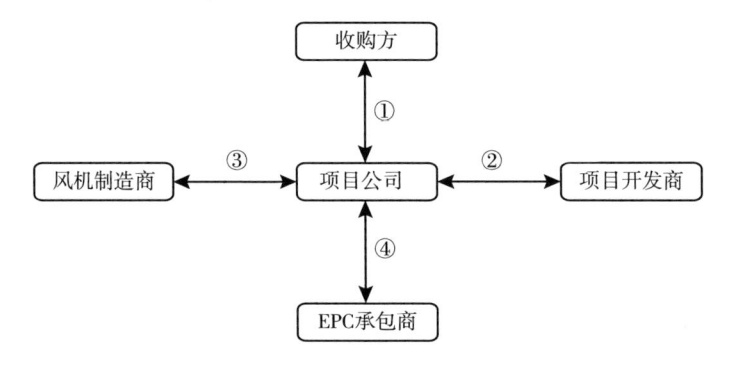

图8 风电项目预收购的交易结构

此外,为控制项目成本,收购方通常会要求卖方在签署有关融资租赁合同、EPC承包合同等与项目有关的重要文件前,将相关文件内容提供给收购方审阅,在征得收购方许可后方可签署。

待风电项目建设完备,试运营达到交易的先决条件后,开始正式收购。如项目未达到交易条件,但收购方仍决定启动正式收购程序,收购双方会根据预收购协议约定的价款确定原则、支付安排、调价机制等进行协商,从而达成正式交易合同完成收购。

3.风电项目预收购的商业价值

对于项目卖方而言，在预收购模式下，收购方通常更具有资金实力、项目开发经验和工程质量控制能力，收购方提前介入项目开发建设过程，有利于卖方获得资金、技术等方面的支持。同时，采用预收购模式，卖方可提前确定获利预期和退出渠道。

对于收购方而言，一方面，由于新能源项目卖方通常对当地情况较为熟悉，拥有当地资源，故收购方可通过卖方协调政府关系、获取项目用地资源，以此促使项目尽可能顺利投产；另一方面，收购方通过预收购模式可以更好地控制交易风险，如项目最终不满足交易先决条件，收购方可以拒绝收购，而无须承担违约责任。

（三）风电存量项目收购

近年来，随着国家对可再生能源行业的政策鼓励力度加大，越来越多的资本进入风电行业。国资委明确要求传统的发电企业需要根据火电装机容量配置一定比例的可再生能源装机，由于中低风速机型的推出以及其具有不需要占用成片的土地的优势，风电项目颇受电力开发商的青睐。尤其是2019年5月发布的《关于完善风电上网电价政策的通知》，直接引起了2019~2021年的"风电抢装潮"。为了在平价时代来临前尽可能地扩大风电装机，相对于费时费力的自主开发风电项目来说，直接收购项目对于企业而言是一条捷径。

2020年6月4日，上海电气发布公告称，拟通过旗下控股公司上海电气投资有限公司和上海之恒新能源有限公司作为有限合伙人出资19.6亿元，与华能集团旗下华能国际电力开发公司共同组建风电产业股权基金，规模40亿元，存续期为"3+2"年（3年投资期+2年退出期），投资方向为以风力发电为主的与清洁能源行业相关的项目等。根据公开信息，基金结构采取的是"平层"模式，即各合伙人根据其对投资项目的实缴出资享受同等收益分配，不存在结构安排化及回购安排。

华能集团通过与上海电气组建风电产业基金，可以借助外部资本对风电项目进行收购，从而在不提高自身资产负债率的情况下，短时间内扩大自己

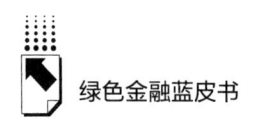

的清洁能源资产规模；对于上海电气而言，可以实现与新建风电项目风机的绑定，且旗下施工平台——上海之恒新能源有限公司通过参与基金，也可以获得收购项目的总包施工业务，从而实现各方共赢。

（四）2022年中国风电项目收购概况

1. 存量项目收购

2022年3月1日，北京能源国际之全资附属公司北京联合荣邦新能源科技有限公司（买方）与上海斯能投资有限公司（卖方）就收购各目标公司（朔州风电、昔阳新能源、昔阳风电及右玉风电的全部或任何公司）分别订立股权转让协议。根据各股权转让协议，买方有条件同意购买及卖方有条件同意出售朔州风电、昔阳风电及右玉风电各自的全部股权以及昔阳新能源49%的股权。转让朔州风电、昔阳新能源、昔阳风电及右玉风电的股权的代价分别约为5.11亿元、4.32亿元、1.8亿元及3.28亿元。收购事项总代价约为14.5亿元。朔州风电运营一个装机容量为100兆瓦的风电项目；昔阳新能源运营一个装机容量为200兆瓦的风电项目；昔阳风电营运运营三个装机容量均为10兆瓦的风电项目；右玉风电运营一个装机容量为99.5兆瓦的风电项目。

通过计算发现此次收购单瓦均价约6.32元，其中，价格最高的是昔阳新能源项目，收购价约8.49元/瓦；其次是昔阳风电项目，收购单价是6元/瓦；朔州风电项目收购单价是5.11元/瓦；右玉风电项目收购单价约3.26元/瓦。中国风电项目平均交易单价2016年为9.8元/瓦，2019年下降到7.9元/瓦[①]，2022年此次收购单价已降至6.3元/瓦。收购价格持续下降的趋势，一方面与风电行业技术创新、风机大型化带来的成本降低和发电效率提高有关，另一方面受风电平价的影响。

2022年9月26日，中国电力发布公告称，中国电力收购中电新能源资

---

① 根据2020年4月华能天成融资租赁与彭博新能源财经联合编写的《中国新能源电站资产交易白皮书》，中国风电项目平均交易价格呈下降趋势。

产已成功完成首批交割。本次收购涉及中电新能源所属 23 家项目公司，首批交割资产包括大丰风电、纯阳山风电、内蒙古风电、霸州环保、攀枝花光伏等在内的 13 家项目公司，后续 10 家项目公司交割亦在按计划推进。据悉，本次资本运作是国家电投成立以来最大规模的新能源注资项目，清洁能源总装机 216 万千瓦，涵盖风电、光伏和环保发电多种清洁能源。

此次收购是大型央企收购新能源项目，首要目的是满足"双碳"目标下国家对能源企业的要求。一次涉及多个电站资产的批量交易模式是中国新能源电站资产交易市场的常态，这与欧美成熟市场的交易特征一致。

2. 新建项目收购

2022 年 9 月 2 日，金风科技发布公告称，其全资子公司北京天润新能投资有限公司以 8.67 元/瓦的单瓦价格收购辽宁省铁岭市 100 万千瓦风电项目。北京天润拟以自有资金及外部筹资的方式收购该风电项目组合的开发建设主体宁波润明所持有的目标公司 100%股权。

此次收购为风机制造商对风电项目的收购，主要目的是销售公司的风电设备，在项目建成正常运营时会退出。在当前市场一定规模的优质风能资源较为稀缺的情况下，本次收购有助于金风获得较优质的大基地项目资源，锁定 100 万千瓦风电项目风机订单和资产管理服务，提升公司的盈利能力和综合竞争力，符合公司长期发展战略。

（五）海外风电项目并购

2021 年 8 月 12 日，三峡国际所属三峡欧洲公司顺利完成西班牙 Horus 项目交割，继 Daylight 光伏项目后，在西班牙新能源市场再下一城，清洁能源运营装机规模达到百万千瓦，并实现风电和光伏的资产优化配置。Horus 项目包含位于西班牙境内的 11 座风电站和 1 座光伏电站，总装机 40.49 万千瓦，项目拥有具备长期监管收入、运营安全稳定、设备质量可靠等优势。

三峡国际利用多年来在欧洲资本市场和清洁能源市场树立的良好声誉，克服疫情不利影响，经过审慎研究和艰苦谈判，成功于 2021 年 2 月 18 日与卖方签订交易协议，在满足所有交割条件后实现项目交割。Horus 项目交割

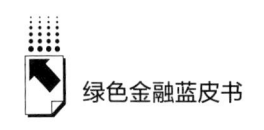

是三峡国际打造国际业务精品工程的有益尝试，有利于公司进一步整合现有资源，发挥战略协同作用，实现价值创造，推动三峡集团海外业务高质量发展，为集团公司创建世界一流示范企业做出贡献。

五　总结

风电项目具有初期投资大、建设周期短、投资强度高、运营期长、投资回收期长、政策导向性明显的特点，仅仅依靠以自有资金积累为主的内源融资和政府扶持，难以满足企业发展需要。同时，在传统银行信贷方式下，融资限制条件多、融资成本较高以及项目资源与金融资源的区域不匹配等因素造成了融资普遍比较困难，制约了行业的快速发展。

随着风电平价时代的到来以及风电行业政策的逐渐明朗，加上我国将基础设施REITs试点范围拓展到清洁能源领域，基金、融资租赁、资产支持证券和绿色基础设施REITs都将被更多地应用在风电项目融资中。在"产业基金+融资租赁"的风电项目融资中，通过过桥租赁，在项目建成并正常发电后，银行对风电项目提供的贷款使风机制造商对风电项目的投资顺利退出，以投资新的风电项目。融资租赁是单个风电项目融资中常用的融资方式。近几年，随着我国风电行业的快速发展，风电项目原始权益人将企业拥有的多个风电场打包作为基础资产，在金融市场上发行绿色资产支持证券，一方面将更多社会资金引入风电行业，另一方面使风电项目原始权益人的资金顺利地从存量风电项目中退出，进行新的风电项目投资。风电基础设施公募REITs，通过合资收购风电项目绿色资产支持证券，使原始权益人偿还风电项目的所有负债，形成"风电场投资开发→REITs融资→风电场再开发"循环，不仅拓宽了风电行业的融资渠道，也促进了风机制造商的产品销售。风电项目收购契合风电行业前期投资大、回收期长的行业特性，可满足不同风险偏好投资者的投资需求。基金、融资租赁、资产支持证券和绿色基础设施REITs以及风电项目收购共同促进风电行业的高质量发展，促进我国"碳达峰、碳中和"战略目标的实现。

国际借鉴篇

International Experience and Lessons

B.10
国外风电绿色金融政策分析

刘慧岭 杨文涛*

摘　要： 国外发达国家风电产业发展起步早，已形成较为完善的绿色金融政策体系，对于我国风电产业绿色金融政策具有很大的借鉴意义。本报告总结了美国、英国、日本、韩国、德国、法国、越南、西班牙、丹麦等国家风电行业绿色金融政策的成功经验，并得到如下启示：一是政府要制定绿色项目的等级标准，根据项目定级确定可提供的利率；二是政府要出台政策来鼓励银行和其他金融机构进行绿色债券的研发创新，通过研发出更多更有效率的绿色债券产品来支持绿色风电产业的发展；三是政府应设立绿色金融信息平台，公开需要投资的绿色项目给投资者。

关键词： 风电行业　绿色金融　"双碳"目标　可再生能源证书

---

* 刘慧岭，博士，郑州航空工业管理学院硕士研究生导师，研究领域为产业经济理论与政策；杨文涛，博士，郑州航空工业管理学院讲师，研究领域为绿色金融。

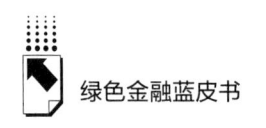

气候问题是全世界面临的共同难题，为应对全球变暖，我国提出了"双碳"目标，计划2030年实现碳达峰、2060年实现碳中和，而风电作为一种清洁的可再生能源，其使用可以大量减少碳排放，因此发展风电产业能够在促进"双碳"目标实现的同时，促进经济的可持续发展。然而由于风电行业属于资本密集型行业，项目初始投资规模巨大，融资需求也较迫切，仅靠政府的补贴很难满足风电产业的资金需求，因此风电产业的发展需要金融政策的引导。国外发达国家风电产业发展较早，已形成较为完善的绿色金融政策体系，这些政策的实施对风电产业的持续发展起到不可替代的推动作用。国外的绿色金融政策对于我国风电产业绿色金融政策有很大的借鉴意义，也能够为解决风电产业融资难的问题提供新的思路。

一 美国风电绿色金融政策

美国海岸线长（长度达到22680公里，居全球第八位），海上风速普遍较高，且海面频发风暴等极端天气，正因为如此，美国具有十分丰富的海上风电资源，在发展风电产业方面具有得天独厚的地理优势。近年来，美国对风力发电的需求量持续增加，政府也越发重视风电项目在国内的推进程度，风电行业发展迅速。2019年，美国19个州中共有191个正在建设的风电项目，截至2020年2月，美国正在运行的风电容量达到了105583兆瓦，为美国3200万户家庭提供价格低廉的风电能源。而在2020年疫情影响下，美国风电新增装机容量达到了16.7吉瓦，占据全球风电新增装机容量的18%，风电累计装机容量增长到了119.7吉瓦[1]，仅次于中国，而且可以预测，美国风电装机容量在未来几年内仍存在很大的增长空间。

美国海上风电项目的发展壮大在很大程度上得益于联邦政府的支持，尤其是州政府的立法和行政行为的直接推动。美国东部沿海的大部分州政府都较早设定了海上风电的容量发展目标（RPS），同时制定了具有较强针对性

---

[1] 《风电在美法案中占比》，国际风力发电网，https://wind.in-en.com/html/wind-2420639.shtml，2022年8月15日。

的支持性法律或者行政命令。不少州同时还通过组建绿色银行、发行绿色债券等方式帮助风电企业进行融资。另外，美国州政府还采取了一个极具开创性的金融手段——"海上风电可再生能源证书"（OREC）。拥有该证书的风电企业，可根据项目的开发和运营成本得到一定条件和额度的浮动资金补贴。该方式能够有效降低开发商的运营风险，并提升当地电力公司、私人开发商参与开发的积极性和参与程度。

在绿色债券工具的应用方面，美国地方政府创新性地提出多种个性化债券，如预期票据、拨款支付债券、提前偿还债券、特殊税收债券、资产担保证券、收益债券等。由此，该种金融工具一度成为美国绿色金融界的主流。根据中国银行保险报网资料可知，美国银行曾在2013年一个年度内就发行了5亿美元额度的绿色债券，用于提高风电项目的业务效率；苹果公司在2016年到2019年的四个年度内，共计发行了高达47亿美元的绿色债券。①

在绿色信贷工具的应用方面，美国地方政府也不断推陈出新，一是不断推出优化绿色项目信贷与降低项目信贷成本的方法与举措；二是陆续提出多类绿色项目贷款产品和绿色消费金融产品等。例如夏威夷、康涅狄格、纽约等州的政府出面组建了绿色银行，并通过出台一系列便利和优惠措施引入大量民间资金；美国银行为支持节油技术的研发与推广，创新性地提出无抵押优惠贷款模式。

美国地方政府为社会资本开辟的一系列绿色金融资金投资渠道，以及各类绿色金融产品的推陈出新，在很大程度上降低了美国绿色项目的融资成本，增强了项目融资的可获得性。如此，风电企业项目方和投资方通过金融工具的灵活运用，形成了相互促进的良性循环机制，有效解决了风电企业的融资难题，推动了美国海上风电产业的蓬勃发展。

---

① 《美国：绿色金融撬动绿色经济》，中国银行保险报网，http://xw.cbimc.cn/2021-01/04/content_377438.htm，2021年1月4日。

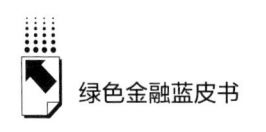

二 英国绿色金融政策

英国致力于减排并发展绿色能源，英国也是风电发展较快的国家之一。在风电资源方面，英国地理位置特殊，四面临海，具有得天独厚的海上风电资源，加之其所临海域海风风速强劲，大力发展海上风电产业成为英国的必然选择。目前，英国是全球风电场行业发展较快的国家之一，其陆上和海上风电场已满足英国32%的电力需求。数据显示，2020年末，英国的风电场数量已超2500个，其中，海上风电场数量达40个，位列欧洲第一，陆上风电场数量为2575个[①]。虽然英国的风电装机容量落后于美国，但是其风电产业发展水平和政策的有效性远远高于美国，并且英国也是最早提出绿色金融理念的国家。

英国政府在金融领域的政策支持力度非常大，一个典型表现就是政府全资设立了绿色投资银行。绿色投资银行主要采取股权投资等方式向风电项目等绿色项目提供资金，同时可以有效带动社会面的私人投资。不得不说，这种举措是应对绿色金融发展中长期存在的环境正外部性和风险问题的有益尝试。

英国政府在绿色金融方面的具体实践也较为丰富。一是在金融机构建设方面，英国政府为推动绿色金融事业快速发展，于2021年4月出资1000万英镑用于组建绿色金融与投资中心（CGFI）。英国政府还根据企业环境影响评估结果采取差别化扶持政策，对环境友好型的企业给予贷款额度高达80%的担保，以使其获得上限为7.5万英镑的授信额度。[②] 二是在信贷产品方面，英国政府推出品种多样的绿色信贷产品，对于符合条件的企业，伦敦证券交易所甚至为其绿色债券业务开设专门板块（可持续债券市场，SBM），提高了信息透明度。三是在绿色债券方面，英国政府在2021年针对社会面的个体投资者发行了世界上第一只主权绿色债券，以使个体也参与到

---

① 全球风能理事会：《2022年全球风能报告》，第86~87页。
② 巴曙松、彭魏倬加：《英国绿色金融实践：演变历程与比较研究》，《行政管理改革》2022年第4期，第105~115页。

支持绿色项目的活动中，这一举措也促使英国政府成为国内最大的绿色债券发行主体。该储蓄债券致力于专门为清洁运输、风电等可再生能源领域的项目提供资金支持，最终将在为实现气候和环境目标吸引专用资金、推动绿色金融产品占据市场主流、创造绿色就业机会等社会福利改善方面起到重要作用。四是在平台建设方面，英国政府构建了透明化的绿色金融信息平台，典型代表是气候债券倡议组织（CBI），该机构本质上是运用债券市场应对气候变化问题的国际性非营利机构，且具有信息实时性和公开性的特点，在其官方网站上可以随时查看绿色债券发行动态、投资收益状况、绿色行业的发展动态以及政府的最新规划方案。该机构通过持续追踪并公开绿色债券市场动态、创建绿色债券标准等举措保障绿色债券市场的平稳运行，同时还为政府和绿色生产类企业提供低碳发展方面的对策建议。

英国拥有目前全球最领先的海上风电市场，海上风电行业被视为疫情发生后推动经济复苏的核心产业，而政府在绿色金融方面不断推出的创新政策也进一步促进了风电产业的发展。

三　日本绿色金融政策

日本政府在推动绿色金融发展方面的一个突出举措就是设立了日本政策投资银行。该银行主要开展针对亲环境行为企业的融资业务，在环境省的强力扶持下，还创新性地推出环境评级贴息贷款业务，即根据环境保护程度对相关产业进行评级，按级别划定利息率。日本政策投资银行充分利用自身的协调优势，开展多样化、环境友好的融资相关业务，为绿色信贷的蓬勃发展搭建了一个覆盖面宽广的业务平台。日本政策投资银行的另一个优势在于能够较好地进行风险管理，其通过有效运用环境评级系统，科学准确地评估和监督贷款目标企业，能够达到规避投资风险、提升投资效率之目的。

四　韩国绿色金融政策

早在2009年，韩国政府就专门出台了《低碳绿色增长战略》，意图通过强有力的政府政策来推动绿色金融的快速发展。在此之后，韩国政府又推出"绿色金融"专项计划，政府出资380亿美元专门用来支持节能低碳技术的研发与推广、绿色工作与生活环境的创建、生态基础设施的建设等。韩国政府还联合国民银行组建了资金实力雄厚的可再生能源私有权益基金公司（出资金额达到3300亿韩元），同时推出了利率较低的绿色金融产品，专门服务于节能碳减排行业。韩国意在通过丰富的绿色金融政策积极发展风电等可再生能源，降低风电产业的融资成本。[①]

韩国政府在绿色金融实践方面也有不少创新性举措。在环境立法方面，韩国环境部于2021年12月出台了《韩国绿色分类体系指南》，该指南详细界定了绿色经济活动的分类标准和分类原则。在绿色债券方面，韩国进出口银行于2013年在海外发行了亚洲第一只绿色债券，此后韩国绿色债券的发行量增长势头迅猛。据统计，截至2021年10月，韩国政府与私企在全球范围内发行的绿色债券总存量已经超过435亿美元。[②] 在绿色保险方面，韩国政府出台了《环境污染损害赔偿责任与救济法》以稳固推进环境责任保险。此外，韩国政府还研制推出专门针对个体户的多种绿色金融产品，如绿色信用卡、绿色储蓄卡、汽车绿色保险等。

五 德国绿色金融政策

由于传统化石能源匮乏，德国政府历来非常重视节能环保，始终走在欧洲节能减排的最前沿。在环保及绿色金融立法方面，德国政府针对环保领域先后制定出台了一系列法律法规，德国成为全球公认的环保体系完善、绿色金融立法最为健全的国家之一。德国绿色金融相关政策精细，出台了《综合能源和气候变化方案》《德国生物质能行动计划》《至2050年能源规划纲要》等多项政策，详细规定了风能、太阳能、水能和生物质能等"绿电"

---

① 刘雅君：《韩国低碳绿色经济发展研究》，吉林大学博士学位论文，2017。
② 《韩国绿色金融发展现状与中韩绿色金融合作展望（中篇）》，中央财经大学绿色金融国际研究院网站，http://iigf.cufe.edu.cn/info/1012/4541.htm，2021年12月25日。

行业的发展计划与实施方案。此外，德国绿色债券机制先进。德国财政部于2020年9月首次公开发行65亿欧元的10年期零票息主权绿色债券。[①] 该债券的特色在于其采用"孪生债券"机制，即通过持续监测绿色债券的升贴空间来判断债券市场上投资者的真实投资意愿。此外，由于该债券拥有与传统主权债券相同的高流动性和基准债券作用，所以其自身也构成了欧盟市场绿色主权债券收益率曲线，对绿色债券市场的平稳发展具有重要意义。

六 法国绿色金融政策

法国政府重视发展清洁能源，尤其是在日本福岛核泄漏事件后，法国对开发包括风电在内的可再生能源更加积极，采取多项措施积极推动风电行业的发展。法国政府通过制定风电行业发展目标、做好风电资源普查工作、支持风电设备研发生产、完善价格税收支持体系等一系列措施支持风电产业的发展。

法国作为欧盟的成员国，其适用于欧盟的绿色金融的分类法案和相关规定，但法国在绿色金融立法和政策方面领先于欧盟，法国也是欧盟绿色金融领域的领头羊之一。法国是全世界最早将绿色金融纳入法律范畴的国家，2001年法国议会出台了《新经济规制法》，要求证券交易所上市的公司的年度报告中必须披露其活动的社会后果和环境影响，包括二氧化碳排放量。2015年由生态与团结转型部提出了TEEC标签（法国的气候能源和生态转型标签，这也是绿色经济私人投资领域的第一个公共标签），TEEC标签保证金融产品的透明度和环保性，它是在严格规范的基础上授予的，代表了希望参与绿色经济融资的投资者的基准。在绿色债券发行上，最初的三笔绿色债券由法国地方政府牵头发行，奠定了坚实的绿色债券发行基础，且公共部门发行的长期绿色债券占主导地位，如SNCFRéseau从2017年开始发行的

---

① 《德国主权绿色债券发行机制及影响力分析》，中央财经大学绿色金融国际研究院网站，http://iigf.cufe.edu.cn/info/1012/3490.htm，2020年12月25日。

30 年期绿色债券是期限最长的法国绿色债券（不包括 Engie 的永久债券）。与此同时，绿色债券市场一直在快速发展，各类非政府实体不断涌入，包括中小型企业、非金融机构等。在绿色债券覆盖的领域上，法国绿色债券覆盖能源、建筑、运输等多个方面，其中能源与建筑领域占据 60% 的绿债资金使用。在绿色基金方面，随着环境和企业社会责任问题在投资中的重要性被逐渐认可，法国政府决定引入公共认证标签，为投资基金提供一套共同的标准。Greenfin 认证标签于 2016 年诞生，该标签的标准基于 3 个支柱：绿色份额和排除、ESG 标准和积极影响。[①]

七 越南风电绿色金融政策

截至 2021 年 11 月 1 日，越南共有 84 个装机总容量为 3967.28 兆瓦的风电项目已实现商业运营。其中，共有 68 个装机总容量为 3605.83 兆瓦的风电项目实现了全容量并网，而另有 16 个装机容量为 361.45 兆瓦的项目仅实现了部分并网。凭借丰富的自然资源，越南的离岸风电市场将成为越南政府未来重点发展的领域。根据 2021 年 2 月发布的《2021~2030 年电力规划草案》，越南离岸风电的装机容量计划在 2030 年前达到 2 吉瓦，在 2035 年前达到 8.5 吉瓦，并在 2045 年前达到 26 吉瓦。与此同时，越南海上风电累计装机容量占比在全球排名第四。

自 2015 年以来，越南国家银行发布了多项文件，引领金融资源向绿色领域倾斜，限制可能对环境产生不利影响的项目。根据国家银行经济产业信贷司的数据，绿色贷款余额已从 2015 年底的超过 71 万亿越南盾（约合 30.77 亿美元）增加到 2020 年底的 340 万亿越南盾。截至 2021 年 10 月底，整个经济体的信贷总额逼近 9990 万亿越南盾，带动绿色贷款余额继续增加，相关资金主要集中在绿色农业和可再生能源等领域。

---

① 《IIGF 观点 | 法国绿色金融发展现状与中法绿色金融合作展望》，中央财经大学绿色金融国际研究院，http://iigf.cufe.edu.cn/info/1012/4359.htm，2021 年 11 月 20 日。

八　西班牙风电绿色金融政策

西班牙是一个化石能源较为贫乏的国家。长期以来，西班牙的石油、天然气等能源基本全部依靠进口，故而风力发电等新型能源技术就成为西班牙政府发展的重点。在政府大力推动下，西班牙风力发电行业的快速进步也带来显著的环境效益，据西班牙风能协会（AEE）统计，早在2009年，西班牙因使用风电而节约的传统燃料已超过1040万吨，风电所供电量至少满足了1740万户西班牙国民的生活用电。

西班牙在绿色金融实践方面的典型做法主要有：一是西班牙政府与世界银行合作创立了碳基金，碳基金的日常运营及相关管理由世界银行负责，西班牙国内企业则主要通过碳基金参与清洁发展机制（CDM）项目，节能减排效果突出的项目可由此获得核证减排额，从而在项目贷款过程中享受优惠；二是西班牙银行持续发行绿色证券，为风电行业等环保类项目提供贷款。

九　丹麦风电绿色金融政策

丹麦的海上风电和陆上风电资源十分丰富，丹麦是全球风电资源最为丰富的国家之一。因为丹麦浅海地区纵深长（5~15米），50米高空的风速可以达到每秒8.5米至9.0米左右，所以丹麦海上风电资源尤为丰富。丹麦也是全球范围内较早将风电产业商业化的国家之一，据统计，在20世纪80年代，西班牙风电市场份额曾达到全球市场总份额的1/4。

为进一步促进风电产业发展，丹麦政府采取了一系列措施，利用财政补贴和价格激励，推动更多的风电项目得到资金。丹麦政府出台专项规定，为独立开发或招标外包的海上风电场给予高额补贴；通过设立固定价格机制，保障对绿色用电和近海风电的定价优惠，这一举措使得风电进入电网可得到相对优惠的价格，有效保护了风电投资者的利益；丹麦政府为鼓励风电项目

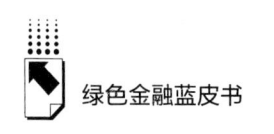

快速发展，曾一度不对风力发电项目征税；丹麦政府规定普通民众也有权参与政府和企业主导的风电项目，个人有权利入股风电项目成为股东。

十　主要国家风电绿色金融政策总结

绿色金融的本质是平衡金融业和可持续发展的关系，最大限度利用金融业来促进社会可持续发展，通过金融体系和金融工具为风电行业等绿色行业融资。在风电领域，政府出台的绿色金融政策要有利于资金流向环保效益高的风电项目，助力环保产业的发展。绿色金融工具主要包括绿色证券、绿色债券、绿色保险等。

随着全球气候的不断恶化，各国都通过出台政策以及法律来使银行和其他金融机构加大对环保型企业的贷款优惠力度，与此同时，环保部门的介入，也使绿色金融市场的融资标准逐渐规范。要想使绿色金融更好地为风电产业保驾护航，首先，就需要对风电企业进行评级，根据评级结果决定对各类风电产业的补贴数额，比如美国根据一定的标准为风电企业发放"海上风电可再生能源证书"（OREC），不同的证书对应不同的补贴，政府还会评估每个项目的成本和收益（不仅包含经济收益，还包括环境收益），以此为标准给予开发商一定的资金补贴，由此减低开发商运营风电项目的成本；英国政府则根据企业环境影响评估结果为企业授信，企业的项目环保效果越好，企业能获得的贷款额度担保比例就越高，企业最高可获得高达7.5万英镑的授信额度；日本也是根据环境保护程度进行评级，并按级别划定利息率。因此，我国的金融机构也可以根据风电产业的发电效率、环境保护程度以及发电使用率对风电项目进行评级，级别越高的项目可以获得的金融优惠就越多，从而可以使更多的资金流入更有前景、为可持续发展做出的贡献更大的项目，以此实现投放资金的精准化，助力绿色金融产业的发展。

绿色债券是指把所筹措的资金专门用于扶持那些符合条件的绿色项目或者为这些项目进行再融资的一种债券工具。各国都创新性发行了很多针对环保产业的绿色债券，并根据不同企业的融资特点，发行不同的绿色债券，如美国发行的有提前偿还债券、预期票据、资产担保证券、特殊税收债券等债券，风电企业就可以根据自己的需求来选择适合自己的债券。此外，一些发达国家还支持全球的个体投资者发行主权绿色债券，借助个人的力量支持绿色项目的发展，更加全面地发挥了绿色债券在促进绿色风电项目发展中的重要作用。例如，英国政府就推出了个人投资者可以购买的全球首只主权绿色债券。因此，政府要出台相关政策鼓励银行及其他金融机构研发并发行各种类型的绿色债券，以满足各种绿色项目的资金需求。

绿色信贷业务的特殊性在于绿色信贷政策需要公众的监督。这一特殊性就要求政府部门和银行要及时公开环保相关信息，并为环保信息披露、贷资双方平等对话等提供机制保障。英国在绿色信贷方面的相关举措较具创新性，伦敦证券交易所设立了专门板块"可持续债券市场"（Sustainable Bond Market，SBM），该板块可以及时、高效、准确地为投资者提供项目信息，投资者可以根据这些信息选择项目进行投资，因此从一定程度上避免了信息不对称的现象，更好促进风电项目的投资。同时，英国还建立实时公开绿色金融信息的平台，绿色项目企业在这个平台上也可以掌握更多更透明的绿色债券信息。例如，英国的气候债券倡议组织（CBI）通过持续监测并公布绿色债券的发展变化情况、设立绿色债券标准等举措保障绿色债券市场的平稳运行，同时还向政府和企业提供有利于低碳发展的策略和建议。

风电产业的发展是大势所趋，风电行业的发展壮大离不开绿色金融政策的支持。基于此，我国应积极总结并吸取各国发展绿色金融助力风电产业的成功经验，在充分利用地理优势和进行政府补贴的同时，还要鼓励社会力量支持风电产业的发展。首先，要制定绿色项目的等级标准，根据项目的不同环保程度提供不同的利率，环保效果越好的项目，可以获得更低的贷款利率，这就可以鼓励更多的企业投资绿色风电项目。其次，要联合环保部门以及社会环保评定机构进行等级评定，还要对项目资金的使用进行监督，保证绿色贷款真正用到环保的绿色项目上，避免企业打着绿色项目的由头申请资金投资高污染项目，这样就发挥不了绿色金融在环保减排上的作用。再次，发行绿色债券、进行绿色信贷是各国普遍使用的绿色金融工具，政府要出台

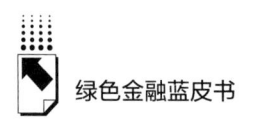

政策鼓励银行等金融机构进行绿色债券的研发创新，以更多更有效率的绿色债券产品来支持绿色风电产业的发展。最后，要保证绿色金融信息公开、透明，政府可以设立绿色金融信息平台，公开需要资金投资的绿色项目，同时及时公开已发行的绿色债券来减少投资者和拥有绿色项目的企业之间的信息不对称，使资金投向有需要的风电产业，有效促进绿色风电产业的发展。

B.11
国外主要国家或地区风电行业绿色金融发展实践

陈晓燕[*]

摘 要： 美国风电生产税收抵免政策和《2022年通胀削减法案》的实施推动美国风电产业快速发展，并且银行信贷、绿色债券和税务投资人的投资是美国风电融资的重要资金来源。欧洲风电融资中银行信贷和绿色债券是最主要的资金来源，投资人根据风电项目全生命周期中不同阶段的特点和风险对风电项目进行资产重组和收购。美国和欧洲均通过电力购买协议（PPAs）的收入稳定机制来吸引更多资金，以降低风电项目融资成本。美国和欧洲风电项目融资的实践，一方面为我国风电行业在国际金融市场融资提供了经验；另一方面也对我国提升绿色电力证书在稳定风电项目未来收益方面的作用及促进风电行业商业化发展有重要启示。

关键词： 税务投资 项目收购 电力购买协议

2022年11月，联合国气候变化大会第27次会议在埃及沙姆沙伊赫召开并达成全面气候协议，批准设立损失和损害基金，以帮助易受气候变化影响的发展中国家和脆弱国家。这说明全球气候变化已经从未来的

---

[*] 陈晓燕，博士，郑州航空工业管理学院硕士研究生导师，研究领域为跨国公司和国际投资、绿色金融。

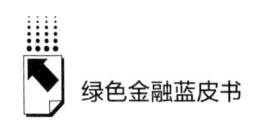

挑战，变成了眼前的危机。在危机面前，以清洁能源替代传统能源，是实现零碳的关键步骤。风电行业作为清洁能源领域的重要组成部分，其发展地位和潜力得到国际社会的认可。虽然各国风电产业发展需遵照各国的实际情况，但全球金融市场的高度一体化使当前发达国家已有的风电产业绿色金融实践和灵活的金融创新可以为我国风电行业发展和融资提供经验借鉴。

根据全球风电理事会发布的《2022年全球风能报告》，本报告选择除中国之外风机装机量最大的美国和欧洲作为样本，对其风电行业的绿色金融实践进行研究。

一 美国风电绿色金融发展

截至2021年底，美国陆上风电新增装机量占全球18%，仅次于中国（陆上风电新增装机量占全球42%），排名全球第二（见表1）。美国风电行业的快速发展，主要得益于联邦政府的税收优惠政策和加速折旧政策的实施。2020年6月，美国众议院通过一项可再生能源和能效法案，将风电生产税收抵免延长5年。2021年，美国总统拜登提出要在2030年实现3000万千瓦海上风电装机的目标。2021年11月，拜登签署了一项1万亿美元的基础设施法案，其中730亿美元用于部署可再生能源。2022年第三季度，美国通过《2022年通胀削减法案》，该法案提出拨款3690亿美元用于清洁能源资助，其中包括为关键的海上风电制造业提供数十亿美元的税收抵免；联邦政府支持在美国建立漂浮式风电机组制造产业，并宣布了一项漂浮式海上风电计划，目标是到2035年部署15吉瓦的漂浮式海上风电；美国沿海各州制定了更具雄心的海上风电发展新目标，如美国加利福尼亚州宣布到2045年部署25吉瓦漂浮式海上风电的装机目标，新泽西州将其目标从2035年的7.5吉瓦提高到2040年的11吉瓦。了解美国的风电政策后，接下来主要分析美国风电项目的融资途经和模式。

表1　2021年全球陆上风电和海上风电装机情况

陆上风电新增装机	陆上风电累计装机	海上风电新增装机	海上风电累计装机
合计72.5吉瓦 其中各国占比：	合计780.3吉瓦 其中各国占比：	合计21.1吉瓦 其中各国占比：	合计57.2吉瓦 其中各国占比：
中国42%	中国40%	中国80%	中国48%
美国18%	美国17%	英国11%	英国22%
巴西5%	德国7%	越南4%	德国13%
越南4%	印度5%	丹麦3%	荷兰5%
瑞典3%	西班牙4%	荷兰2%	丹麦4%
德国3%	巴西3%	其他1%	其他7%
澳大利亚2%	法国3%		
印度2%	加拿大2%		
土耳其2%	英国2%		
法国2%	瑞典2%		
其他18%	其他17%		

数据来源：《2022年全球风能报告》。

（一）美国风电项目的融资途径

美国风电项目的融资途径主要包括权益融资、债务融资和税收权益融资三大类。

1. 权益融资

权益融资筹措的资金能保证项目法人对资本的最低需求，具有永久性，无到期日，不需要归还，以维持项目的长期稳定发展。权益融资是风电项目开发商最基本的资金来源。针对风电项目建设周期短（一般几个月或不到2年的时间）、投资集中在建设期且资金需求大、运营回收期长（20年左右）、运维成本低的行业特点，项目开发商在项目开发阶段就要完成项目总投资额的融资。开发商可用自有资金或企业内部积累资金等进行投资，或邀请风机设备供应商和私人投资者参与项目合资，也可通过信托基金进行融资，部分开发商通过在证券交易所上市发行股票进行融资。权益融资属于直

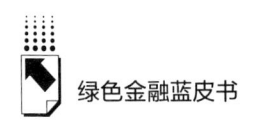

接融资。在美国风电行业快速发展的进程中，公共资本市场上的各种基金往往在项目开发阶段就已介入，与开发商、风机设备供应商共同为项目注资。考虑到风电场建成后的溢价，权益融资的资金成本往往较低。

2. 债务融资

债务融资包括单体风电项目的债务融资和多个风电项目打包发行资产支持证券等，具体有建设贷款、长期债务、夹层债和公司债四种。

（1）建设贷款

建设贷款是指筹措的资金用于风电项目的设计、风机设备采购和风电场施工。风电项目建设贷款的期限通常与建设周期相匹配，典型特征是成本较低、期限短。美国风电项目的建设贷款采用阶段性贷款计划，根据项目建设进度和质量放款，以降低贷款风险。对风电项目公司而言，这样可以缩短欠款时间，减少利息的总支出。

（2）长期债务

建设贷款期限短，只能解决开发商的燃眉之急，不能满足风电项目开发商对资金的长期需求。因此，美国为风电项目公司提供长期借款（7年或7年以上）或借款组合，其利率与借款期限和风电项目运营期的风险正相关。长期债务主要来源包括银团贷款、商业银行贷款和来自各种基金与设备制造商的借款，此外，政府也会为风电项目提供清洁能源优惠贷款、出口信贷等。

（3）夹层债

夹层债是风电项目业主（一般为开发商）以自己在项目公司中享有的所有权益作为质（抵）押物，债权人直接向开发商放贷。夹层贷款的利率取决于开发商的信用状况。如果开发商违约，债权人行使介入权，接管开发商对风电项目公司的管理权。夹层贷款其实是将风电项目公司与项目业主的其他资产绑定，以降低债权人的风险。由于夹层债一般比长期债的风险高，其利率也较高。美国风电项目夹层债的贷款方主要是商业银行。

（4）公司债

随着风机越来越大型化，风能的利用率提高，风电场的运维成本下降，风电的度电成本逐步下降，金融市场对风力发电的信心增强。风电项目业主以企业资产负债表、企业信誉等作为担保，通过发行公司债券进行融资。规模大的风电项目原始权益人将多个风电项目（包含新建风电项目和已建成正在发电的存量项目）打包以项目未来的发电收益为基础资产进行资产证券化。

3. 税收权益融资

税收权益融资在美国风电项目融资中盛行，主要源于联邦税收优惠政策的支持。美国联邦政府针对风电行业的税收激励政策中最重要的是2009年通过的《美国复苏和再投资法案》（American Recovery and Reinvestment Act of 2009）提出的生产税收抵免政策（Production Tax Credit，PTC）和投资税收抵免政策（Investment Tax Credit，ITC），以及修正后的"加速成本回收计划"（MACRS）规定的加速折旧政策。[①] 2020年6月，美国众议院通过一项可再生能源和能效法案，将风电生产税收抵免延长5年。

生产税收抵免政策是指风电项目可在运营发电期，每年按照一定补贴标准减免所需缴纳的生产税。投资税收抵免政策是指在风电项目开始正常发电后的60天内，联邦政府按照投资成本给予一定比例的现金返还。加速折旧政策指的是风电项目公司在其报税表中可以将风电场的固定资产按照一定的折旧比例在6年内完成折旧，从而减少项目运营前期的纳税金额。

加速折旧政策属于税前激励政策，生产税收抵免政策和投资税收抵免政策属于税后激励政策。根据美国的税收制度，风电项目开发商只能在税后激励政策中选择其一。一般来说，装机容量大的风电项目由于年发电量较大，倾向于选择生产税收抵免政策；而装机容量小、单位造价高的小型风电项目，由于前期资本性支出较大且发电量低，倾向于选择投资税收抵免政策。在确定税后激励政策之后，风电项目公司再根据自身情况考虑是否选择加速折旧政策。

除了生产税收抵免政策、投资税收抵免政策和加速折旧政策之外，为了鼓励更多资金投入风电行业，美国税制规定，股份公司以外的其他法人如向清洁能源开发领域投资，可以享受减税配额，于是产生了风电行业的税务投资人（Tax Equity Investor，TEI）。风电项目的"税收权益融资"就是税务

---

① 王亚亚：《金风科技拓路海外融资》，《中国外汇》2017年第7期。

投资人通过投资风电项目，享受风电项目加速折旧政策、生产税收抵免政策或投资税收抵免政策带来的税收优惠。

在具体风电项目融资中，税务投资者与风电项目开发商建立有限责任合伙企业（LLP）或有限责任公司（LLC），共同对项目出资，共享风电项目发电后的电费收益和税收优惠等。税务投资人一般是拥有大量资本和缴税额高的大型金融机构，如投资银行、保险基金和跨国公司的金融公司。美国银行、花旗银行、摩根大通和通用集团金融公司为市场上较为活跃的风电项目税务投资人。

根据美国能源部（DOE）能源效率和可再生能源办公室发布的2022年版《海上风电市场报告》，美国风电项目的融资结构在50%~80%债务份额和20%~50%股权份额之间，其中的股权部分由开发商和税务投资人出资（见表2）。预计在2022~2028年投入商业运营的美国风电项目的名义加权平均资本成本（WACC）为5.2%，这一融资成本略高于已建的海上风电场的WACC，如英国为4.0%、德国为3.2%、丹麦为4.8%。

表2 美国和欧洲海上风电项目典型融资条件

年度	地区范围	债务/开发商权益/税收权益（%）	定价（基点）
2006~2007年	欧洲	60/40/0	150~200
2009~2011年	欧洲	65/35/0	300~350
2012~2013年	欧洲	70/30/0	200~250
2014~2015年	欧洲	70/30/0	200~250
2016~2017年	欧洲	75/25/0	150~225
2018年	欧洲	70/30/0	120~175
2019年	美国	50/20/30	150~175
2020年	美国	80/20（合并）	170
2021年	美国	55/45	n/a

数据来源：美国能源部（DOE）能源效率和可再生能源办公室发布的2022年版《海上风电市场报告》。

（二）美国风电项目融资模式

美国风电项目融资模式多种多样，在此简单介绍单一所有者融资模式和合伙权益翻转融资模式。

1. 单一所有者融资模式

单一所有者融资模式，即风电项目只有一个权益投资人（风电项目开发商），允许项目公司借款（即负债）。单一所有者融资模式下，项目业主可以独享风电项目的联邦税收优惠，所以该模式是资金实力雄厚项目业主的最经济选择。这种融资模式对风机制造商 GE 比较合适，在 6 年加速折旧期之后风机制造商可将风电项目出售，获得资金后投资下一个风电项目，其实就是风机制造商向风电产业链的下游延伸。

单一所有者融资模式下，不需要税收权益人投资，也不需要与外部权益方合作，而是单一投资主体自主开发和运营风电项目，财务结构相对简单，成本较小；风电项目开发商持续控制整个项目的资金分配、电费收益分配和利润分配等。

2. 合伙权益翻转融资模式

合伙权益翻转融资模式是一种包含开发商权益融资、税收权益融资和债务融资在内的混合融资结构。在该融资模式下，风电项目开发商和税收投资人合伙成立风电项目公司（通常为合伙人企业），双方共同为风电项目提供建设期所需资金，共同运营风电项目，共享项目收益，包括可分配的利润和税收优惠等。根据合作协议，税收投资人可在预定期限内收到部分或全部初始可分配利润和税收抵免。在达到预定的时间或投资回报后，剩余现金收入，即减去运营成本后的可分配现金和减去税收优惠后的应税损益，将被"翻转"到二次分配，一般会持续到税收权益投资人获得其预期内部收益率（IRR）为止，通常在税收抵免到期（例如生产税收抵免为 10 年）前后。[①] 在税收权益投资人实现其内部收益率后，该项目剩余现金收益被"翻转"到三次分配，主要流向风电项目开发商。

---

① 吴星、郇南坚、张舒媛：《美国风电行业融资模式及对我国的启示》，《金融发展评论》2018 年第 12 期。

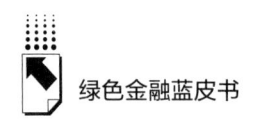

（三）案例分析

1. 金风科技美国响尾蛇风电项目融资

2017年4月27日，金风科技旗下全资子公司与美国伯克希尔·哈撒韦旗下的中美能源（Mid American Wind Tax Equity Holdings）以及花旗银行达成风电场税务投资协议，三方将共同投资金风科技在美国得克萨斯州开发的160兆瓦响尾蛇Rattlesnake风电场项目。通过响尾蛇风电项目，金风科技成为第一个在美国生产税收抵免政策下获得税务投资的中资企业。

金风科技设立的响尾蛇项目公司注册成立于2016年，总资产约2.6亿美元。该项目是金风科技首个税务投资人合作项目，也是金风科技在美国风电市场上装机容量最大的项目。2018年3月，64台风电机组全部吊装完成，进入运营阶段。2019年、2020年响尾蛇项目公司分别亏损711.83万美元、287.27万美元。[①] 2020年11月，金风科技将响尾蛇风电场出售给美国投资公司Exus Management Partners，所得资金用于新项目开发和服务能力提升。

如果仅从金风科技响尾蛇项目公司的财务状况（见表3）来看，该项目严重亏损，出售是最好的选择。但是，理解美国生产税收抵免、投资税收抵免和加速折旧政策的业内人士和专家学者会发现，该风电场正常发电，有稳定的现金流，但从财务报表上看2019年和2020年严重亏损，这主要是由加速折旧引起的。正是这种亏损使风电项目税务投资人可以合理享受生产税收

表3　金风科技响尾蛇项目公司财务状况

单位：美元

指标	2019年1月至12月	2020年1月至9月
营业收入	8691181	9311236
利润总额	-1183460	-4466440
净利润	-1183460	-4466440

数据来源：WindDaily。

[①] 《金风科技在美国最大风场，卖了！》，腾讯网，https://new.qq.com/rain/a/20201117A0GC0R00，2020年11月17日。

抵免带来的税收优惠。金风科技 2020 年出售响尾蛇风电场，实际上是其作为风机制造商从已建成项目中退出，进行新项目投资以带动风机销售。

同时，响尾蛇项目最初的税务投资人是美国伯克希尔·哈撒韦旗下的基金中美能源和花旗银行，2020 年该项目卖给了美国投资公司 Exus Management Partners，这是资金实力雄厚的原始投资人顺利从项目中退出，并寻找绿地风电项目（即新开发的等待建设的风电项目）进行再投资，以获取建设风电场带来的溢价和建成后最初发电期的税收优惠。

2. 美国葡萄园风电项目融资

2021 年 9 月，葡萄园风电 1 号项目融资封闭。葡萄园风电 1 号项目是位于离马萨诸塞州葡萄园岛海岸以南 15 英里处的 800 兆瓦的海上风电场，是葡萄园风电有限责任公司（Vineyard Wind）的第一个项目，也是美国第一个商业级海上风电项目。此次融资是项目融资，是由牵头银行桑坦德银行和来自美国与其他国家的 8 家银行合作（包括美国银行、摩根大通、BBVA、NatWest、法国农业信贷银行、国民银行、法国巴黎银行和 MUFG 银行）完成的总金额 23 亿美元的股权和优先级贷款融资。在建设期间和首次发电之前，该项目的资本结构将引入美国税收权益投资者。据悉，2018 年葡萄园风电 1 号项目与马萨诸塞州三家当地公用事业单位签了 20 年的电力购买协议（PPAs）。

葡萄园风电有限责任公司是一家总部位于马萨诸塞州新贝德福德葡萄园岛的海上风电开发公司，50% 股权由哥本哈根基础设施合伙公司（Copenhagen Infrastructure Partners，CIP）持有，50% 股权由 Avangrid 的子公司 Avangrid Renewables 持有。葡萄园风电 1 号项目采用单桩基础，通用电气（GE）将提供 62 台 Haliade-X13 兆瓦风力涡轮机。葡萄园风电 1 号项目采用多承包的方法，通过选择当地和国际上非常有经验的承包商来降低风险。CIP 将带领该项目完成建设阶段，预计第一批电力于 2023 年交付给电网，项目建成后将为马萨诸塞州的 40 多万户家庭和企业提供电力，在运营的头 20 年为纳税人节省 14 亿美元，预计每年将减少 160 多万吨的碳排放。

通过分析，发现税务投资者往往在风电项目建设前或正式发电前介入，

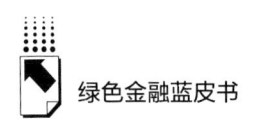

目的就是合理利用美国的生产税收抵免、投资税收抵免和加速折旧政策享受税收优惠，并在达到预期的投资内部收益率之后退出。另外，美国的风电项目在建设阶段开始前就已经和公用事业单位签订长期电力购买协议，以稳定未来发电收益。

美国风电装机容量不断增加，说明美国联邦政策支持确实促进了美国风电行业的快速发展。2022年1月中美能源斥资39亿美元（约合人民币247亿元）投资可再生能源项目"Wind Prime"，该项目包括2042兆瓦的风电项目和50兆瓦的太阳能发电项目。

二 欧洲风电绿色金融发展

2021年，欧洲投资了414亿欧元建设新的风力发电场。尽管这一数字低于2020年，但对应的装机容量为24.6吉瓦，这超过了以往任何一年（见表4）。在欧盟，新风电场装机容量是19吉瓦，这虽然是创纪录的，但远远低于为实现欧盟40%的可再生能源目标而需要在2021~2030年每年新安装30吉瓦的要求。2021年欧盟的装机容量仅为11吉瓦，这意味着从2022年到2030年，每年所需的装机容量已上升至32吉瓦。

表4 2012~2021年欧洲新风电场投融资情况

年份	陆上风电新资产融资额（亿欧元）	海上风电新资产融资额（亿欧元）	获得融资的新装机容量（吉瓦）
2012	180	28	11.6
2013	182	72	13.2
2014	181	129	14.1
2015	235	125	16.4
2016	250	221	20.2
2017	154	61	11.5
2018	171	97	16
2019	173	66	13.3
2020	188	277	21.6
2021	248	166	24.6

数据来源：《2022年全球风能报告》。

获得融资的风电装机容量创纪录,部分原因是获得融资的陆上风电装机容量相对增长。由于陆上风力发电每兆瓦的资本支出较低(见图1),因此同样的投资可以为更多的发电能力提供资金。在未来五年,我们预计陆上风电将占到欧洲所有新装机的76%。

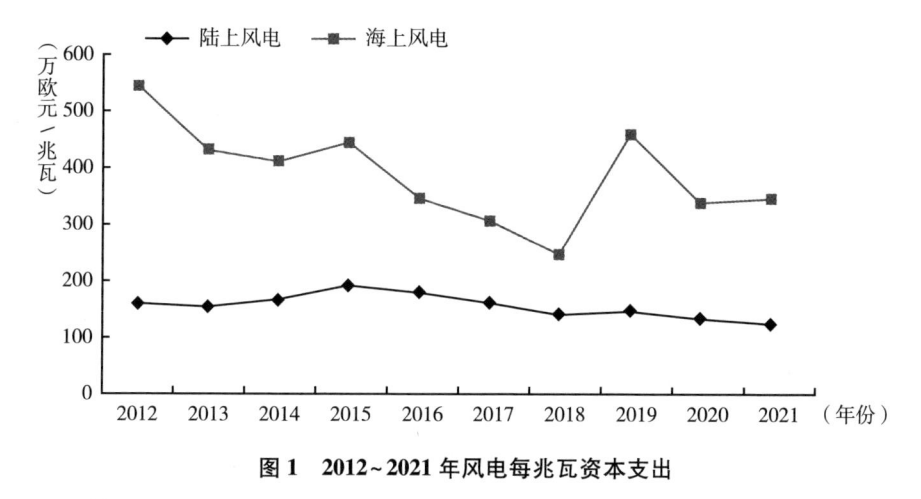

图1 2012~2021年风电每兆瓦资本支出

数据来源:Wind Europe。

风电仍然是一项有吸引力的投资,而且市场上有充足的资金来资助它。但至关重要的是,各国政府必须通过改进和简化审批程序,解决现有的瓶颈,使欧洲能够实现其气候目标,并减少对进口化石燃料的依赖。

(一)2021年欧洲风电投资

2021年欧洲投资414亿欧元建设新的风力发电场,其中,新的陆上风电项目的投资价值为248亿欧元,新的海上风电场的投资价值为166亿欧元。每兆瓦新增陆上风电产能所需的平均资本支出为130万欧元,为历史最低水平。对于海上风电,每兆瓦新增风电产能所需的平均资本支出为350万欧元。银行为存量风力发电场的建设和再融资提供了257亿欧元的无追索权债务,延续了自2013年以来贷款增加的总体趋势。无追索权债务占所有新陆上风力发电场投资的26%,占所有新海上风力发电场投资的56%,突出

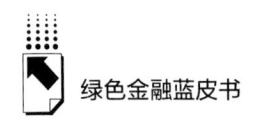

了银行在风电融资中的重要性。

对于使用项目融资的陆上风力发电场，债务股本比为8.09；海上风力发电场的债务股本比是3.55。对于项目收购，即投资者购买风电场（在开发、建设或运营中）的股份，价值估计为156亿欧元，这些项目收购性投资与投资于新风力发电场的414亿欧元是分开计算的。

英国在2021年再次成为新风力发电场投资最多的国家，投资额为94亿欧元，其次是德国（80亿欧元）和法国（46亿欧元）。瑞典（32亿欧元）、芬兰（28亿欧元）、波兰（16亿欧元）和立陶宛（4亿欧元）对新风力发电场的投资都超过了前一年的水平。[①] 就陆上风电而言，西班牙新风力发电场的投资总额较高，达到32亿欧元。海上风电投资集中在英国（88亿欧元）、德国（49亿欧元）、法国（22亿欧元）和丹麦（7亿欧元）。北欧和西欧在新风力发电场的投资有309亿欧元，约占总投资的75%。

（二）2021年欧洲风电融资来源

1. 企业融资和项目融资

企业融资（即企业在自己的资产负债表内筹集资金建造风力发电场）通常占陆上风力发电融资的50%~70%。2021年，欧洲陆上风力发电场筹集的资金中有71%是在资产负债表内筹集的，这回到了2017年之前的水平，当时"上网电价"支持机制被竞争性拍卖机制取代。自2016年以来，陆上风电成本下降幅度加大，因此2021年是风电融资规模创纪录的一年（见图2）。筹资规模取决于新项目的成本和为其提供资金的国家，如果一国政府制定了明确的未来拍卖时间表，就会营造出一种确定的氛围，这将是吸引未来风电投资的关键。

项目融资的陆上风电项目的负债率通常在80%~90%，这反映了技术的成熟度。拥有更成熟的技术的项目可以筹集到更多的债务资本，因为银行了解并能够对风险进行定价，而成功项目的可靠记录也会增强信心。由于债务是

[①] 《2021年欧洲风电新资产融资额达414亿欧元》，龙船风电网，https：//wind.imarine.cn/news/43478.html，2022年8月10日。

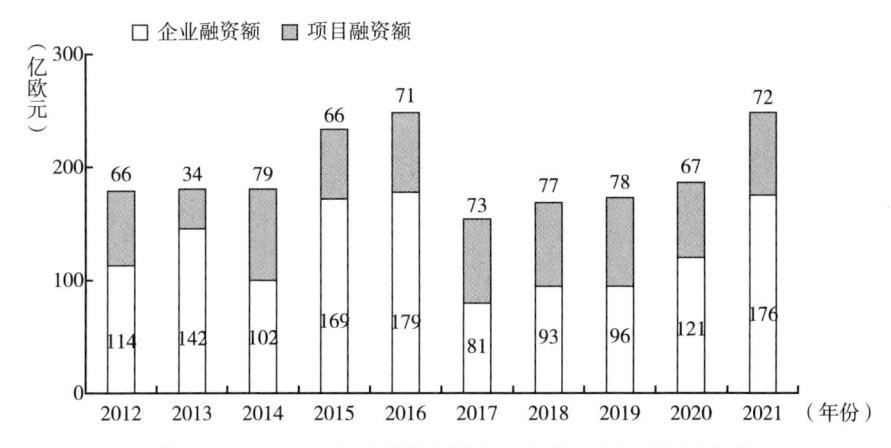

图2 2012~2021年欧洲陆上风电企业融资额和项目融资额

数据来源：Wind Europe。

一种比股权风险更低的投资（因为在破产的情况下，债务会首先得到偿还），因此它是一种成本更低的融资形式。因此，通常情况下，负债率越高，资金成本越低。2021年，债务占新陆上风力发电场项目融资的89%。海上风电项目往往比陆上项目大得多，而且往往适合进行项目融资，因为很少有开发商能够在自己的资产负债表内为这些大型项目筹集到必要的资金。2021年，海上风电项目在项目融资基础上筹集了119亿欧元，占总额的72%（见图3）。

图3 2012~2021年欧洲海上风电企业融资额和项目融资额

数据来源：Wind Europe。

在海上风电场的项目融资中，债务融资额占融资总额的77%（见图4），银行向英国、德国和法国的5个项目发放了92亿欧元贷款。

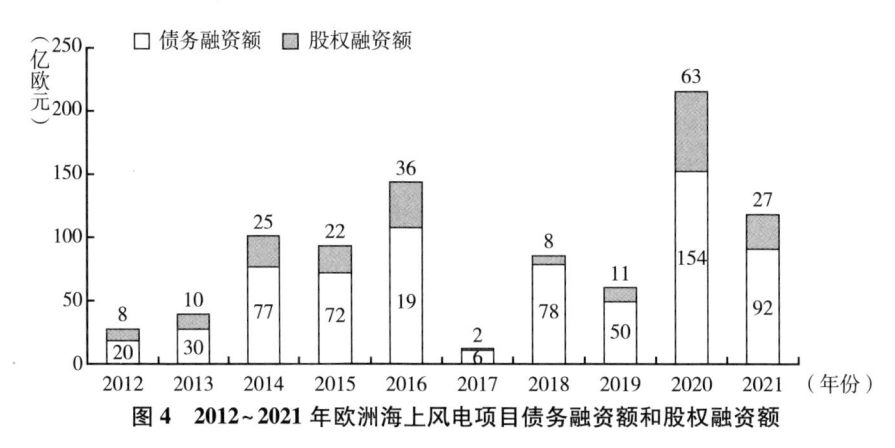

图4 2012~2021年欧洲海上风电项目债务融资额和股权融资额

数据来源：Wind Europe。

2. 无追索权的债务融资

当一个风电项目投入使用时，其风险状况会发生显著变化，如施工期间的风险被操作风险所取代，这影响了偿还贷款的可能性。此外，贷款机构还专门为项目开发各个阶段的风险定价。因此，一个项目一旦完成就进行债务重组是很常见的。例如，银行可能会为风力发电场的建设提供贷款，陆上项目的贷款期限通常需要1~2年，海上项目则需要2~3年，在此期间，风电项目没有产生任何收入。此外还有其他风险，如由恶劣天气造成的事故或施工延误造成的损失。风电场一旦投入使用，风险就会转移到运营环节。由于风力发电场的潜在损失和风险更小，它们可以吸引利率更低的贷款，以这种方式重组债务被称为再融资。

2021年，欧洲风电行业为单独的新的风力发电场项目筹集了156亿欧元的无追索权债务，为存量风电项目筹集了101亿欧元的无追索权债务（即再融资）。无追索权债务交易总额为257亿欧元，延续了欧洲近年来的融资模式，凸显了银行在风电融资方面的重要性。

目前来看，欧洲的低利率环境为风电项目提供了具有竞争力的定价和较低的融资成本。2021年有超过96家银行（包括多边金融银行、出口信贷银行和商业银行）为欧洲风电项目提供贷款，比2020年的67家大幅增加。

3.风电项目收购

在项目收购中，投资者可以购买风力发电场的全部或部分股份。风电项目收购可以在开发、建设和运营的任何阶段发生，不同阶段的项目有不同的风险和特点，这吸引了更广泛的投资者。英国风电市场的并购活动最为活跃（29亿欧元），并购容量达1.4吉瓦。荷兰有26亿欧元的项目收购活动，并购容量达230万千瓦。在欧洲，波兰的陆上风电收购活动最多，19亿欧元的风电项目股权投资涉及380万千瓦容量。波兰转手的产能数据表明，投资者瞄准的是较早开发阶段的项目。事实上，波兰2021年的项目收购活动总额为156亿欧元，包括对海上电网基础设施的收购。

数据表明，投资者不仅积极瞄准了在波兰的早期风电项目，而且还瞄准了整个欧洲。无论是为了在一个竞争激烈的领域通过承担更多早期风险来提高回报，还是为了获得市场份额，投资者显然必须变得更加老练，才能在项目的早期阶段进入。风力发电场的相对价值取决于其发展阶段。风力发电场通过发展阶段获得价值，随着有形资产的安装，建筑的价值会大幅增加。风电场在投入使用后是最有价值的，之后会缓慢贬值。

4.新能源电力购买协议

自2015年以来，通过购电协议（PPAS）获取新能源电力的企业数量一直在稳步增长。企业采购新能源电力的动机多种多样，但降低和稳定电力成本是这些交易的一个重要理由。最近一项针对6个国家1200家公司的调查显示，在采购新能源电力的企业中，92%的企业是为了降低能源成本。2018年，风电占欧洲PPAs发电量的90%。但在过去的几年里，太阳能PPAs迅速扩张，这确实推动了市场的增长。2021年，风电占PPAs容量的近60%，风电累计占欧洲PPAs容量的2/3，约13吉瓦。风电具有模块化规模、成本竞争力和低风险的特点，满足了企业对可再生电力的需求。[1]

---

① 《2021年欧洲风电新资产融资额达414亿欧元》，龙船风电网，https：//wind.imarine.cn/news/43478.html，2022年8月10日。

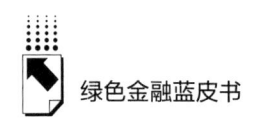

在2021年融资的新风力发电场产能中,约10%是由企业PPAs支持的。企业PPAs也为发电企业带来了好处。在很长一段时间内的价格可见性和有保证的承购商对降低融资成本很重要。贷款机构通常需要保证项目收入的下限,以确保债务得到偿还。因此,它们倾向于在较长一段时间内(与贷款期限相匹配)获得较低的收入,而不是较高但不确定的收入。

海上风电项目开发商希望通过企业PPAs获得稳定的收入。如果他们在为资产负债表内的项目融资,就可以释放风险资本,或者用廉价债务为更多成本融资。海上风力发电场的规模大,适合需求大的企业,而推动海上PPAs增长的正是能源密集型行业。近50%的产能已由大型ICT企业承包,另外20%由化工和工业气体公司承包。

2021年签约量最大的行业是ICT(3000兆瓦)和重工业(1300兆瓦)。在欧洲,越来越多的公司正在签署PPAs。展望未来,它们将在满足企业对可再生能源的需求,以及支持欧洲可再生能源的融资和建设方面发挥越来越重要的作用。

(三)风电融资政策

如上所述,PPAs是风电项目实现一定程度价格稳定的一种方式,也是债务期限的承担者。在一些没有政府收入支持的市场,企业PPAs是主要的收入稳定机制。但企业PPAs引入了信用风险,因此它们在一定程度上受到企业池的限制,这些企业池的规模和信誉足以使PPAs具有银行价值(即从银行吸引债务)。

如果各国政府希望确保足够多的风电项目获得适当的融资,就需要通过双边差额协议[①]来实现收入稳定机制,同时还应该消除企业PPAs的障碍。

---

① 差额协议(CONTRACT for DIFFERENCE,CfD)是一个设计良好的基于能源和市场的收入稳定机制,如双边节能方案,是支持可再生能源投资者的最佳方式。这些机制必须在投资者对确定性的需求和降低社会成本之间取得平衡。在双边CfD下,开发商和政府之间达成执行价格协议(通常通过竞争性拍卖)。如果批发电价低于商定的执行价,政府将向开发商支付执行价与批发电价之间的差额。然而,当批发电价高于执行价时,风电场会补偿政府。在当前电价和未来电价存在不确定性的情况下,双方CfD对社会发展的好处非常明显。

双边 CfD 下以固定价格出售的电力使终端消费者免受现货批发价格峰值的影响，这将为风力发电场提供额外的收入稳定选择，并将确保各行业能够对自己的业务进行脱碳。这些长期固定价格合同还有一个额外的优势，那就是可以吸引更廉价的融资，从而降低整体成本。随着越来越多的国家在拍卖模式中使用 CfD，支撑风电场投资的 CfD 的重要性继续上升。

风力发电场的前期投入成本很高，但发电成本大多是固定的，而运行和维护等可变成本非常低。这使得融资成本在风电生产的总成本中占很高的比重。PPAs 和 CfD 的收入稳定机制是吸引更广泛的投资、降低融资成本的最好选择。这对我国绿色电力证书交易机制的设计有重要的启发意义。

三 海外风电企业绿色金融实践

（一）海外风机制造商和风电运营商概况

1. 风机制造商

根据 2022 年 3 月彭博新能源财经发布的数据，在 2021 年全球前十大风电整机制造商新增装机容易的排名中（见表 5），第一名为维斯塔斯，2021 年新增装机容量为 15.20 吉瓦。金风科技以 12.04 吉瓦的新增装机容量位居第二，与维斯塔斯相差 3.16 吉瓦。西门子歌美飒上升两位位居第三。前三大风电整机制造商装机容量合计占全球市场的 36%。远景能源稳居第四位，通用电气紧随其后，位列第五。值得注意的是，中国风电整机制造商在全球前十大风电整机制造商中占有六个名额。此外，运达股份位列第六，明阳智能位列第七，恩德能源位列第八，上海电气位列第九，东方电气位列第十。2021 年全球风电新增装机容量 99.2 吉瓦，达到历史最高水平，连续第二年全球新增装机容量逼近 100 吉瓦。其中陆上风电装机 82.3 吉瓦，占比 83%；海上风电装机 16.8 吉瓦，相较于 2020 年增长 161%。全球前十大风机制造商新增装机容量占全球总新增装机量的 84%。

海外风电整机市场经过 40 多年的发展，已形成非常高的市场集中度。

在过去的几年兼并收购成为海外风机市场的主题，如通用电气收购 Blade Dynamics 和叶片制造龙头 LM，恩德能源收购安迅能（Acciona）风电业务，维斯塔斯收购 Upwind（北美运维公司）和 Availon（德国运维公司），西门子合并歌美飒（Gamesa）。一系列兼并活动折射出行业发展的两大特征，一是风电行业从最初享受高补贴到进入平价阶段，再到激烈竞争的竞价期，在这一系列的变迁中，国际上一些老牌企业经历了经营困难、巨额亏损，甚至破产；二是经营稳健的优质风电企业在适应行业变化的同时，通过兼并收购不断扩大业务规模，并且收购方更注重兼并能够带来的区域市场版图扩张和产业链延伸，以提高协同效应和直接赢利能力。①

表5 2021年全球前十大风电整机制造商新增装机容量

排名	企业名称	装机容量(吉瓦)	国家
1	维斯塔斯(Vestas)	15.20	丹麦
2	金风科技(GoldWind)	12.04	中国
3	西门子歌美飒(Siemens Gamesa)	8.64	德国、西班牙
4	远景能源(Envision)	8.46	中国
5	通用电气(GE)	8.30	美国
6	运达股份(Windey)	7.71	中国
7	明阳智能(Mingyang)	7.53	中国
8	恩德能源(Nordex)	6.80	德国
9	上海电气(Shanghai Electric)	5.34	中国
10	东方电气(Dongfang Electric)	3.37	中国

数据来源：彭博新能源财经。

2. 风电运营商

风电运营是风电产业链下游的风力发电环节，其核心竞争力体现在对风能的开发能力、开发商的资本实力及为风电场项目融得低成本资金的能力，

---

① 吴从法、刘国辉：《金融支持海上风电产业发展的实践与探索》，《金融纵横》2021年第8期。

而非风电项目在发电期的运维技术和经验等,所以风电运营行业的布局相对比较分散,每家风电运营商在各自的传统优势地区进行开发,然后将风电场的发电量销售给所在地区的电网公司。风电项目开发商和运营商多为专业的大型发电集团,或者其他资金实力雄厚的传统行业企业。[①]

近年来欧洲传统能源集团由于能源转型行动迟缓,不仅业绩严重下滑,而且遭遇了舆论危机,正逐步向风电等新能源业务转型。目前海外风电运营商主要有来自美国的新纪元能源公司(Nextera Energy,美国最大的风力发电公司)、伯克希尔·哈撒韦能源公司(BHE,巴菲特旗下的公司)、Invenergy、Pattern 和 Global Infrastructure Partners(GIP),来自西班牙的伊维尔德罗拉(Iberdrola)和安迅能(Acciona),来自挪威的挪威国家石油公司(Equinor)和阿卡能源(Aker Solutions),以及葡萄牙电力公司(EDP)、意大利国家电力公司(ENEL)、法国电力集团(EDF)、丹麦沃旭能源(Ørsted)等。

关于风电场的绿色金融发展实践在前面部分已详述,接下来选择全球第一大风机制造商维斯塔斯(Vestas)的绿色金融实践进行分析。

(二)维斯塔斯(Vestas)的绿色金融实践

1. 维斯塔斯(Vestas)的资金来源

丹麦风电整机制造商 Vestas 创建于 1945 年,1979 年开始制造风机,1987 年开始集中力量研究风能的利用。近 40 年来,Vestas 在陆上风机和海上风机的研发设计、制造、建设、运营和服务等各个领域积累了行业领先的专业知识。该公司的生产车间不仅遍布丹麦、德国、意大利、苏格兰、英格兰、西班牙、挪威和瑞典等欧洲国家,在我国和印度等亚洲国家以及澳大利亚也有分布。

截至 2021 年 12 月 31 日,Vestas 的金融债务包括双边过桥贷款(5 亿欧元)、其他信贷安排(7100 万欧元)、租赁债务(5.45 亿欧元)以及或有对价(3.2 亿欧元)。Vestas 在 2021 年获得穆迪 Baa1 的投资信用评级,使该

---

① 观点引自《2019 年全球风电运营商研究报告》。

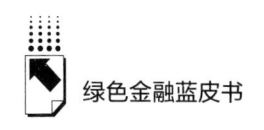

公司的融资灵活性和发行绿色欧元债券的流动性增强、融资成本下降。

Vestas的资金来源主要包括股票市场的权益融资、银行信贷、绿色公司债券，这与我国风电整机制造龙头企业金风科技和明阳智能的融资渠道基本相同。

2. 出口信贷融资

根据公开资料，在促进公司风机设备销售方面，丹麦出口信贷机构EKF近几年一直在通过提供出口信贷推动丹麦风机在欧洲风电项目的销售。

2022年6月，EKF批准向西班牙能源公司Iberdrola提供10亿欧元（约合人民币70.6亿元）的信贷额度，用于从Vestas和Siemens Gamesa购买风机，这是EKF有史以来提供的最大信贷额度，该交易与桑坦德企业和投资银行（Santander CIB）合作完成。如果没有EKF参与这项融资，开发商或许不会选择丹麦的风电整机制造商。Siemens Gamesa和Vestas都认为EKF为Iberdrola提供的信贷额度对于加快全球能源转型是至关重要的。Siemens Gamesa的首席财务官Beatriz Puente表示，该公司与EKF、Iberdrola和Santander CIB的强大合作关系被视为释放全球风能全部潜力的主要驱动力。

其实，早在2018年Vestas就通过结构性融资模式协助越南开发商Tan Hoan Cau Joint Stock Corporation为33兆瓦的Huong Linh风电场获得融资。Huong Linh 1号位于Quang Tri省的Huong Hoa，Vestas在2兆瓦平台上供应和监督安装15台涡轮机，并提供为期10年的服务协议。借助对市场和客户的全面了解，Vestas牵头协调了数家金融机构，为离岸银行提供本地银行担保，而本地银行又得到EKF的进一步担保，这使风电项目能够吸引更多国际资金。

3. 应收账款融资

2021年4月27日，德意志银行集团宣布将为Vestas提供3.1397亿澳元两年期出口应收账款买断，用于Global Power Generation SA（GPG）澳大利亚子公司两个风电厂所需设备的出口和安装。本项目由中国出口信用保险公司承保相关的商业和政治风险。

进口方GPG是由西班牙跨国天然气和电能公司（Naturgy）与科威特投

资局（Kuwait Investment Authority）成立的合资公司，GPG在全球范围内建设和管理电力设施。在为Vestas提供这一全新金融解决方案的过程中，德意志银行展现了与新能源企业、进口方、项目运营商和出口信用保险机构跨境合作、通力完成ESG交易的能力，让可持续发展更具商业可行性。

四　总结

现阶段全球亟须加速能源转型，风电开发商需要灵活便捷地获得资金，以便其在全球快速部署可再生能源项目。我国虽是全球风机制造大国，却在海外风电市场上占比不足10%，有研究认为阻碍风机走出去的主要原因之一是我国投资境外风电项目的融资成本高。对我国风机制造商来说，如何扩大风电机组出口从而抢占全球市场？我国对风电出海实行出口信贷政策，将成为购买我国风电设备的海外单个风电项目传统融资渠道的补充。

银行信贷、绿色债券和税务投资人的投资是美国风电融资的重要资金来源；欧洲风电融资中银行信贷和绿色债券是最主要的资金来源，投资人根据风电项目全生命周期中不同阶段的特点和风险对风电项目进行资产重组和收购。美国和欧洲风电项目融资的实践，为我国风电企业走出去，在国际金融市场融资提供了丰富的经验。美国和欧洲均通过电力购买协议（PPAs）的收入稳定机制来吸引更广泛的资金，从而降低风电项目融资成本，这对我国提升绿色电力证书在稳定风电项目未来收益方面的作用、促进风电行业商业化发展有重要启示。

如何让我国的风电企业走出去？本报告认为可借鉴Vestas的经验，一是加大对外直接投资，在风资源丰富的国家投资生产风电设备；二是将出口信贷担保、出口信贷和融资租赁以及保险结合起来，降低融资成本。

B.12
附　录

截至 2022 年 8 月 5 日，根据国家企业信用信息公示系统，以能源基金为主题的、一年以内成立且正常营业的基金数量有 9 只，成立时间在 1~5 年内且存续的该类基金数量共计 65 只。自 2020 年以来成立的该类基金情况如下：2022 年至今成立 4 只，2021 年成立 9 只，2020 年成立 11 只（见附表 1）。

附表 1　2020 年至今成立的能源基金

公司名称	成立时间	注册资本或者认缴出资额	执行事务合伙人或第一股东（持股比例）
盐城工融汇创新能源股权投资基金合伙企业（有限合伙）	2022 年 7 月 14 日	1000000 万元	工银资本管理有限公司
海南开弦绿色能源产业投资基金合伙企业（有限合伙）	2022 年 6 月 8 日	51000 万元	开弦私募股权投资基金管理有限公司
江峡能建（天津）清洁能源股权投资基金合伙企业（有限合伙）	2022 年 4 月 11 日	200100 万元	江峡能建（北京）清洁能源科技有限公司
淮北盛大崇宁绿色能源产业投资基金（有限合伙）	2022 年 4 月 6 日	10000 万元	崇宁资本管理有限公司
贵州省能源结构调整股权投资基金合伙企业（有限合伙）	2021 年 10 月 22 日	500000 万元	贵州黔晟股权投资基金管理有限公司
山西能源转型发展股权投资基金合伙企业（有限合伙）	2021 年 11 月 3 日	201100 万元	山西黄河股权投资管理有限公司
中泰丝路（海南）能源产业发展基金有限公司	2021 年 9 月 27 日	60000 万元	中泰发展（北京）能源科技有限公司，持股比例 100%
成都金牛交子能源股权投资基金合伙企业（有限合伙）	2021 年 9 月 28 日	6000 万元	成都市金牛区交子股权投资基金管理有限公司

续表

公司名称	成立时间	注册资本或者认缴出资额	执行事务合伙人或第一股东(持股比例)
黑龙江嘉普能源产业发展基金合伙企业(有限合伙)	2021年10月29日	5000万元	珠海汉昱管理咨询有限公司
白城市创新能源创业投资基金管理有限公司	2021年7月23日	1100万元	白城市能源投资集团有限公司,持股比例100%
宁夏国投清洁能源产业壹号投资基金合伙企业(有限合伙)	2021年6月2日	19000万元	宁夏产业引导基金管理中心(有限公司),持股比例50%
南宁科晟能源动力投资基金合伙企业(有限合伙)	2021年6月21日	60300万元	南宁市揽胜亿融基金管理有限公司
成都厚普清洁能源股权投资基金合伙企业(有限合伙)	2021年5月8日	1000万元	成都厚普股权投资管理有限公司
陕西洁净能源技术基金管理有限公司	2020年1月7日	2100万元	陕西延长石油(集团)有限责任公司,持股比例57.14286%
河南科源申能洁净能源股权投资基金合伙企业(有限合伙)	2020年7月9日	10000万元	洛阳豫申企业管理合伙企业(有限合伙)
临汾经济开发区烯谷能源股权投资基金合伙企业(有限合伙)	2020年7月3日	4000万元	临汾市创业投资基金管理有限公司
中俄能源合作股权投资基金(青岛)合伙企业(有限合伙)	2020年9月24日	300000万元	中俄能源投资私募基金管理(青岛)有限公司
北京国创新能源汽车股权投资基金合伙企业(有限合伙)	2020年1月3日	523000万元	国创(北京)新能源汽车投资基金管理有限公司
成都交子经开新能源汽车股权投资基金合伙企业(有限合伙)	2020年5月27日	40000万元	成都龙雏股权投资基金管理有限公司
甘肃省绿色生态清洁能源产业发展基金(有限合伙)	2020年6月15日	150000万元	兰州玛雅赛宝投资管理有限公司
北京国联中福能源产业投资基金(有限合伙)	2020年1月2日	30300万元	国联产业投资基金管理(北京)有限公司
朔州市华朔金石能源产业转型母基金合伙企业(有限合伙)	2020年12月25日	66100万元	金石投资有限公司

续表

公司名称	成立时间	注册资本或者认缴出资额	执行事务合伙人或第一股东(持股比例)
新疆国投能源创新产业基金壹期合伙企业(有限合伙)	2020年12月10日	10205万元	新疆维吾尔自治区国有资产投资经营有限责任公司、新疆聚亿壹号股权投资合伙企业(有限合伙)并列第一股东，各自持股比例为48.99559%
上实绿色能源一期股权投资基金(上海)合伙企业(有限合伙)	2020年1月20日	19000万元	上实绿色产业投资管理(上海)有限公司

截至2022年8月5日，根据国家企业信用信息公示系统，以碳中和基金为主题的、1年内成立且存续的基金数量是5只，成立时间超过1年且存续的该类基金数量为0；2022年以来成立4只，2021年成立1只（见附表2）。

附表2　2020年至今成立的碳中和基金

公司名称	成立时间	注册资本	执行事务合伙人或第一股东(持股比例)
中金协鑫碳中和(绍兴)产业投资基金合伙企业(有限合伙)	2022年1月27日	250000万元	中金私募股权投资管理有限公司
河北新天绿色水发碳中和股权投资基金(有限合伙)	2022年3月7日	36000万元	山东水发创新投资有限公司
安徽省碳中和基金有限公司	2022年6月14日	500000万元	安徽省能源集团有限公司，持股比例100%
无锡远景红杉碳中和股权投资基金(有限合伙)	2022年7月29日	2万元	无锡远杉咨询管理合伙企业(有限合伙)
华景(天津)碳中和股权投资基金合伙企业(有限合伙)	2021年8月25日	200万元	天津华景节能环保科技有限公司

截至 2022 年 8 月 5 日，根据国家企业信用信息公示系统，以低碳基金金为主题的、1 年内成立且存续的基金数量是 6 只，成立时间在 1~5 年内且存续的基金数量为 6 只，超过 5 年且存续的有 15 只；自 2020 年以来成立、存续的共计 8 只，2022 年以来成立的有 3 只，2021 年成立的有 4 只，2020 年成立的有 1 只（见附表 3）。

附表 3　2020 年至今成立的低碳基金

公司名称	成立时间	注册资本或者认缴出资额	执行事务合伙人或第一股东（持股比例）
中欧滨海光智（天津）低碳智能产业基金合伙企业（有限合伙）	2022 年 3 月 30 日	100000 万元	天津光宇企业管理有限责任公司
新沂市绿色低碳新兴产业创业投资基金合伙企业（有限合伙）	2022 年 3 月 14 日	50000 万元	青岛京立资产管理有限公司
北京兴能低碳私募基金管理有限公司	2022 年 7 月 28 日	3000 万元	金米（北京）投资管理有限公司，持股比例 35%
北京北创绿色低碳科技创业投资基金中心（有限合伙）	2021 年 1 月 29 日	45000 万元	北京北创绿色私募基金管理有限公司
厦门金创绿色低碳股权投资基金合伙企业（有限合伙）	2021 年 10 月 25 日	30000 万元	厦门市创业投资有限公司
北京国能绿色低碳发展投资基金（有限合伙）	2021 年 9 月 29 日	600100 万元	国能（北京）私募基金管理有限公司
光控低碳科创（湖北）投资基金合伙企业（有限合伙）	2021 年 11 月 15 日	101 万元	光大绿色丝路投资管理有限公司
辽宁省低碳绿色产业投资基金有限公司	2020 年 9 月 28 日	5000 万元	辽宁绿色投资发展有限公司，持股比例 100%

截至 2022 年 8 月 5 日，根据国家企业信用信息公示系统，以绿色基金为主题的、1 年内成立且存续的基金数量是 34 只，成立时间在 1~5 年内且存续的该类基金数量有 123 只，超过 5 年的有 86 只；2022 年以来成立 19 只，2021 年成立 39 只，2020 年成立 27 只。

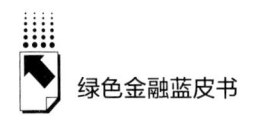

附表4　2020年至今成立的绿色基金

公司名称	成立时间	注册资本或者认缴出资额	执行事务合伙人或第一股东(持股比例)
长江绿色发展投资基金合伙企业(有限合伙)	2022年1月27日	800750.0万元	上海长投汇诚企业管理有限公司
信阳市绿色产业投资基金合伙企业(有限合伙)	2022年4月26日	200000.0万元	河南省中豫金控股权投资管理有限公司
深圳市绿色航运私募股权投资基金合伙企业(有限合伙)	2022年2月16日	63000.0万元	深圳赤道基金管理有限公司
海南开弦绿色能源产业投资基金合伙企业(有限合伙)	2022年6月8日	51000.0万元	开弦私募股权投资基金管理有限公司
新沂市绿色低碳新兴产业创业投资基金合伙企业(有限合伙)	2022年3月14日	50000.0万元	青岛京立资产管理有限公司
电投绿色氢能一期(海南)私募基金合伙企业(有限合伙)	2022年3月16日	50000.0万元	国家电投集团产业基金管理有限公司
安徽海创绿色股权投资基金(有限合伙)	2022年3月9日	49378.0万元	上海正海资产管理有限公司、安徽高沭创业投资有限公司
江苏堇泉咏圣绿色产业投资基金合伙企业(有限合伙)	2022年1月11日	40000.0万元	南京咏圣厚坤股权投资管理有限公司
河北新天绿色水发碳中和股权投资基金(有限合伙)	2022年3月7日	36000.0万元	山东水发创新投资有限公司
江苏堇泉盈峰绿色新兴产业投资基金(有限合伙)	2022年1月7日	30000万元	国晟众城(江苏)创业投资有限公司
堇泉(洪泽)绿色产业升级投资基金(有限合伙)	2022年3月1日	30000万元	崇宁资本管理有限公司
新昌县绿色股权投资基金合伙企业(有限合伙)	2022年3月11日	20000万元	新昌县两山发展实业有限公司
河北雄安绿色建筑产业投资发展基金(有限合伙)	2022年2月24日	14000万元	中国雄安集团基金管理有限公司
贵州华软绿色大数据创业投资基金合伙企业(有限合伙)	2022年1月6日	10000万元	富淑梅(第一股东,持股比例45%)
淮北盛大崇宁绿色能源产业投资基金(有限合伙)	2022年4月6日	10000万元	崇宁资本管理有限公司

续表

公司名称	成立时间	注册资本或者认缴出资额	执行事务合伙人或第一股东(持股比例)
重庆同创绿色私募股权投资基金合伙企业(有限合伙)	2022年1月21日	10000万元	深圳同创锦绣资产管理有限公司
山发绿色智造(济南)股权投资基金合伙企业(有限合伙)	2022年6月15日	10000万元	山东泓信股权投资基金管理有限公司
众创绿色二号股权投资基金(枣庄)合伙企业(有限合伙)	2022年2月9日	1000万元	前海众创资本管理(深圳)有限公司
山东绿色发展私募基金管理有限公司	2022年1月10日	2000万元	山东省绿色发展资本管理有限公司,持股比例100%
北京国能绿色低碳发展投资基金(有限合伙)	2021年9月29日	600100.0万元	国能(北京)私募基金管理有限公司
山东山发绿色产业投资母基金合伙企业(有限合伙)	2021年9月30日	300000.0万元	山东省山发绿色私募(投资)基金管理有限公司
中鑫绿色私募股权投资基金(青岛)合伙企业(有限合伙)	2021年8月14日	120100.0万元	中银资产基金管理有限公司
湖北绿色生态产业基金管理合伙企业(有限合伙)	2021年12月16日	101000.0万元	湖北省长投私募基金管理有限公司
庆元县绿色发展产业基金有限公司	2021年11月12日	100000.0万元	庆元县金融投资控股有限责任公司,持股比例100%
韶关市绿色发展产业投资母基金合伙企业(有限合伙)	2021年11月4日	100000.0万元	广东韶鑫投资基金管理有限公司
北京绿色科创穗禾北工股权投资基金合伙企业(有限合伙)	2021年12月3日	58200.0万元	农银资本管理有限公司
贵阳蜂巢申宏新能源绿色产业投资基金合伙企业(有限合伙)	2021年11月30日	50000.0万元	申银万国投资有限公司
电建(大理)绿色发展基金合伙企业(有限合伙)	2021年8月13日	40150.0万元	中电建(北京)基金管理有限公司
山东省国合开研绿色新动能产业发展基金合伙企业(有限合伙)	2021年8月12日	40000.0万元	北京开研投资管理有限公司

续表

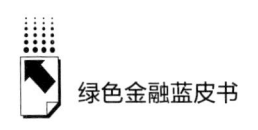

公司名称	成立时间	注册资本或者认缴出资额	执行事务合伙人或第一股东（持股比例）
厦门金创绿色低碳股权投资基金合伙企业（有限合伙）	2021年10月25日	30000.0万元	厦门市创业投资有限公司
黄山市绿色投资基金合伙企业（有限合伙）	2021年10月12日	20020万元	黄山市信投投资有限公司
广州绿色智造产业投资基金合伙企业（有限合伙）	2021年10月25日	20000万元	广州绿色基础设施产业投资基金管理有限公司
云南绿色基金股权投资合伙企业（有限合伙）	2021年12月9日	18976.38万元	云南建投股权投资基金管理有限公司
兰州新区绿色化工基金（有限合伙）	2021年12月28日	10000万元	兰州新区绿色发展私募基金管理有限公司
北京北创绿色低碳科技创业投资基金中心（有限合伙）	2021年1月29日	45000万元	北京北创绿色私募基金管理有限公司
北京永定延怀绿色产业基金（有限合伙）	2021年6月18日	44000万元	天石基金管理（深圳）有限公司
中美绿色汇通（天津）创业投资基金合伙企业（有限合伙）	2021年5月27日	50000万元	中美绿色基金管理有限公司
中美绿色汇生（天津）创业投资基金合伙企业（有限合伙）	2021年5月27日	2126万元	中美绿色基金管理有限公司
中美绿色梅杉（天津）创业投资基金合伙企业（有限合伙）	2021年1月4日	1154.63万元	中美绿色基金管理有限公司
中美绿色康逸（天津）创业投资基金合伙企业（有限合伙）	2021年5月27日	1000万元	中美绿色基金管理有限公司
中美绿色鑫源（天津）创业投资基金合伙企业（有限合伙）	2021年5月27日	1000万元	中美绿色景和管理咨询（天津）有限公司
中美绿色盛谷（天津）创业投资基金合伙企业（有限合伙）	2021年5月27日	1000万元	中美绿色基金管理有限公司
内蒙古蒙诚工融绿色私募基金管理中心（有限合伙）	2021年6月17日	150200万元	内蒙古蒙诚雷石转型升级投资基金管理中心（有限合伙）、工银资本管理有限公司
上海国策绿色科技制造私募投资基金合伙企业（有限合伙）	2021年7月30日	130100万元	上海国策投资管理有限公司

续表

公司名称	成立时间	注册资本或者认缴出资额	执行事务合伙人或第一股东(持股比例)
绿色发展基金私募股权投资管理(上海)有限公司	2021年6月11日	10000万元	国家绿色发展基金股份有限公司(第一股东,持股比例35%)
中美绿色长三角(上海)私募基金管理有限公司	2021年5月27日	1000万元	上海绿聚添企业管理中心(有限合伙)(第一股东,持股比例51%)
中美绿色睿纷钛(上海)私募投资基金合伙企业(有限合伙)	2021年7月21日	51100万元	上海合纷钛企业管理中心(有限合伙)
山东绿色发展股权投资基金合伙企业(有限合伙)	2021年2月9日	143950万元	中金资本运营有限公司
青岛绿色智能创业投资基金合伙企业(有限合伙)	2021年3月24日	3000万元	杭州核聚资产管理有限公司
众创绿色一号股权投资基金(枣庄)合伙企业(有限合伙)	2021年7月23日	4100万元	前海众创资本管理(深圳)有限公司
青岛光晟绿色初创私募股权投资基金合伙企业(有限合伙)	2021年7月23日	2500万元	光大绿色丝路投资管理有限公司
湖北绿色发展基金合伙企业(有限合伙)	2021年7月15日	19020万元	湖北五行生态投资私募基金管理有限公司
中山兴中银河绿色产业投资基金(有限合伙)	2021年6月21日	25000万元	银河创新资本管理有限公司
海南绿色发展私募基金管理有限公司	2021年3月22日	1000万元	海南省绿色发展投资有限公司和北京银河鼎发创业投资有限公司并列第一股东,各持股40%
重庆广阳湾绿色产业发展股权投资基金合伙企业(有限合伙)	2021年3月22日	50500万元	重庆华西宏赐股权投资基金管理有限公司
东方电气(德阳)绿色智造股权投资基金合伙企业(有限合伙)	2021年6月10日	121200万元	德阳智造企业管理合伙企业(有限合伙)
雅安绿色产业股权投资基金合伙企业(有限合伙)	2021年1月6日	10000万元	成都丝路重组股权投资基金管理有限公司
宝鸡市绿色发展基金(有限合伙)	2021年5月17日	10100万元	宝鸡市财投基金管理有限公司

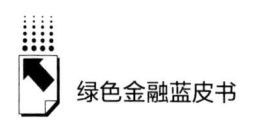

续表

公司名称	成立时间	注册资本或者认缴出资额	执行事务合伙人或第一股东(持股比例)
丽水市高质量绿色发展产业基金有限公司	2020年11月25日	600000万元	丽水市金融投资控股有限责任公司,持股比例100%
抚州市绿色产业基金中心(有限合伙)	2020年8月26日	100001万元	抚州金控基金管理有限公司
江峡绿色(山东)产业投资基金合伙企业(有限合伙)	2020年5月11日	501000万元	江峡绿色(山东)投资有限公司
山东省新动能中化绿色基金合伙企业(有限合伙)	2020年3月11日	150000万元	中化绿色私募基金管理(山东)有限公司
青岛绿色发展基金管理有限公司	2020年10月12日	5000万元	山东省绿色发展资本管理有限公司,持股比例100%
江峡绿色(山东)投资有限公司	2020年3月11日	1550万元	江峡绿色(山东)私募基金管理有限公司,持股比例100%
焦作焦投绿色转型发展产业投资基金合伙企业(有限合伙)	2020年7月2日	300000万元	焦作通财创业投资有限责任公司
河南天瑞绿色矿山投资基金(有限合伙)	2020年6月10日	100110万元	河南联创华凯创业投资基金管理有限公司
河南农开绿色农业基金有限公司	2020年9月24日	199500万元	河南农开产业基金投资有限责任公司,持股比例100%
海南省和平绿色基金合伙企业(有限合伙)	2020年7月20日	300000万元	广西和平石油能源有限公司,持股比例99.8%
成都香城绿色股权投资基金管理有限公司	2020年6月16日	1000万元	成都香城产业发展集团有限公司,持股比例100%
遵义市绿色产业基金(有限合伙)	2020年10月27日	50000万元	遵义市鑫财基金投资管理有限公司
楚雄州金财绿色产业投资基金壹期合伙企业(有限合伙)	2020年4月13日	20000万元	楚雄泽辰股权投资基金管理有限公司
普洱红证绿色产业投资母基金合伙企业(有限合伙)	2020年9月22日	12500万元	红证利德资本管理有限公司
红河绿色发展股权投资基金合伙企业(有限合伙)	2020年12月9日	10000万元	中恒益金(厦门)股权投资基金管理有限公司
甘肃省绿色生态通道物流产业发展基金(有限合伙)	2020年6月29日	26000万元	深圳前海云河基金有限公司

续表

公司名称	成立时间	注册资本或者认缴出资额	执行事务合伙人或第一股东(持股比例)
甘肃省绿色生态清洁能源产业发展基金(有限合伙)	2020年6月15日	150000万元	兰州玛雅赛宝投资管理有限公司
甘肃省绿色生态中医中药产业发展基金(有限合伙)	2020年7月29日	150000万元	国润互联投资管理(北京)有限公司
兰州新区绿色金融改革创新试验区发展基金(有限合伙)	2020年12月23日	3100万元	兰州新区绿色发展私募基金管理有限公司
甘肃省绿色生态文化旅游产业发展基金(有限合伙)	2020年4月1日	150000万元	天风天睿投资股份有限公司
国家绿色发展基金股份有限公司	2020年7月14日	8850000万元	中华人民共和国财政部,持股比例11.29944%
中美绿色基金管理有限公司	2020年3月25日	10000万元	北京通慧绿智企业管理中心(有限合伙),持股比例27%
永定绿色(北京)私募基金管理有限公司	2020年12月30日	1000万元	永定河流域投资有限公司,持股比例100%
内蒙古宇曜正和绿色发展(伊金霍洛旗)股权投资基金合伙企业(有限合伙)	2020年3月6日	42000万元	宇曜新能源投资(北京)有限公司
辽宁省低碳绿色产业投资基金有限公司	2020年9月28日	5000万元	辽宁绿色投资发展有限公司,持股比例100%
上实绿能源一期股权投资基金(上海)合伙企业(有限合伙)	2020年1月20日	19000万元	上实绿色产业投资管理(上海)有限公司
中美绿色科创(上海)私募基金管理有限公司	2020年10月23日	1000万元	中美绿色基金管理有限公司,持股比例55%

社会科学文献出版社

皮 书
智库成果出版与传播平台

❖ 皮书定义 ❖

皮书是对中国与世界发展状况和热点问题进行年度监测，以专业的角度、专家的视野和实证研究方法，针对某一领域或区域现状与发展态势展开分析和预测，具备前沿性、原创性、实证性、连续性、时效性等特点的公开出版物，由一系列权威研究报告组成。

❖ 皮书作者 ❖

皮书系列报告作者以国内外一流研究机构、知名高校等重点智库的研究人员为主，多为相关领域一流专家学者，他们的观点代表了当下学界对中国与世界的现实和未来最高水平的解读与分析。截至2022年底，皮书研创机构逾千家，报告作者累计超过10万人。

❖ 皮书荣誉 ❖

皮书作为中国社会科学院基础理论研究与应用对策研究融合发展的代表性成果，不仅是哲学社会科学工作者服务中国特色社会主义现代化建设的重要成果，更是助力中国特色新型智库建设、构建中国特色哲学社会科学"三大体系"的重要平台。皮书系列先后被列入"十二五""十三五""十四五"时期国家重点出版物出版专项规划项目；2013~2023年，重点皮书列入中国社会科学院国家哲学社会科学创新工程项目。

权威报告·连续出版·独家资源

皮书数据库

ANNUAL REPORT(YEARBOOK) DATABASE

分析解读当下中国发展变迁的高端智库平台

所获荣誉

- 2020年，入选全国新闻出版深度融合发展创新案例
- 2019年，入选国家新闻出版署数字出版精品遴选推荐计划
- 2016年，入选"十三五"国家重点电子出版物出版规划骨干工程
- 2013年，荣获"中国出版政府奖·网络出版物奖"提名奖
- 连续多年荣获中国数字出版博览会"数字出版·优秀品牌"奖

皮书数据库　　"社科数托邦"微信公众号

成为用户

登录网址www.pishu.com.cn访问皮书数据库网站或下载皮书数据库APP，通过手机号码验证或邮箱验证即可成为皮书数据库用户。

用户福利

- 已注册用户购书后可免费获赠100元皮书数据库充值卡。刮开充值卡涂层获取充值密码，登录并进入"会员中心"—"在线充值"—"充值卡充值"，充值成功即可购买和查看数据库内容。
- 用户福利最终解释权归社会科学文献出版社所有。

数据库服务热线：400-008-6695
数据库服务QQ：2475522410
数据库服务邮箱：database@ssap.cn
图书销售热线：010-59367070/7028
图书服务QQ：1265056568
图书服务邮箱：duzhe@ssap.cn

社会科学文献出版社　皮书系列
卡号：561559145756
密码：

基本子库
SUB DATABASE

中国社会发展数据库（下设 12 个专题子库）

紧扣人口、政治、外交、法律、教育、医疗卫生、资源环境等 12 个社会发展领域的前沿和热点，全面整合专业著作、智库报告、学术资讯、调研数据等类型资源，帮助用户追踪中国社会发展动态、研究社会发展战略与政策、了解社会热点问题、分析社会发展趋势。

中国经济发展数据库（下设 12 专题子库）

内容涵盖宏观经济、产业经济、工业经济、农业经济、财政金融、房地产经济、城市经济、商业贸易等 12 个重点经济领域，为把握经济运行态势、洞察经济发展规律、研判经济发展趋势、进行经济调控决策提供参考和依据。

中国行业发展数据库（下设 17 个专题子库）

以中国国民经济行业分类为依据，覆盖金融业、旅游业、交通运输业、能源矿产业、制造业等 100 多个行业，跟踪分析国民经济相关行业市场运行状况和政策导向，汇集行业发展前沿资讯，为投资、从业及各种经济决策提供理论支撑和实践指导。

中国区域发展数据库（下设 4 个专题子库）

对中国特定区域内的经济、社会、文化等领域现状与发展情况进行深度分析和预测，涉及省级行政区、城市群、城市、农村等不同维度，研究层级至县及县以下行政区，为学者研究地方经济社会宏观态势、经验模式、发展案例提供支撑，为地方政府决策提供参考。

中国文化传媒数据库（下设 18 个专题子库）

内容覆盖文化产业、新闻传播、电影娱乐、文学艺术、群众文化、图书情报等 18 个重点研究领域，聚焦文化传媒领域发展前沿、热点话题、行业实践，服务用户的教学科研、文化投资、企业规划等需要。

世界经济与国际关系数据库（下设 6 个专题子库）

整合世界经济、国际政治、世界文化与科技、全球性问题、国际组织与国际法、区域研究 6 大领域研究成果，对世界经济形势、国际形势进行连续性深度分析，对年度热点问题进行专题解读，为研判全球发展趋势提供事实和数据支持。

法律声明

"皮书系列"（含蓝皮书、绿皮书、黄皮书）之品牌由社会科学文献出版社最早使用并持续至今，现已被中国图书行业所熟知。"皮书系列"的相关商标已在国家商标管理部门商标局注册，包括但不限于LOGO（ ）、皮书、Pishu、经济蓝皮书、社会蓝皮书等。"皮书系列"图书的注册商标专用权及封面设计、版式设计的著作权均为社会科学文献出版社所有。未经社会科学文献出版社书面授权许可，任何使用与"皮书系列"图书注册商标、封面设计、版式设计相同或者近似的文字、图形或其组合的行为均系侵权行为。

经作者授权，本书的专有出版权及信息网络传播权等为社会科学文献出版社享有。未经社会科学文献出版社书面授权许可，任何就本书内容的复制、发行或以数字形式进行网络传播的行为均系侵权行为。

社会科学文献出版社将通过法律途径追究上述侵权行为的法律责任，维护自身合法权益。

欢迎社会各界人士对侵犯社会科学文献出版社上述权利的侵权行为进行举报。电话：010-59367121，电子邮箱：fawubu@ssap.cn。

社会科学文献出版社